文物保护管理与博物馆展览研究

盖　巍　刘平平◎著

湘潭大学出版社
XIANGTAN UNIVERSITY PRESS

图书在版编目（CIP）数据

文物保护管理与博物馆展览研究 / 盖巍，刘平平著
. -- 湘潭 : 湘潭大学出版社，2022.12
ISBN 978-7-5687-1006-0

Ⅰ. ①文… Ⅱ. ①盖… ②刘… Ⅲ. ①博物馆－文物－管理－研究－中国②博物馆－陈列设计－研究－中国
Ⅳ. ①G264 ②G265

中国版本图书馆 CIP 数据核字（2022）第 258114 号

文物保护管理与博物馆展览研究

WENWU BAOHU GUANLI YU BOWUGUAN ZHANLAN YANJIU

盖巍 刘平平 著

责任编辑：夏　露　王亚兰
封面设计：夏茜旸
出版发行：湘潭大学出版社
社　　址：湖南省湘潭大学工程训练大楼
电　　话：0731-58298960 0731-58298966（传真）
邮　　编：411105
网　　址：http://press.xtu.edu.cn/
印　　刷：长沙创峰印务有限公司
经　　销：湖南省新华书店
开　　本：710 mm×1000 mm 1/16
印　　张：15.25
字　　数：211 千字
版　　次：2022 年 12 月第 1 版
印　　次：2022 年 12 月第 1 次印刷
书　　号：ISBN 978-7-5687-1006-0
定　　价：68.00 元

目 录

\ CONTENTS \

绪 论

我国是一个历史文化大国，在我国悠久的历史发展长河中，留下了许多象征着民族形象的历史文物。文物是非常重要的文化遗产资源，具有传承历史文化，维系民族精神的重要作用，文物不仅代表我国历史文化的特点，而且还给人们带来精神文化上的慰藉。随着社会的不断发展，人们保护文物的意识不断觉醒，越来越多的人意识到文物管理对精神文明建设的重要性，做好文物管理的工作有着十分重要的意义。

文物有非常高的艺术价值，不可再生和不可替代性的特质让文物的管理显得尤为重要。我国文物管理事业取得很多瞩目的成就，同时也存在一些问题。我国文物管理的改善和发展方向也是多方面的，不仅要完善文物管理法律体系，还要多方面创新文物管理制度。我国很多文物都陈列在博物馆里，在博物馆的各项工作中，陈列展览是一项非常关键的工作，其不仅服务于受众，也能够体现博物馆的文化价值与服务水平。在物质生活比较丰富、精神需求日渐提升的今天，人们参观博物馆需求也大大提升。如何科学地进行陈列展览设计，吸引游客参观，让游客在参观的过程中一目了然，传统的博物馆陈列展览已不能满足游客的需求，必须科学有效的创新博物馆陈列展览，提高游客游览博物馆的兴趣。随着技术日益发达，科学理念逐渐加强，报纸期刊已渐渐转变成以网络为基础的电子版文件，逐渐从广播、电视等传统媒体时代走向以网络为基础的大数据新媒体时代。博物馆展览达到向人们传达古代思想，让人们了解过往、展望未来，从而保护文物，推广文化和达到教育目的。博物馆应该与之共进步，跟上时代的潮流和科技的变化，以此更好展现文物的独特之处。

文物藏品是我国悠久历史文明的见证。博物馆无论在文物收藏数量上还是文物的质量和价值上，都是首屈一指的，在文物收藏机构中占有重要的地位。怎样保护好我国的文化遗产,怎样利用博物馆内的文物藏品来发挥博物馆为公众提供接收教育、休闲娱乐、审美欣赏的功能,从而让博物馆的文物藏品真正活起来,是每位从事博物馆工作人员的历史责任和使命①。

为了提高博物馆的文物管理水平,文物需要进行合理的陈列,管理人员要加强自身的文物保护意识,提高文物管理效率,充分发挥博物馆作为文化传播主阵地的作用,进一步提高内部的文物管理水平,历史文化得到有效传承和发展。

文物藏品是历史文明进程最有利的见证,不但是人类劳动智慧凝结的产物,具备历史价值,而且还具备很高的艺术与科学价值。郑振铎先生曾说:文物一旦被毁坏,便如人死不可复生一般,永远不会再出现,那些原物在科学、艺术等方面具有重要价值,更是人类的崇高成就与光荣寄托,绝对不能以金钱来衡量或赔偿文物的失去。博物馆文物藏品最重要的特性就是具有历史性,所有的文物藏品都是人类在生活、生产过程中的实物史料,是人们重建、考察、印证历史文献记载内容是否正确的第一手资料。除此之外,博物馆文物藏品还具有很高的艺术价值,能使欣赏者受到艺术的熏陶,让观赏者在享受艺术品的过程中得到消遣、娱乐与启发,具有启迪心灵的作用。博物馆文物藏品另一个价值——科学价值指文物藏品本身的制作过程所蕴含的当时的工艺、技术等科学信息。

中国一直非常重视博物馆馆藏文物的保护和利用工作,早在2013年,习近平总书记在中共中央政治局第十二次集体学习时强调:建设社会主义文化强国,着力提高国家文化软实力。会议指出:“我们要系统梳理传统文化资源,让收藏在禁宫里的文物、陈列在广阔大地上的遗产、书写在古籍里的文字都活起来。”各级各地对于博物馆馆藏文物的保护和利用工作给予了大力的支持和协助工作,不管是博物馆的建设数量,还是馆藏的文物藏品数量都在不断地增长。越来越多的馆藏文物向大众免费开放,更加注重服务于社会。近年来随着国内外旅游业的发展,越来越多的国内外游客参观博物馆,通过陈列展览馆藏文物藏品的形式可

①单霁翔. 博物馆的社会责任与城市文化[J]. 中原文物,2011(01):91-106.

以让更多的人来了解我国悠久的民族文化,进而增强中国的民族凝聚力,提升我国的国际影响力。

第一章 文物保护管理与博物馆展览概述

我国作为一个历史悠久的文化大国,从古至今遗留下众多的文物。这些文物体现了中华民族发展进程中的伟大创造力,涵盖文化、艺术、科技等各个领域。由于科学技术、自然破坏、人为破坏等方面的原因,部分博物馆在管理文物的过程中也使文物不同程度地受到损坏,阻碍了文化遗产的继承发扬,给人类文明造成了遗憾和损失。所谓文物保护管理,主要是指博物馆按照特定的方式、程序,以传承文化遗产为基本目标,对文物进行保护的一项重点工作。

做好博物馆文物保护管理工作具有重大的现实意义。第一,是推动文化强国战略实施的内在要求。现阶段,国家与国家之间的竞争不再局限于军事、经济领域的竞争,还表现为文化领域的竞争。在国际上具有更强文化影响力的国家,通常能够掌握文化产业竞争的主动权。为了更好地弘扬中华民族优秀传统文化,体现中华民族的文化底蕴以及民族传承,我国制定了文化强国战略。做好博物馆文物保护管理工作。减少文物被破坏的可能性,可以最大限度地保留我国文化遗产,提升我国在世界上的文化影响力以及竞争力。除此之外,文物具有记录历史、体现历史的功能,保护我国文物,可以更好地反映出某些历史真相以及历史事实,使我国在国际文化竞争中占据制高点。第二,是保护人类文化遗产的重要举措。中华民族具有悠久的历史,在人类文化史、艺术史上扮演着重要角色。而作为民族文化载体的文物是中华民族历史发展以及人类文明发展的重要见证。做好博物馆文物保护管理工作,可以进一步保护人类文化遗产,不断提升当代文化的发展水平,增强国人的文化自信、民族凝聚力以及文化创新力。除此之外,做好博物馆文物保护管理工作,可以让世界各国人民更为全面地了解中华文化和感受到中华文化的魅力。第三,是满足群众精神文化需求的必然要求。博物馆不仅承担着文物管理与文物保护职能,还肩负着传承文化遗产、弘扬优秀文化的重要使命。对于博物馆而言,举办展览活动是博物馆传承文化遗产以及弘扬优秀文化的有力抓手,也是满足群众精神文化需求的重要措施。做好博物馆文物保护管理工作,可以更好地让公众近距离接触最真实、最原始的历史文化,促进文物藏品的开发和利用,使群众感知文化遗产的魅力。除此之外,群众物质生活得到满足后,也会追求精神世界的享受,越来越多的群众热衷于进入到博物馆参观文物。做好博物馆文物保护管理工作,可以为公众参观文物提供重要基础,提升公众的文化素养。

第一节 文物的内涵

一、文物的定义

根据《中国大百科全书:文物·博物馆》的定义,把“文物”一词作为人类社会历史发展进程中遗留下来的、由人类创造或者与人类活动有关的一切有价值的物质遗存的总称。而2017年最新修订的《中华人民共和国文物保护法》,第一章总则第二条规定,在中华人民共和国境内,以下文物受国家保护:具有历史、艺术、科学价值的古文化遗址、古墓葬、古建筑、石窟寺和石刻、壁画;与重大历史事件、革命运动或者著名人物有关的以及具有重要纪念意义、教育意义或者史料价值的近代现代重要史迹、实物、代表性建筑;历史上各时代珍贵的艺术品、工艺美术品;历史上各时代重要的文献资料以及具有历史、艺术、科学价值的手稿和图书资料等;反映历史上各时代、各民族社会制度、社会生产、社会生活的代表性实物。

在强调文物作为一种物的存在形式,也强调其“历史、艺术、科学价值”和“教育价值”。这也是目前国内对于文物概念的最新解读。

“文物”作为一个名词出现,最早可以追溯到《左传》,其中记载:“夫德,俭而有度,登降有数,文物以纪之,声明以发之”,在这里“文物”是为文与物,是指当时的礼乐典章制度,与现代含义不同。在此之后的典籍文献之中,“文物”屡有记载,但也仅是文字层面的一致。而在近代中国多用“古物”一词来表达和代替文物的概念,“古物”之“古”,既表明其悠久的历史,也暗喻着其暮气沉沉的状态。相较于“文物”,“古物”出现的频率更高、使用的范围更广,存在于这一时期众多的机构、法规之中:古物陈列所、中央古物保管委员会等机构以“古物”冠名之;《保存古物暂行办法》《名胜古迹古物保存条例》对古物的涵盖范围作了分类,而1930年6月日,国民政府颁布《古物保存法》,其中对于古物有专门的表述,“本法所称古物指经考古学、历史学、考古生物学及其它文化有关之一切古物而言。前项古物之范围及种类由中央古物保管委员会定之”。这已是“古物”概念在近代法规层面较为准确全面的理解。在近代民族危机的背景下,所谓的“古物”被赋予更多的内涵和表达,象征意义加强,成为民族文化、国家命运的重要物质载体,以至于国人发出“古物存,可令国增文明。古物存,可知民敬贤英。古物存,能令民心感兴”的感慨,“古物”的概念愈加丰盈,更加趋近于现代“文物”概念。除此之外,在近代“古器物”“古董”“古迹”“名胜”等诸多名词也与“古物”概念存在重复,因此在官方或是民间偶有交叉使用。这些名词在一定程度上都反映和代表着朴素的文物寓意,从“古物”到“文物”概念的转变,这种转变不是文字意义上的置换,而是一种内涵的深刻升华,反映着近代国人对于文物保护思想的日渐成熟。

二、文物的分类

(一)文物分类的目的和意义

文物分类既是文物研究的重要内容,也是文物研究的主要方法,按照一定标准对各种类型文物进行科学分类,对文物从个体到群体、从微观到宏观,进行深入的科学研究,探讨其发展规律,认识价值,充分发挥作用。由于文物种类繁多,不同种类的文物相互排斥、互不相容、彼此混杂,若不对其进行分类,则难以进行保护、保管与科学研究。

20世纪80年代,博物馆学界也掀起了分类学研究的热潮,许多学者把建立全国范围内统一的文物分类体系作为努力目标。例如,曾任南京博物院副院长宋伯胤先生提出了四部四项十进位分类法。所谓“四部”是指博物馆获得文物的四种途径，包括：①通过考古发掘得到的考古实物；②通过民族学调查而得到的民族学资料；③通过购买、捐赠、交换等征集方法而获得的流传民间的文物；④通过寄存、寄陈而得到的各种材料。而“四项”则是指文物的来源、质地、材料的性质、职能和用途。何直刚先生提出三系三段分类法。“三系”是指文物的基本属性、质地和时代三个系列，并由这三个系列组成文物的分类，各个系列的代号为一段，共三段。孙美琦先生提出藏品电脑管理的三维分类法，即先按照质地将文物分为七类，再按照其社会属性细分为19亚类。祝敬国先生提出多层次组面分类法，针对文物属性的每个层次分别制订分类表，而这些分类表之间是并行平等的关系，仅体现文物的一个属性面。陈肇庆先生提出一种新的“质地+年代+通称”分类法。严建强先生提出质地优先四层次十进位分类表，所谓“质地优先”是指在分类指标中以文物的材质为首要考虑因素；“四层次”则是文物分类的框架，第一层次是以质地作为分类指标，第二层次是以文物的社会生活属性作为分类指标，第三层次是以用途作为分类指标，第四层次是以文物的名称作为分类指标；而所谓的“十进位”是指各个层次均按十进位来排列文物的顺序。陈宏京先生提出质地优先三层递进式27制分类法。这些文物分类方法为后期的文物分类研究奠定了良好基础。

在西方，各博物馆采用的分类并未统一，而是按照博物馆自身文物的种类和特点，因地制宜地制订分类标准和方法，并采用不同的分类软件对文物进行管理。目前，西方博物馆文物管理和分类中应用较多的软件主要有：Past-perfect软件、Spectrum文物管理软件、Info-muse文物分类软件等。无论采用何种方法或软件，西方博物馆在文物分类上都严格遵循使用规范性术语的原则，建立了包括主题词表（thesauri）、权威词表（authorities）和分类体系（clas-sification system）在内的词汇标准（term standard）。

对文物进行分类的目的主要包含以下几点：①便于文物的科学管理。首先，未分类的文物处于一种无序状态，对文物进行科学的分类可以加强对文物的区分和认知；其次，不同文物具有不同特点，管理需要采用不同的方法、措施进行管理；最后，这也是实行计算机管理的客观需要。②便于文物的整理研究和利用。这有助于诠释、理解文物的内涵和追踪藏品的生命周期。③便于更好地保存文物。组成文物的材质不同，其理化性质有明显差异，因而对存放环境的要求和所采用的保护方法、措施也不同。只有在对文物进行合理分类的基础上，才能针对不同材质的文物构建适宜的保存环境。④便于建立数字化博物馆，更好地为观众服务。观众可以通过互联网查询文物的信息、理解文物的内涵，并且找到类似属性的其他文物，增加对藏品的了解。

文物分类对文物研究的重要性自不待言，其对文物保管也具有十分重要的意义。

第一，有利于馆藏文物的科学保护和保管。因文物质地不同，其物理性能和化学成分亦不相同，所以对温度、湿度、光照、生物（微生物）的反应和要求也各不相同，从而给文物保管工作带来很大困难。但馆藏文物按质地分类后，就可以根据文物质地对保管的要求，设置专门的文物库房，然后将同一质地的文物保存于同一库房内，按需要对温度、湿度进行必要的调控。反之，把不同质地的文物混放于同一库房内，就无法做到这一点。此外，按质地对馆藏文物进行分类，还可以对某些具有较高研究价值和经济价值的文物进行专库、专柜保存。

第二，有利于分级保管。按文物的等级进行分类，针对不同等级的文物采取相应的措施，有利于对文物加强保护和管理，如一级文物须配备文物专柜进行保管。而文物史迹则分为全国文物保护单位、省（自治区、直辖市）和县（市）级文物保护单位，分别由国务院和省、县级人民政府核定公布。既说明价值有高低之分，又说明保护管理须采取不同的办法。关于保护管理方面的重大问题，分别由公布文物保护单位的人民政府及其主管部门决定，常规的保护工作均由其所在地人民政府负责。当代西方博物馆将文物分类归属于文物管理的一个重要分支—文物编目（cataloguing）中的一项工作，由经过培训的专业人员根据分类的原则开展文物的区分和管理工作。因此，只有对庞杂的文物进行科学分类，才能便于管理,这样既能确保文物的安全,又能方便文物的查找、整理、研究和合理利用。

(二)文物分类的原则

在对文物进行分类时,首先需要制订文物分类的标准,选择相应的分类方法,然后遵循一定的分类原则进行分类。文物分类的原则有四点:①遵循同一标准。②按一定标准将同类型文物归为一类。③一种分类法只能有一个统一的标准。④对复合体文物进行分类,以约定俗成为原则。

(三)文物分类的方法

文物是人类的历史文化遗存。在不同的历史时期,人类社会生产和社会生活各个方面的物体或物品以不同的形式保存和流传至今,品类庞杂,内容极其丰富,可谓无所不包、无所不有,导致文物具有复杂性。其复杂性表现为:时代或年代不同,质地不一,种类众多,功能各异。仅就质地而言,就有石器、玉器、陶器、铜器、铁器、瓷器、骨角牙器等。

文物虽然种类复杂繁多,但像世间其他物品一样,仍然可以对其进行分类,其原因在于:第一,文物有其产生的时代或具体年代,即历史性;第二,文物有其产生的地点或地域;第三,文物由一定的物质构成,即由不同的物质材料制作而成;第四,文物产生的时代,都是为了一定目的而创造的,具有各自的功用;第五,文物是有形的,以一定的形态出现,与文物的物质性和功用密切相关。

把复杂的文物按照一定的标准进行分类,有利于进一步的研究、保护和宣传。对文物进行分类或归类时,首先要确定针对具体的文物对象应以什么作为分类的标准。标准是衡量事物的准则。有了明确的准则,对事物的衡量才能有出发点和要求。凡是符合同一标准的文物,就可以归为一类。取舍均从标准出发,归类的标准不仅具有可行性,还具有较强的科学性。确定一种分类标准之后,按标准去筛选文物、集合文物,不属于该标准规定范围之内的文物,都要清理出来,这是分类过程中必须遵循的原则。而在历史遗物遗迹中,还有大量采用多种物质材料制作而成的文物个体,体现了文物的复杂性。用不同材料制作的文物,一般称为复合体文物(不包括文物史迹,即不可移动文物)。对复合体文物进行分类的一条重要原则就是约定俗成,在文物分类的长期实践中形成的,具有一定的科学依据,即视器物的主要质地而定,或视复合材料中某种材料对器物功能所起的决定性作用而定。

目前常用的文物分类方法主要有时代分类法、区域分类法、存在形态分类法、质地分类法、功用分类法、属性(性质)分类法、来源分类法、价值分类法等。此外,还有其他分类法,如收藏方式分类法、存在形式分类法、历史事件分类法、地域国别分类法、人物分类法、组织阶级(层)分类法、形状分类法、制作技术分类法等。

1.时代分类法

时代分类法是以文物制作的时代为标准,对文物进行分类的方法。任何文物都产生于一定的时代,这是对文物按时代进行分类的依据。把同一时代的文物集合到一起,进行归类,可为进一步研究各个时代的文物打下基础。按时代对我国文物进行分类,总体上可分为古代文物和近现代文物。

古代文物,是指古代历史发展进程中遗留下来的遗迹和遗物,也称古代物质文化和精神文化遗存,范围十分广泛。古代文物分为两部分,一是文物史迹,即古文化遗址、古墓葬、古建筑、石窟寺、石刻等;二是文化遗物,包含的内容很多,主要是各种古器物、古书画和古文献。就古器物而言,包括石器、玉器、陶器、骨角牙器、铜器、铁器、金器、银器、铅锌器、瓷器、漆器、竹木漆器、纺织品、工艺品等,而每一类器物中又包括若干种器物。文物反映社会发展、社会生产、社会生活、社会文化等各方面的情况,是科学研究的重要实物资料,也是博物馆等文物收藏机构的主要藏品。

近现代文物,相比“古代文物”来说,存在时间较短。虽然种类多,但由于这些文物产生于生活的时代,分类相对要直观、理性一些。近现代文物主要有革命文物、民族文物和民俗文物等。革命文物是中国人民革命斗争中遗留下来的具有重要纪念意义、教育意义和史料价值的建筑物、遗址和纪念物,是革命斗争最生动、最真实的记录,是革命历史的见证，是爱国主义教育和革命传统教育的好素材。民族文物是反映一个民族物质文化和精神文化的遗迹和遗物，具有本民族的特色。民俗文物是反映民间风俗、习惯等民俗现象的遗迹和遗物，是文物的文化诠释，文物是民俗文化的物证载体。民俗文物作为不同风俗的代表性实物，可使人们了解一个民族或其民族某个地区风俗文化的发展和变化，以及这些民俗现象是怎样规范、促进和改变人类的社会与生活的。民俗文物中时空、人物三元素结合得十分紧密，有的需要经过演绎才能使人们认识其文物价值。民俗文物的展现一定离不开场景(时空和人)，对于民俗文物的分类，必须将场景要素考虑进去。例如，婚礼类民俗文物，在分类时可以把婚礼进行的过程分为若干个场景，将每一个场景中相关的时空、人和物件作为一个整体收录。

2. 区域分类法

区域分类法是以文物所在地点为标准，对文物进行分类的方法。文物有产生地点、出土地点、收藏地点、埋藏与发掘地点。按照文物所在的区域进行分类的优点是，可使人们对某个区域的文物有比较全面地了解，为研究该地区的历史提供比较全面的资料，尤其有利于加强对文物实行分区域的管理。以区域分类法对文物进行归类，首先要对区域进行范围界定。通常有的以行政区进行划分，即国家权力机关或政权机关批准的行政区域，这些区域有严格的划分界线；还有以自然地理位置进行区域划分，即地理(自然)区域，这个区域的界线是模糊的。区域分类法在文物调查、保护、管理、研究工作中早已存在，如省、自治区、直辖市以及市、县级文物部门编写文物志时，通常就是根据该行政区域的文物史迹和馆藏文物等资料来编写，称为某省(市、自治区)文物志，某市(县)文物志等。还有一种方法是以自然地理的相对位置来划分区域，由于没有明确的界线，在实际归类中难以操作，除了在文物研究或考古学研究中用于对比外，一般不使用此方法。

3. 存在形态分类法

历史上遗留至今的文物都以一定的形态存在于某个地方。“存在形态”是指文物体量的动与静、直观的存在与隐蔽的存在、存于收藏处所与散存于社会。以文物体量的动与静分类,一般分为不可移动文物和可移动文物。不可移动文物基本上都是文物史迹,古建筑、纪念建筑、石窟寺、石刻、古遗址、古墓葬、近现代重要建筑、纪念地等都属于此类。这些史迹一般体量大,不能或不宜整体移动,不能像馆藏文物那样收藏于馆内并可轻易移动。文物史迹不能或不宜整体移动,是从文物史迹整体的角度来说的。至于个别文物史迹,若有特殊情况,可考虑迁移。例如,一通石碑,原处已无其他建筑,其又与周围环境无关,且不便保护,迁移之后不影响它的价值,又利于保护,经批准可以移动,则可迁往他处。在基本建设工程范围内,因工程建设的特殊需要,而必须把一处文物史迹迁走时,经过法定程序,获批准后,可采用科学的办法进行拆迁,按原状复原。

可移动文物主要是指馆藏文物和流散文物,有石器、陶器、铜器、金银器、瓷器、漆器、玉器、工艺品、书画、古文献等。体量小、种类多,可根据其体量的大小和珍贵程度,分别收藏于文物库房,甚至文物囊匣内,并可根据保管、研究、陈列的需要移动,变换地点,对其本身的价值不仅没有影响,反而能够更好地使其发挥功用。

4. 质地分类法

质地分类法是以制作文物的材料为标准,对文物进行归类。文物是由一定的物质材料制作而成的文化遗物,由于所用物质材料具有多样性,因此根据材质的不同对文物进行归类,是文物质地分类法的出发点。

质地分类法主要用于对古器物进行归类,有着悠久的历史。在馆藏文物的分类法中,此方法的运用较为普遍。按质地对文物进行分类有利于文物的保管,一般可将器物分为:石器、玉器、骨器(含骨器、牙器)、木器、竹器、铜器、铁器、金器、银器、铅锌器、锡器、瓷器、漆器、玻璃器、珐琅器、纺织品、纸质文物等。博物馆的文物库房一般也是按文物的不同质地来分区。质地分类法也有其不足之处,即器物的制作材料有时并非一种,有的主体与附件分别采用两种材料,有的本身就是由复合材料制作而成,需要按照约定俗成的办法加以区分。同时也须指出,通常所说的某种材料质地是相对而言的,是指主要材料,至于材料的物理化学成分的复杂性在此不做考虑。

5.功用分类法

功用分类法是以文物的功用作为标准进行分类的方法。文物作为社会生产和社会生活的遗存,曾在人类活动的历史中起过或多或少的作用,人类在制作它们的时候,具有一定的目的。对文物进行分类,可通过功用的研究,把功用相同或相近的文物归为一类,形成不同的类别。但文物的功用与其形制、种类是分不开的。形制是文物的外在,较为形象、具体,看得见、摸得着;功用是其内涵,通过其外在的形制发挥作用。功用相同的文物,产生的历史时期、质地未必完全相同。例如,农具中既有石质农具、木质农具,又有青铜质农具和铁质农具;兵器也有石制、骨制、铜制、铁制等。质地不同的农具和兵器,产生的历史时期也不完全相同。

此种分类法可把不同时期某一功用的不同质地的文物聚集到一起,对研究其产生、发展、变化以及在不同的历史时期所处的地位和所起的作用十分有利,并且对研究专门史具有重要意义。

6.属性分类法

属性分类法是以文物的社会属性以及科学文化属性作为标准对文物进行归类的方法。在运用此种方法对文物进行分类时,首先要研究文物的用途及其深层含义。例如,古器物中礼器的社会属性是供大典、祭祀等使用;明器是古代专为随葬而制作的各种器物,又称"冥器"或"盟器",常模仿各种礼器、日用器皿、工具、兵器等制作而成,也有人、家畜、禽兽的形象以及车船、家具、建筑物等模型。而制作明器的材料又有木、石、陶、瓷等,虽材质不同,但其本质属性仍为"明器"。天文图、圭表、漏壶、日晷、浑仪、简仪、古地图、砭镰、金银医针等,都是以直接表现科学技术为内容的器物,被称为科技文物。供宗教活动的场所、用具及表现宗教内容的物品,如寺庙、法器、宗教绘画等,称为宗教文物,是具有宗教性质的遗存。而民族文物、民俗文物,革命文物也都是按其属性划分的。

7.来源分类法

来源分类法是以馆藏文物的来源为标准对文物进行归类的方法。该分类法只适用于博物馆、纪念馆和其他文物收藏单位。这些单位藏品的来源主要包括拨交、征集、拣选、交换、捐赠、发掘。

(1)拨交

在一个单位建立伊始,收集藏品是件大事。拨交的文物是其藏品的重要来源之一,不论是老馆、新馆,在建馆之初,或多或少都接收了拨交的文物。所谓的“旧藏”,严格来说是不存在的。至于拨交文物的来源,具体情况往往十分复杂,只能在具体文物的档案与卡片上有所反映。

(2)征集

包括收购,是文物收藏单位丰富馆藏的主要渠道之一。许多单位为了增加、丰富馆藏,而加强征集工作,并设立了征集机构。

(3)拣选

在废旧物资和金银器中常掺杂有许多文物,文物部门与银行、冶炼厂、造纸厂和废旧物资回收部门等共同负责拣选,为文物收藏单位提供藏品。

(4)交换

文物收藏单位可依据国家文物法规,开展馆际之间的文物藏品交换,是调节余缺,丰富藏品的办法之一。

(5)捐赠

即文物收藏单位接受文物鉴藏家或文物收藏者的捐赠。

(6)发掘

考古发掘获得的大批文物,为博物馆等文物收藏单位提供了丰富的出土文物,是增加、丰富历史类博物馆馆藏的重要途径。

在实际分类中,来源分类法并不常用。文物的各种来源多在文物的档案或卡片上加以记载。

8.价值分类法

价值分类法是以文物价值为标准对文物进行归类,主要根据文物价值的高低来区分。根据中国文物法规规定,文物史迹,即古建筑、石窟寺、石刻、古遗址、古墓葬、纪念遗址或建筑物等,依据其价值的高低,由各级人民政府公布为全国重点文物保护单位、省(自治区、直辖市)和县(市)级文物保护单位。馆藏文物,即石器、玉器、陶器、铜器、铁器、金银器、瓷器、漆器、工艺品、书画等，依其价值高低，分为珍贵文物（一级文物、二级文物、三级文物）和一般文物。

三、文物的来源

文物藏品是博物馆存在的基础，藏品征集是增加博物馆藏品的重要途径，不断丰富文物藏品是博物馆得以可持续发展的重要保证，更是管理国家文物资源的一种重要手段。博物馆等国有收藏机构征购藏品的主要来源有考古发掘、田野采集、民族学调查征集、社会征集、收购、捐赠、交换、调拨、移交等。

（一）考古发掘

通过科学的方法，发掘埋藏在地下（如古墓葬、古遗址、灰坑等）或水下的文物遗存和古生物化石。一切考古发掘工作，都必须履行报批手续。出土的文物和标本，除根据需要交给科学研究部门进行科学研究以外，应由当地文物行政主管部门指定的单位保管，任何单位和个人不得侵占。

（二）田野采集

主要是指自然历史博物馆或地方志博物馆在田野进行的岩石、土壤、矿物、动物和植物等标本的采集活动。

（三）民族学调查征集

主要是指博物馆为收集民族文物而进行的工作。其主要工作方法是深入民族地区，进行实地调查和文物征集。

（四）社会征集

在我国，私人收藏文物的历史十分悠久，民间流散着众多文物珍宝，特别是近现代文物，更是广泛散存在个人和机关团体手中。由于社会生活的变革使大量的近现代文物不断被淘汰，又因这些文物中有许多正被当代人使用，从而很容易造成损毁。因此，社会征集就是本着“为未来而征集”的思想，收集当代文物。

（五）收购

博物馆付出一定的经济代价，换取私人收藏或文物商店中的传世文物和标本。收购的原则是属于国家所有(国家机关、部队、国有企事业单位)的文物和受国家保护的动、植物标本不得买卖,包括考古出土物、石窟寺、石刻、壁画等。

(六)捐赠

博物馆可以接受机关单位和私人的捐赠,应根据捐赠文物的价值给予适当的精神和物质奖励,重要的捐赠还应报请政府部门,由国家给予嘉奖。相关捐赠信息应在藏品档案中详细注明,公开展出时,应向观众说明是由某人捐赠。

(七)交换

交换是博物馆之间在自愿互利的原则下,以本馆藏品中的复品或与本馆性质不符合者,去换取本馆所需要的藏品。

(八)调拨

主要有两种情况,一是由上级主管部门按各馆的性质与需要,有计划地拨给;二是博物馆之间一方支援另一方,拨给对方所需的藏品。馆际交换和调拨必须具备合法手续,依规呈报上级文物主管行政部门。如果是一级品的交换、调拨,则需呈报国家文物行政主管部门。

(九)移交

博物馆接收公安、海关、法院、工商管理等部门依法没收的文物,并在一定条件下进行移交。

四、文物的价值和功用

(一)文物的价值

文物是具有历史、艺术和科学价值的文化遗存,文物的价值是客观存在、不可否定的。

人类社会历代遗存很多,距今年代越近,遗存越丰富。文物的价值是凝结在历史遗迹遗物(包括精神和物质的遗物)中的一般人类劳动,是人类智慧的结晶和历史进步的标志。文物有无价值,需要把遗迹、遗物放到产生的历史时期分析研究,历史遗留的遗迹、遗物,作为历史的产物,打上了时代的烙印,具有历史价值。此处所说的遗迹、遗物的时代(年代)是指历史上第一次产生、制作它的时代(年代),绝不是其仿制品或复制品诞生的历史时期。但就某处遗迹、某件遗物而言,不一定都具备历史、艺术、科学价值。一般来说,应具有历史价值和科学价值或艺术价值,后者不能脱离前者而独立存在,作为一个不可分割的整体存在于物质遗存中,相互渗透,相互制约。

1.历史价值

文物的价值内涵丰富,在文物具有的三个价值中,历史价值最为重要。因为任何历史遗迹、遗物都是某个时代人类社会活动的遗存,根据当时的政治、经济、军事、文化等需要,运用当时所能获得的材料和所掌握的技术创造出来的。因此,从不同侧面反映当时的政治、经济、军事、科学技术、文化艺术、宗教信仰、风情习俗等发展情况,也是构成文物时代特点的主要内容。时代特点决定了文物是不可再生的,使用价值是客观存在的,是不以后人的意志为转移。由于文物具有时代特点,所以能帮助人们去认识历史,从而了解历史的本来面貌。

2.艺术价值

文物的艺术价值内涵十分丰富,主要包括审美、欣赏、愉悦、借鉴以及美术史料等,相互渗透、相互制约。审美价值主要是从美学的深层次给人以艺术启迪和美的享受;欣赏价值主要是从观赏角度给人以精神作用,陶冶人的情操;愉悦价值主要是给人以娱乐、消遣;借鉴价值主要是从文物中提取精华,学习和借鉴表现形式、手法技巧等,并加以创新;而美术史料价值,主要是指文物可以作为研究美术史的资料。

文物中,具有艺术价值的历史遗迹、遗物主要分为三大类。第一类是实用的遗迹和遗物,建造、制作的目的是为人们所使用;第二类是美术品、工艺品等创作类的艺术品,此类文物的艺术价值一般很高,具备艺术价值内涵的各主要方面;第三类是专为死者随葬而制作的部分冥器,如人、家畜、鸟兽形状的器物以及车船、建筑物等模型,还有仿礼器、生活器皿的器物等。

3.科学价值

科学价值的内涵主要包括知识、科学、技术等。古代各种遗迹、遗物本身都蕴藏着其产生时代的科学技术信息,从不同角度和侧面反映当时的科学技术水平和生产力水平以及社会经济、军事、文化的发展情况,为发展新的科学技术和文化艺术所借鉴。蕴含的科学技术水平信息需通过实物比较研究才能确定,可能包括体现新发明的科学技术水平、稳定发展阶段的技术水平,乃至该种技术衰落阶段的水平。

由于文物价值内涵的复杂性和人类价值观念的不同,因此,评估文物价值通常会面临很大的困难。人类价值观的不同决定了他们对文物评价的标准不同,从而对文物价值的评估结果也不同。人类对文物价值的认识还受科学技术发展水平的制约。随着历史的推进,科学技术的迅速发展所带来的技术手段越多,人类对文物价值的深层次认识也会越丰富。所以,在对文物价值的认识和评价的过程中,不能只求一锤定音,或以一次决定对文物保护与否。

文物作为人类历史发展的见证,不仅具有较高的艺术价值,还包含着各个历史阶段的经济、文化等信息,在社会经济文化研究方面具有极高的价值。大量文化因素蕴含于文物社会价值内,研究人员应在逐步研究、开发其主体的同时,将文物的社会价值通过文字等形式传递给社会大众。文化遗产所体现的以各种形式向多数或少数群体表达精神的、政治的、民族的或其他的文化情绪,标志着一个群体的精神认同,同时也体现了人类历史与文化的多样性。

文物社会价值的实现可以分为以下三个阶段。

第一,文物研究的专业人员以价值主体的身份去进行文物价值的研究,从而为之后的主客体之间的价值交换提供一定的依据。

第二,博物馆方面对文物开展一系列保护和管理工作,以展现文物的社会价值。这个过程可以吸引更多的人进入文物社会价值的交换当中,有利于文物价值的提升。

第三,让观众成为价值主体。通过博物馆讲解,让观众不断对文物社会价值进行认识和探究,知识水平得到相应的提升,加深受众对我国历史文明的认识。社会教育是博物馆工作的主要组成部分,在这个过程中,文物的社会价值可以得到体现。

此外,文物还具有一定的经济价值,取决于时空性以及社会经济水平。文物的经济价值不是恒定的,而是变化的。一件文物在某一特定历史时期,可能价值连城,但在另一特定历史时期或许一文不值,如战乱时期。①

(二)文物的功用

文物的功用受文物价值高低的制约,作用大小是由文物价值的高低所决定的。文物研究不单是研究文物本身的价值,而且研究各个历史时期人类社会活动的各个方面及其相互联系,从而揭示人类社会发展的客观规律。由此可见,文物除了具有提供和补充史料的作用,还具有借鉴、教育作用。

1.文物的史料功能

文物作为实物史料,其证史、正史、补史的作用是开展科学研究、发挥文物作用的第一步。在完成第一步工作之后,还要运用这些可信且翔实的资料,研究历史,促进科学文化艺术的发展和经济建设。对无文字记载的史前社会来说,文物是研究、再现其社会面貌的实物史料。对有文字记载的历史时期来说,文物作为有形的物体,是形象、生动的实物史料,比文献资料更具有特殊的价值。

(1)文物的证史作用

中国古代文献是中国的文化宝库,而丰富多彩的文物,不仅提升了文献记载的真实性、可靠性与珍贵性,又丰富了实物资料,成为文献记载的真实见证。文物可以对文献记载的历史加以佐证,在对社会历史各个方面进行深入研究的过程中,将文献与文物密切结合,使其相互印证,可以取得更好的效果。

文物与文献相互印证,相吻合者已不乏其例。司马迁在《史记》中记载了商代的世系,而河南安阳殷墟出土的大批甲骨文中对商王世系的记载,经考证与《史记》中所记载基本相符。《史记·孙子吴起列传》中记载了孙武仕吴、孙膑仕齐,且各有兵法传世的史实,《汉书·艺文志》中也做了著录。此后,《孙子兵法》不传,众说不一。1972年4月,山东省临沂县银

①权莎.宋辽金元时期压胜钱文物价值探究[D].重庆:重庆师范大学,2018.

雀山汉墓中同时出土了刻有《孙子兵法》和《孙膑兵法》的竹简,从而证实了《史记》和《汉书》中记载的正确性,使自隋代以来的疑问得以解答,误传得以澄清。《后汉书·礼仪志》中记载的玉种(玉衣)葬制,也从河北、江苏、安徽、山东、陕西、河南、广东、北京等地出土的完整玉衣或玉衣上的玉片及所使用的金缕、银缕、铜缕等实物中得到了证实。

(2)文物的正史作用

在古代,有些史籍在传抄过程中出现错误,有些在流传中缺失,有些被统治阶级删改等,使得文物的正史作用有了极其珍贵的价值。这些价值体现在文物可以校正古籍记载之谬误,订正史传,纠正错讹等方面。在古代,金石学家以金石文字正诸史之谬误,取得了很大的成就。现在,利用各类文物中的资料修正文献记载,使文物的作用在更大的范围内得以发挥。地方志中对一些古迹的记载,由于受时代的限制,缺乏资料,又未经实地调查,通常以一些传说为据,使记载失实。随着文物考古工作的深入开展,不少已得以澄清。例如,河北磁县许多古冢,在地方志等古籍中被称为"曹操七十二疑",但文物调查和考古发掘所获得的文物资料(包括墓志)表明,其并非"曹操七十二疑",而是北朝墓群,是东魏、北齐的皇室及王公贵族的墓地。在古文献中,通常会记载一些生产和生活器物的情况,这些记载又常被误认为是它们产生的时间。《韩非子》《周礼》中,有关于髹漆的记载,有人据此认为薄板胎漆器出现于战国中期。实际上中国漆器出现于新石器时代,在浙江余姚县河姆渡遗址就出土漆器,商代遗址和墓葬中更有多处发现,出土文物校正了人们对《韩非子》《周礼》中相关记载的错误认知。

2.文物的补史作用

文物的补史作用在于为无文字可考的历史提供实物资料,以供研究和恢复其历史;对有文字记载的历史而言,可弥补文字记载的缺失部分,以提供比纯文字记载更丰富的资料。各种古籍是研究不同时期历史的宝贵资料。但不可忽视的是,正史和其他古籍受阶级局限和当时条件的限制,有大量史实,特别是关于劳动生产者的史实并未被记载,使得大量史实失传,还有不少史籍在历史上散失不传,致使许多史实被湮没。人类社会是一个极为复杂、历史悠久的整体，年代越早的文献，记载的史实越简略，甚或不予记载，使得许许多多能介绍社会各个方面的史实缺载。

各个历史时期留存丰富多彩的文物，较好地弥补文献记载的不足。文物本身储存的信息可以为研究不同问题提供真实可靠的资料。而有文字的文物，如甲骨文、金文、竹木简牍、帛书、古写本、古印本、石刻等，直接记载了历史的不同方面，保存了大量历史资料，使人们得以了解某些方面的真实情况。湖北云梦睡虎地秦墓出土的五种秦代法律文书竹简，其内容就远远超出了李悝《法经》的范畴，包涵了刑法、诉讼法、民法、军法、行政法、经济法等方面的内容。湖南长沙马王堆三号汉墓中出土的帛书，包含了五种医书，成书年代均早于《黄帝内经》，内容中没有五行学说的痕迹，填补了中国早期医学史的空白。

文物史料对专门史的研究也有着极其重要的作用。农业史、畜牧业史、纺织史、陶瓷史、冶金史、建筑史、交通史、天文史、雕塑史、医药史等专业史的研究都离不开文物史料，特别是原始社会无文字记载，只能依靠文物史料记录历史。随着科学技术的发展，对文物的物质成分和所储存的信息了解得更为深入，为专门史的研究和撰写提供了更加详细和精确的资料。文物作为有形的物体，在绘画、雕塑等一些专门史的研究中，是十分形象生动的实物史料，比文献资料具有更为特殊的价值。

在研究中国传统文化的民族形式方面，文物同样具有特殊价值。在研究中，若只依靠文献资料和文字描述，不易助人形成形象的概念，而增加文物史料，将插图与文字相结合，可以使人一目了然。例如，人们从古建筑、绘画、雕塑等文物上，更易了解中国传统文化的民族形式。

3.文物的借鉴作用

文物是中国优秀文化遗产的重要组成部分，继承和发扬优秀文化遗产，发展新的科学技术和文化艺术，需要从文物中不断汲取养分。割断历史，抛开前人创造的文化财富基础去创新和发展，是空谈发展。

(1)借鉴与发展的见证

文物是一定历史时期的产物，是该时期科学技术和文化艺术发展水平的见证。如果把某类文物按时代顺序排列起来，研究分析其形式和内涵以及所储存的信息,就会发现后者通常吸收了以前历史时期的优点,具备了现代的特点或风格。不同历史时期所产生的各种文物,其本身就是一个时代不断借鉴、不断发展的实物见证。

(2)借鉴与发展科学技术

古代文物可为发展科学技术和建设物质文明提供有益的借鉴。利用现代科学技术分析研究古代文物所储存的科技信息,是借鉴的重要方式,进而在研究其科学性的基础之上,不断创新。

科学技术是历史文化的重要组成部分,我国古代有许多先进的科学技术成果在历史长河中被湮没,而有些在考古工作中被发现的实物能很好地体现科学技术。其中部分考古实物在经整理研究,并采用现代科学技术进行分析检测之后,储存在文物中的科技信息已被提取,并成为当今科学技术发展的借鉴资料,或为经济建设提供了历史依据。我国文物中有大量文物其本身就是当时科学技术发展的成果,蕴藏着当时的科学技术信息。对这一类文物进行深入研究,特别是用现代科学技术进行分析研究,为当今科学技术发展提供可供参考的信息和资料。例如,古代的天文、冶金、水利和建筑等方面的文物都不同程度地承载着古代的科学信息,包括战国时期铸造铜器所使用的失蜡法,汉代生产球墨铸铁所使用的土法等。

(3)借鉴与促进艺术发展

文化艺术的发展离不开借鉴历史。任何时代、任何地域的文化艺术都是在学习前人积累的知识、文化、艺术成果的基础上发展起来的,如书法、绘画艺术,就是在学习前人作品(许多已成为文物)、借鉴前人优点的基础上,创作出的具有时代风格和个人艺术风格的作品。书法、绘画艺术的发展是这样,其他文化艺术莫不如此。

4.文物的教育作用

文物是进行爱国主义教育、革命传统教育、历史唯物主义、辩证唯物主义教育以及科普教育的形象、生动的教材。

(1)文物教育的特点

文物作为教材,有自己的独特之处,教育方式是其他教育方式所不能替代的。首先，文物是人类社会生产和生活的物质遗存，同时又是精神文化的体现。作为历史的见证，真实性强、形象生动，具有很强的说服力。以实物的形式展现在人们的面前，通常比文字、书面的教育收效更大。其次，文物是直观、形象的物质遗存，具有强大的感染力。这种直观的感染力和说服力，是其他任何教育手段无法代替的。

遍布全国各地的古建筑、石窟寺、古石刻、古遗址、古墓葬、考古发掘出土的或传世的数以万计的文物，均可作为实物见证，使人们通过直观、形象的感受，了解中国的古老文明、灿烂文化，领悟中华民族的伟大精神，增强民族自豪感。

(2)文物教育的凝聚力

中华民族在历史长河中，用聪明才智创造的物质文化和精神文化，蕴含和体现着中华民族在形成和发展过程中凝结的思想感情和精神文明。运用文物对人们进行教育，可以潜移默化、深刻地培养和影响人们的爱国主义情感，成为团结全民族人民的力量。

(3)文物教育的场所

开展文物教育的场所主要有博物馆、纪念馆以及各种文物保护单位，而文物教育的形式则是多种多样的。博物馆和纪念馆是收藏可移动文物的机构，也是宣传教育的机构。这些单位在对文物藏品进行研究的基础上，举办各种主题文物展览，供人们参观和学习，是对人们进行历史文化教育的重要场所。

在我国的不可移动文物中，已有数以千计的文物被各级人民政府公布为重点文物保护单位。国务院公布的全国重点文物保护单位已达4295处，其中大多数都可以作为人们的文化活动场所，这些文物本身都具有很高的历史、艺术和科学价值。人们可通过参观，学习各种知识，欣赏不同时期、不同形式的文化、艺术，接受文明的陶冶和教育。

五、文物的特点

文物有很多其他重要特点，进一步研究和认识文物的特点，对揭示文物博大精深的内涵以及文物学科建设和文物保护、收藏等工作的健康发展，都具有十分重要的意义。概括而言，文物的特性主要有物质(资源)

性、时代性(或称为历史性)、不可再生性、不可替代性、个体差异性、客观性、永续性等。

(一)文物的物质(资源)性

文物是有形的历史文化载体,是人类历史发展的见证,内容丰富。先人留下的宝贵的物质遗产,是古代劳动人民用一定的物质材料,采用一定的技术手段建造或制作而成的,如青铜器、金银器、玉石器、竹木漆器等。文物的物质性又以一定的形态(形制、形式)存在。文物都是有形的,并且形态是多种多样的。文物的形态,是由人们建造、制作、生产的用途、目的与所用物质材料和科技水平所决定的,最终形态则是由社会发展以及政治、经济、文化的发展所决定的。用途、目的在不同的时代和地区不尽相同,随着社会的发展,文化和科学技术又在不断进步,文物的形态或风格也随之不断发展、变化或者消亡,在各类文物中都有所反映。

(二)文物的时代性

文物是特定历史时期的产物,由产生的那个时代的一定人群,根据当时的政治、经济、军事、文化等需要,运用当时所能得到的物质材料和掌握的技术创造出来的。每个历史遗迹或遗物无不被打上了时代的烙印,蕴含着当时的政治、经济、文化、科学技术等诸多方面的内容和信息,因此没有时代(或年代)的遗迹和遗存是不存在的。文物的时代特点是文物时代性和时代内容在历史遗迹和遗物上的体现,可以从时代特点中看出,文物在其产生的时代所处的位置以及它的地位和作用。每个遗迹或遗物从不同的侧面,反映了当时的政治、经济、军事、文化、风情习俗等,构成文物时代性的主要内容。时代特点既是历史性,也是文物最重要的特点。

(三)文物的不可再生性

文物的时代特点决定了文物不能被再生产、制作和建造。在产生的时代,地位是客观存在的,不以后人的意志为转移。即使是十分逼真的复制品也不能替代文物的作用,虽然所用的材料、色彩和纹饰基本相同,但也只能反映制作复制品时代的社会条件、技术水平和工艺,与文物所包含的、产生的那个时代的文化内涵和历史信息仍有区别,复制品不是历史的见证物。文物所具备的可永续利用的价值取决于其所凝聚的文化内涵,因而具有不可再生性;哪怕是轻微的改动,都会破坏其文化内涵,进而破坏其永久的价值。

历史遗存具有不可再生性,重建、新建的仿古建筑并非历史建筑。国际上有关古建筑保护的《佛罗伦萨宪章》明确指出“重建物不能被认定为历史遗物”。在历史文化积淀较深的欧洲是几乎看不到重建、新建的仿古建筑的,欧洲保留下来的古建筑都具有原汁原味的历史面貌。我国有关文物保护方面的法律也明确规定,纪念建筑物、古建筑等文物在遭到全部毁坏之后,不得重新修建。

(四)文物的不可替代性

文物的不可替代性是文物时代性和不可再生性逻辑发展的结果。文物是历史文化遗产,是一定时代的产物。每一件文物或每一处文物,都有独特的历史地位和作用,都包涵自己所处时代的文化内涵和历史信息,不可被其他物品所替代。

不同历史时期制作或建造的各种类型的文物,其历史内涵和信息是产生的时代(或年代)历史的各个方面的实物见证。毁坏一件或一处,就永远失去了一件或一处历史见证物和象征物,也就减少了一个独特的历史符号。

(五)文物的个体差异性

文物的不可再生性、多样性、时代性、地域性和不可替代性特点,决定了保护技术需遵循审慎的原则,而所采用的技术方案也存在差异性。即便是同一地点出土的同类、同质文物,在保存现状、损坏程度方面也会有所区别,这便是文物的个体差异性,是由古代工艺技术水平、非标准化生产方式以及文物经历的环境差异造成的。因此,不可能只采用单一的保护技术就可以解决所有的问题。

(六)文物价值的客观性

文物是历史文化遗产,具有历史、艺术和科学价值,包含着政治、经济、军事、艺术等丰富的内涵,博大精深。文物价值是凝结在历史文化遗迹和遗物(包括精神的和物质的遗物)中的一般人类劳动,是人类智慧的结晶，是历史发展、进步的标志。文物价值具有双重特性，即有形价值和无形价值。文物既是有形的物质形体，又是隐形的，即无形的文化或文明内涵的载体，具有历史、艺术和科学的价值。

文物价值是客观存在的，但表达方式是主观的，如数据、图片、语言表述等。人们对文物价值的认识则是不断深化的，对文物博大精深内涵的认识和获取内涵的各种手段，既要靠知识的积累和深入研究，又要靠知识的更新和科技的进步。在认识和评价文物价值的具体过程中，人们会受到科学文化知识、研究水平和科学技术发展水平的限制或制约，因此对文物文化内涵和信息的揭示与对其价值的认识，不是一次（或一时）可以完成的。随着研究的深入，科学技术迅速发展所提供的技术手段越多，人们对文物价值深层次的认识也就会越深入，获得的历史信息也就越多，这就需要一代又一代人的不断努力和坚持。

（七）文物作用的永续性

文物是不同历史时期产生的物质文化遗存，是研究不同历史时期政治、经济、军事、科学技术、文化艺术等的实物史料。它是历史的见证，可以证实文献记载的历史；可以校正古籍记载之谬误，订正史传，纠正错讹；对于有文字记载的历史，可用于弥补文献记载的缺失。文物是研究历史及专门史的重要实物史料，对史学的研究，特别是对重建上古史有着特殊、重要的价值和作用。

人类社会的发展，科学技术和文化艺术的发展进步，都需要借鉴历史，而文物则是最好的实物教材，是一种文化载体，同时也是一种精神文明。作为历史见证，真实性强，具有很强的说服力，以具体、形象、生动的物质形态展现在人们面前，具有极强的感染力，是任何其他教育手段所不能替代的。因此，文物对研究者和大众，对一代又一代人，对民族和国家以至于全人类，对已往的历史和未来，都将发挥永续的作用。

第二节 文物保护管理与博物馆展览

一、文物保护管理概述

（一）文物保护的定义

文物保护指的是对有价值的文物，采取一系列的手段、措施，防止文物受到损害的过程。文物管理则是利用各种法律手段、行政手段或者经济手段等达到保护文物、发挥文物作用的目的。《中华人民共和国文物保护法》（2017年修正本）规定，一个建筑物或遗址一旦被列为不可移动文物，就会受到主管部门管理和保护，未经许可，包括所有者在内的任何人，都不可以擅自对文物本体进行改动和修缮。对于施工过程中新发现的古墓葬、古遗址等，即使尚未认定，也应该立即停工保护，并上报主管部门。且一切机关、组织和个人都有依法保护文物的义务，国家文物局主管全国范围内的文物保护工作，地方各级人民政府负责本行政区域内的文物保护工作。县级以上地方人民政府的文物行政部门负责对本区域的文物保护实施监督管理。本文所指的文物保护管理，就是以县级以上地方人民政府文物行政部门为主体，借助社会各界力量，通过完善法规、加大人员和资金投入等方式，防止文物受到损害并发挥文物功能的过程。

（二）文物保护管理的定义

通常意义上来说，文物保护管理由各级政府和相关文物行政管理机构依照国家相关法律法规所规定的权力有效地行使职权，并且要按照法律规定履行相关的义务。这项工作看似简单，但是在我国成为一项新的事业起步还是比较晚的。1930年，当时的国民政府颁布《古物保存法》，但由于时政的影响并没有真正起到保护文物资源的作用。1949年新中国成立后，先后颁布了文物保护相关的条件与法规，如《文物保护管理暂行条例》《中华人民共和国文物保护法》等，并于2017年修正了《中华人民共和国文物保护法》。文物工作要贯彻“保护为主、抢救第一、合理利用、加强管理”的方针。随着文物普查工作大范围地开展以及国家对文物工作的重视,文物保护的保护对象不断扩展,而且保护的政策也变得更为多样与成熟。文物保护管理已经从纯粹纪念意义上的关注走向规划意义上的关注,已经不仅仅局限于物质形态的保护,而是要建立一个更全面的系统来进行科学统筹,这个系统将会辐射到社会、经济、环境包括生态领域,同时,文物保护管理工作,还需要调动社会管理的力量,并且需要强有力的公共服务的支撑,文物行政管理机构要积极、恰当的协调各方力量,把各个机构的职能发挥到最佳。因为就责任而言,作为政府职能部门的文物行政管理机构,要负责相关政策法规的贯彻,负责辖区内文物的保护、利用和日常管理。

文物保护管理是一项涉及范围非常广的工作,随着文物的不断被发掘、界定,其数量日益增多,且人民的生活水平逐渐提高,对物质文明、精神文明的需求也相应提高,文物作为丰富的结合体自然受到更多的关注。因此,如今的文物保护管理工作已经不是单一的职能履行,而是与人民的生活密切相关,其任务不可谓不艰巨。文物保护管理主要涉及以下几方面的内容:一是文物保护资金管理,要逐步建立起完善的资金管理体系,包括政府财政拨款及社会多元化的资金投入,根据轻重缓急的工作次序针对各个文物保护单位的实际情况进行修缮、管理、开发利用。二是文物安全技术管理,要加强科技手段的应用,实现文物安全管理人防加技防的全覆盖,为文物安全提供坚实有力的屏障。三是文物保护行政管理,要创新文物保护管理机制,从规范机构、提升级别、加强职能三方面着手,建立权责清晰、统筹能力强的文物管理行政机构,实现对文物资源更好的保护和利用。四是文物保护人才管理,要加强与职业学校、高等院校的合作交流,为基层创建一支专业的人才队伍,并建立完备的竞争机制,给予他们充分的成长空间,实现基层人才流动的良性循环。

文物保护管理和科学研究具有极其重要的意义,它不是可有可无的点缀,而是可以在极大程度上帮助我们认识历史,认识整个人类社会发展的客观规律,以史为鉴,那些朝代更迭,文明的昌盛、覆灭都可以在文物中找到先辈模糊而坚定的身影,让我们知道今天该怎么做,甚至未来该怎么设计。加强文物保护管理,能够让我们更好地继承和弘扬中华民族文化的精粹,锻造民族的高贵灵魂。一个有几千年悠久历史的民族,能够生生不息绵延至今,我们就是通过祖先遗留下来的古迹知道那些漫漫历史长河中或大或小的尘埃,不论是历史文物或者革命文物,是它们将抽象的历史物化,并将辉煌灿烂的文化镌刻于身,让我们不会无根可寻,让我们知道伟大的中华民族之所以伟大,就是有华夏文化将所有人紧紧维系在一起。只有这样,我们的文化之树才能长出茂盛的枝叶,才能开出灿烂的花朵,用独特的香气吸引世界各国的注意,用独特的意向令世界人民心向往之,成为国家的金色名片,将中国力量绽放到世界的每个角落。

在具体的科学研究中,文物的保护管理也有很大的意义。科学的发展使得文物的保护管理过程更加先进,更好地推动文物保护工作,而随着工作的深入又会对科学发展提出更高的要求,从而推动科学技术的进一步发展,推动经济的发展,而且仅仅就文物本身的价值而言就浓缩了祖先的智慧才可以留存至今,不同的工艺、风格都代表了不同历史时期科学技术发展水平,其科学价值不言而喻。加强文物保护研究工作,可以使现代科学技术发展从文物中凝结的科学原理和高超的工艺技术中得到有益的启示。合理利用好文物资源,不仅能发展当地旅游业,带动当地交通、住宿、餐饮等相关产业的形成,吸纳大量的就业人口,创造可观的税收,对当地经济和社会的协调发展有很大的促进作用,还可以让广大群众在赏心悦目的观赏、品鉴过程中,得到美的熏陶,增强人文素养,有助于国民素质的提高,丰富精神生活。

(三)文物保护管理的内涵

由于文物保护管理所研究的对象——文物,及其所包含的内容十分广泛和复杂,注定了文物保护管理工作的复杂性和独特性。文物不光是其物质材料的构成多样,而且物质随时间的推移以及保存、埋藏环境的多样造成的多种不确定变化,由于文物还能体现出历史、艺术价值和人的文化、传统、风俗习惯、宗教信仰、政治经济等社会因素,使其保护与管理也不得不必须满足这方方面面的要求。在保护文物物质材料的同时，还需要保持其上述内涵。

文物保护管理工作的研究对象——文物本身可能是天然产物也可以是人造的或人加工过的，通常按其物质构成分为有机和无机质文物两大类。有机质文物包括：皮革、纸张、骨、角、竹、木漆、棉、麻、丝等等。无机质文物包括：金属（如：金、银、铜、铁等）和非金属（如：石、瓷、砖、瓦、遗址等）。

对文物进行保护管理之前，首先要对文物有个充分的了解，就文物保存状况和物质材料构成来说无机文物就可能涉及到质学、岩石学、地理学、冶金、土壤学、环境学、腐蚀化学，甚至微生物学，而有机文物还可能涉及木材学、植物学等等，某种意义上文物还可以体现人类的产生和发展，人类与自然环境的关系。而在对文物在保存变化及社会含义研究的基础上，如何采用相应的保护管理方法，保存住文物的物质和社会两方面内容，成为文物保护管理的理论意义。

（四）文物保护管理的重要性

很多人认为文物是历史的产物，与当代日常生活格格不入，因此没必要在文物保护管理方面投入大量的精力，这是一种错误的观念。事实上，文物虽然是历史的产物，但是它与人们的生活息息相关，是联结民族情感的纽带，是增进民族团结、维护国家和社会稳定发展的重要前提。从这个角度来分析，强化文物保护管理工作具有非常重要的现实意义。当前，国家成立了专门的文物保护管理机构负责文物的保护与挖掘工作，其中基层文物保护管理机构占据非常重要的地位。想要让百姓更多的了解我国的文物的重要性，就要对其进行大力的宣传，让百姓了解文物的保护的必要性，从而促使百姓更好地去保护文物，在参与文物保护的过程中，百姓也可以积极充分地参与到文物历史的学习中，让他们对中国的历史有着更深入的了解。

1.文物保护管理有利于实现对传统文化的传承

文物在一定程度上是历史文化的承接者，保护文物有利于实现对传统文化的传承。一方面，文物本身就是文化的彰显。文物是人类在历史发展过程中遗留下来的遗物、遗迹,如瓷器、青铜、乐器等。这些器物中包含了当时的文化潮流,甚至可以从中窥探出文化的发展。例如商周时期,人们喜欢在青铜器中记载每年发生的重要的事情;春秋战国时期,铁器开始出现,并随着时间的推移逐渐取代青铜器在人们日常生活中的地位,无论是青铜器还是铁器,都是当时文化的代表。另一方面,保护文物有助于我们探索不同社会时期的文化特征,进而实现对传统文化的传承。

2. 文物保护管理有利于保护文化多样性

基层文物保护管理机构积极保护文物,有利于保护文化多样性。一方面,不同地区有不同的文化潮流,会形成不同的文化特征,这可以通过文物得到很好的体现。例如,目前为止,我国北方出土了大量农具,主要是因为在古代社会,农业在北方地区占据着重要地位,因而农民为了提升务农效率不断更新农具,使得农具成为了人们日常生活的重要部分;而南方则由于多河流,出土文物以船只、划船工具为主。从这里可以看出,不同地区具有不同的文化特征,加强对不同地区文物的保护可以在很大程度上保护文化多样性。另一方面,同一地区在不同的历史阶段会出现不同的文化特征,而这些差距正是文化多样性的体现,加强对不同时期文物的保护管理与研究有助于我们准确掌握不同阶段的文化特征,进而实现保护和传承文化多样性。

二、博物馆展览概述

(一)博物馆展览的内涵

博物馆学中一般将"陈列展览"作为博物馆特有的语言,习惯使用"陈列展览设计"或"陈列设计"进行表述,二者并无实质区别。《现代汉语大词典》(第七版)对"陈列"一词的解释为:排列摆设。将"展览"一词解释为:陈列出来供人观看。可见对"陈列展览"的解释多强调藏品的呈现及其与观众的关系。

"陈列(陈列展览)设计"则是指根据陈列内容的要求,通过博物馆工作者的思维设想,对博物馆陈列的主题、内容及形式进行预先设计,创作出符合审美要求、空间环境优美、受观众欢迎的形式设计方案并绘制成图样,最后通过物象以视觉形式传达出来的创作活动。其中主要涉及展示空间、展品和陈列展览技术三个方面,简单来讲,就是利用相应的技术,将展品与设备有效结合进行表达。它涵盖了美学、心理学、视觉艺术、营销学等多学科知识,同时也利用各种道具,结合文化及藏品定位,综合运用各种技巧将藏品的特性表现出来。"陈列(陈列展览)设计"中所涉及的视觉艺术设计部分主要在于将展览主题内容的理念和意图创造性地转化为一种可视的形象来进行表达。

(二)博物馆陈列展览的基础

博物馆所收藏的文物标本,是国家宝贵的科学文化财富,是陈列展览服务的主要对象,是博物馆一切业务活动的物质基础。笔者将博物馆与商店做一个类比:在商店里,商品摆在货架上需要展示出的是它的使用价值和价值。使用价值是人们看到商品本身就能一目了然的,而价值是由店家标注出来的,即商品的价格。但是藏品摆在博物馆的展柜里,其历史价值、艺术价值和科学价值是不能让观众一目了然的。这时,就需要科学研究来发掘藏品的内在信息,然后通过陈列展览的形式来帮助观众全面深刻地了解文物,从而产生共鸣,受到教育,得到享受。博物馆的陈列展览必须建立在科学研究的基础上,辅助观众理解和学习,实现博物馆的社会教育功能。

这里讲的科学研究分为三个层面。

第一个层面,是对单件文物的科学研究。对文物的价值进行发掘和考证,找出其最典型的属性,加以分析和诠释。力求对文物建立科学的认识,这是最基本的要求。

试想如果连文物是什么?代表了什么?要向观众展示的重点是什么?这些最基本的问题都搞不清楚的话,博物馆的陈列无疑是失败的。对每一件文物的属性、分类、定名、文化内涵等方面研究,是整个博物馆建立的基础,也是陈列展览的保障。至少保证观众看到的每一件文物的形象能够与标志解说相符合,保证观众接触到"对"的东西,认知到"对"的历史文化。

第二个层面,是对群体文物的综合研究。就像我国大多数历史博物馆会做的一样，把文物分类分组研究，好比“商代青铜器”“滇国玉器”等等，这是对某一组、某一类型或是某一时代的文物进行研究的快捷方式，也是陈列展览明确主题的必要手段。很多时候，可能单件文物并不能说明问题，或者不能很好地体现陈列展览的主题，就需要科学研究来发掘文物之间的内在联系，并对群体藏品进行排列组合，达到较好的陈列效果。例如，汪滋德先生在协助海林县筹建杨子荣纪念馆时，征集到一件缀有补丁的褪色军装、一双带破洞的毡袜、一双脱毛的大头鞋、一根发了黑的皮带扣……可是当以上物品组织陈列起来时，便能带观众回到“林海雪原”的广袤与艰辛，呈现出当时当地的情景，生动而历历在目。这正是对藏品的群体研究应该追求的效果①。

第三个层面，是对整个陈列展览设计的科学研究。陈列展览包含了很多方面，声光电、文字说明、空间布局、参观路线设计等等，而科学研究必须贯穿于设计的方方面面。在辅助材料的选择中，也需要科学研究来为陈列展览的质量把关。在陈列摄影作品之前，要印一张原大样片，然后设计者根据展览需要，确定照片所要表达的主题，需要什么样的气氛，应该定什么调子，反差需要多大才合适，画面上哪些部分该压暗，哪些部分该提亮，然后决定取舍。这是从专业的角度来分析照片，以达到最突出主题的效果。

甚至在陈列展览的一些日常维护工作中，也一样是以科学研究为基础的。在湖南省博物馆，专业技术人员用传统的方法与现代科技结合起来保护文物，如对古代丝织品的防虫防霉，饱水漆木器的脱水定型，铜器的焊接修复，都取得了进展，有利于藏品以最佳的状态呈现在观众的面前。

回到最开始的博物馆与商店的类比，商店存在的价值在于使人们买到自己需要的东西，并且这些东西是有质量保障的。从这个角度来说，博物馆存在的价值就在于使观众们看到自己想看的东西，并且这些东西是科学的。如果没有对藏品的科学研究，也就没有建立博物馆，并向观众开放展览的必要。因为，在博物馆获取科学、准确、全面的信息，是观

①孔祥萍．博物馆展览伦理问题研究[D]．济南：山东大学，2021.

众的基本权利,更是博物馆义不容辞的义务。

(三)博物馆陈列展览对文物的要求

1. 文物信息的真实性

(1)真实性的基础地位

博物馆是用实物来反映大千世界的缩影,透过缩影,可以宏观或微观地看到自然界的历史和人类文明的足迹。为了让人们更加真实地看到这个缩影,要求博物馆所展现的文物标本都具有真实性。

虽然博物馆的类型与主题很多,但所有的博物馆都以文物的真实性为基础。像中国历史博物馆这样的社会历史类博物馆,要求所展出的青铜器、玉器、瓷器、书画等文物标本都是真品。因为只有真实的文物才蕴含着关于自然和人类生活的准确信息。例如,同样是唐三彩,真实的文物不仅可以从其形象反映出唐代的审美与造型艺术,从其制作工艺反映出唐代的生产力发展程度与制陶技术的成熟度。而赝品、或者说仿品只能形似却无法神似,无疑会影响观众对信息获取的准确性与科学性。

介绍科技发展和生产历史的博物馆也对藏品的真实性有着严格的要求。我国四川省夹江市的手工纸博物馆,藏有明清以来蔡伦造纸法生产的纸张实物资料近2000件。其实,世界上几乎所有纸张的样子都大同小异,如果这些纸张藏品不具备真实性,那么观众到博物馆参观还有什么意义?再比如德国亚琛市的报刊博物馆,藏有欧洲各国于16世纪出版的各种主要报纸,现在世界各国定期出版的许多报纸和杂志在这里都能看到。而观众到馆参观的主要目的就是看看那些真实的老旧报纸,做工、纸张、内容与现在的报纸有什么区别,特别是当在“古董报纸”上看到熟悉的名字,熟悉的历史事件,熟悉的老照片,更是拉近了人们与历史的距离感。这种真实带来的震撼是仿制品所不能替代的。

而在一些物资、物产博物馆,藏品真实性的基础地位更是体现得淋漓尽致。例如德国乌尔姆市的面包博物馆、波兰伯利茨科别尔市的啤酒博物馆、我国山西省太原市的煤炭博物馆,显然要求展出的面包、啤酒、煤炭都是真实的,甚至还应该可以供观众品尝、触摸。试想,当观众在参观了面包从小麦收割到最后出炉的过程之后,能够品尝热腾腾的面包,是一种怎样的效果。比起干巴巴的图片、烤具、说明牌和面包模型的陈列展览,这种真实性无疑更让人感同身受。

无论对于科学教育还是陈列展览的效果而言,藏品的真实性都是最基本的。这种藏品真实性的基础地位,直接影响着观众对于展览内容的感知和接受程度。同样,也是对观众、博物馆权威的最好尊重。

(2)真实性原则并不排斥辅助材料的运用

首先需要明确的是辅助材料是用来干什么的?藏品是博物馆陈列展览的基础,也是陈列展览想要体现的中心。可是单纯靠藏品就想要完成陈列展览,让观众看懂设计者的想法和藏品的内涵,几乎是不可能的。这时就需要辅助材料来帮助设计者突显主题,诠释藏品,串连各件藏品。通俗来讲,辅助材料就是用来衬托藏品这朵红花的片片绿叶。然后再来看一下辅助材料包括什么?辅助材料大致分为两类,即科学性辅助材料和艺术性辅助材料。其中,科学性辅助材料包括了地图、照片、图表、拓片、模型、沙盘等,艺术性辅助材料则包括绘画、雕塑、布景箱、半景画、全景画等等。

那么,上文我们提到真实性的基础地位,是不是对于辅助材料也有这样的要求呢?答案是:既不是,又是。为何说"不是"?因为真实性的要求对于藏品,即文物标本来说,主要是针对其历史价值、艺术价值和科学价值的真实性要求,要求文物标本必须具有这三大属性,必须是真实的文物,而不是赝品、仿品、复制品。从这个角度来说,不可能要求每一件辅助材料都具有历史、艺术和科学价值,所以说,并不要求辅助材料具备与文物标本同等程度的真实性。

那为何又说"是"?因为辅助材料作为博物馆陈列展览的一部分,作为辅助藏品展现内涵的工具和手段,同样需要真实地展现历史、展现文化、展现藏品的特性。对辅助材料的真实性要求同样是对于博物馆权威性的尊重,是对观众负责的态度。因此,在辅助材料的选择和制作中也需要科学的考证和精心的设计。比如在辅助展品中比较重要的一些大型的模型、沙盘、场景等,这些展品的制作,需要有较完整、准确的相关资料的支持,包括文字、图、照片等,资料越翔实,成品的内涵就越丰富,展示效果越逼真。这便是对辅助材料真实性要求的程度。

2.文物信息量的饱满性

(1)饱满性的含义

每一件文物所包含的信息量大小是有差别的。例如,一面普通铜镜和一面海兽葡萄镜所蕴含的信息量就有绝对的差别。后者不仅包括了前者所反映的生产力水平、制作工艺和审美情趣,还反映了中外文化的交流、社会的发展程度和文化风气。这就是文物信息饱满性的差异。归纳起来说,文物信息的饱满性是指,在同样类型的文物中,蕴含信息量越多的文物,就越具饱满性。

在云南省博物馆的门口,立着一尊大型的牛虎铜案塑像。牛虎铜案是1972年在江川县李家山古墓群第24号墓坑中发掘出来,战国时期青铜器。同期发掘出来的青铜器还很多,那为什么牛虎铜案得以立于省博物馆门口作为典型呢?牛虎铜案为古滇国时期青铜材料铸成的案祭礼器。其造型由二牛一虎巧妙组合而成。以一头体壮的大牛为主体,牛四脚为案足,呈反弓的牛背作椭圆形的案盘面,一只猛虎扑于牛尾,四爪紧蹬于牛身上咬住牛尾,虎视眈眈于案盘面。大牛腹下立一条悠然自得的小牛,首尾稍露出大牛腹外,寓意了大牛牺牲自己对小牛犊的保护。血腥残酷与慈祥安定这两种截然相反的内涵,统一在造型之中,表现出一种惊心动魄的艺术魅力。同时,它又是滇国青铜器中较大的一件,特殊的组合造型使整个铜案重心平稳,大小和谐,动静均衡统一。它既有中原地区四足案的特征,又具有浓郁的地方特点和民族风格,达到了极高的艺术境界。从牛虎铜案中提炼出来的信息量很多,甚至可以更多。这也就是在众多同期青铜器中能够脱颖而出的原因,也是文物信息饱满性的含义及其追求的效果在同类型文物中选取对主题表达最为典型、最为丰满的那件文物标本。

(2)对饱满性的揭示

怎样从众多同时期、同类型的文物中选取最具饱满性的文物标本?需要高水平的研究队伍来揭示、挖掘文物信息,使文物的价值得到充分的利用。接着上文铜镜的例子,在普通铜镜与海兽葡萄镜之间进行选择之后,按其使用功能应是要让观众观赏其可正衣冠的那一面,但观众更多的是想要通过铜镜了解当时的艺术风格、图案变化、阶级差别等内涵,所以应说它的背面才是最佳观赏面。这就是研究队伍对文物信息饱满性的发掘和定位。不仅在众多文物标本中选取典型,更是在典型标本中选取其最饱满的一面,呈现在观众的面前。这就需要研究队伍来对文物标本的属性,及其内涵进行深入的科学考证,以此来确定其最佳的展示角度,最能体现其饱满性的展览方式。

3.馆藏品的使用率

除了对文物信息真实性和饱满性的要求,馆藏品的使用率也是博物馆陈列展览对藏品的基本要求。“陈列长期不变,种类单调,大量藏品积压在库房,永远不和观众见面,那么无论其数量怎么多,质量怎么高,提示程度怎样充分,博物馆的教育效果只能局限于一个很有限的范围内”。馆藏品使用率不高正是现今博物馆普遍存在的问题。

在此,笔者想主要针对这个问题的解决提出一些自己的看法。

首先,对于馆藏资源丰富的文化艺术类、社会历史类和综合类博物馆而言,馆藏品的使用率不高其实相对容易解决。例如世界著名的古埃及文物博物馆收藏展品共约6.3万件;美国大都会艺术馆收藏有36.5万件艺术品;北京故宫博物院收藏的文物更是多达90多万件——昔日的东六宫,现在是“绘画”“青铜器”“陶瓷”“珍宝”“钟表”等各色陈列专馆。像这些大型的博物馆,陈列厅不可能一次性陈列展览出所有的藏品。因此,提高馆藏品的使用率只需要经常更换展品。

当然,这里还需要有两项支持:其一,政策支持。即博物馆或政府机构制定相应的政策,来支持藏品的定期更换,在不妨碍博物馆正常运营开放和科学研究的基础上,尽可能固定周期地更换展品,以此提高馆藏品使用率。其二,技术支持。大家都知道很多文物非常脆弱,就像书画,对于保管和陈列的条件是相当苛刻的,所以让它们“沉睡”在恒温恒湿、防虫防蛀的库房里,从某个角度来说其实是对它们最好的保护。如果要将这一部分文物经常进行更换展出,就更加需要高水平的文物保护团队来对其进行呵护和保养,并对其展出的条件提出科学的建议和要求。在不损坏藏品的基本前提下，提高馆藏品的使用率。

其次，在四大类型的博物馆中，要单独提出来说的是自然科学类博物馆。因为在很多自然科技类博物馆，展出的藏品类型相对单一，造型也不会很好看。好比一些化石、骨架、头盖骨或某种装置、器械，其实不论如何更换藏品，在观众眼中也许都略显无趣。因此，提高馆藏品的使用率这个命题，对于自然科学类博物馆来说，主要靠设计理念来完成，即是在经常更换藏品展出的同时通过设计来使藏品更好地发挥价值。

例如，美国旧金山的探索博物馆，可能隔一段时间再去参观，就好像在参观一座新的博物馆。因为这里有丰富的设计来帮助藏品的更换和价值发挥。这里有“影子箱”，可以捕捉参观者的影子。只要站在一道强光和墙壁之间，然后走开，影子就会短暂地留在墙面上。这是利用了会吸收光线的壁纸。这里还有一棵可以与人类交流的树，只要参观者拍手、吹口哨，或者发出其他声音，树上的彩色灯泡就会根据不同的反映，闪烁不同的光与人打招呼。这是把声音转化成灯光信号的装置在发挥作用。也许在丰富的“探索”中，就不知不觉地体验了藏品的价值，每一次去都有新的探索和体验，就是对藏品使用率提高的最有效手段。

最后，需要谈的是“巧妇难为无米之炊”。这种情况可能在各个类型的中小型博物馆中都会存在，就是博物馆本身的馆藏品不丰富，没有新的藏品来源，所有的藏品都已经展示了出来，没有可以更换的库存。面对这种情况，可能只有两手准备来提高馆藏品的使用率。一方面积极致力于文物的征集。毕竟只有整体基数的增加，才能为藏品的更换展示提供更好的条件。另一方面，在新的藏品没有到位的情况下，对于旧藏品的重新排列组合也不失为一个办法。

（四）陈列展览的核心地位

1.从博物馆的三大基本功能论陈列展览的核心地位

博物馆的基本功能是收藏、研究和教育。收藏作用的对象是“物”，教育作用的对象是“人”，研究则是从“物”到“人”的桥梁。研究工作的目的是为了揭示收藏“物”的历史价值、艺术价值和科学价值，从而实现博物馆的教育功能。而陈列设计便是把研究出来的成果展示给观众的一种手段和方式,是发掘藏品的形象性、亲民性和艺术性的过程。

下面,笔者逐一来解析陈列展览的核心地位。

其一,在对藏品形象性的发掘中,陈列展览具有核心地位。简单来说是将原本可能太学术的藏品,经过研究,通过陈列展览发掘出其形象性,以此帮助观众理解藏品价值,收到良好的教育效果。其实观众平均在博物馆停留的时间大概只有两小时,在这有限的两小时里,观众没有时间或者没有能力凭自身的知识,去发掘藏品中可能蕴含的价值。这时就需要陈列展览来将学术语言转化为形象语言,让观众明白藏品究竟要表达的是什么。

在这一点上,德意志科学技术博物馆就做得很好。它的特点主要是通过展品显示科学技术从萌芽到成熟的历史过程。以动力为例,陈列了由原始的人力、畜力、风力、水力机械到蒸汽机、水轮机、发电机、内燃机和汽轮机等一系列动力系统。陈列的运输工具,从原始的雪橇、独木舟、畜力车开始,经过机动车、机帆船,以至新式轮船和气垫船。从模仿飞鸟的风筝开始的航空工具,经过气球、滑翔机、飞艇,一直展示到进步的螺旋桨飞机、最新式的喷气式飞机,到宇宙飞船。这样的陈列展览方式看上去并没有什么特殊之处,但通过寻求藏品之间的联系,建立起陈列展览的主线,帮助观众建立了一个形象的逻辑。即使面对自己不了解的工具、设备,观众依旧可以自发地将其放入到一定的历史线条和逻辑线条当中,完成对展览主题的理解。其实只是对藏品简单的排序,就把冰冷生硬的机械融入了人类文明进步的交通史中。

可以这样做一个类比,电影是由电波传达“动”的镜头,观众“静坐”观看的,而展览则是由观众自己“走动”着观看“静止”的展品陈列。陈列展览要做的是让观众看懂博物馆这部电影,也许是通过文字说明,也许是时空序列,也许是动态演示,总之,只要将藏品转化为观众看得懂的东西,便达到了教育的效果。

其二,在对藏品亲民性的发掘中,陈列展览具有核心地位。简单来讲是将可能晦涩难懂的文物标本,经过研究,通过陈列展览变得贴近民众生活,以此与观众产生共鸣,受到良好的教育效果。博物馆具有教育的基本功能,但是这种教育不同于学校教育,博物馆教育更应该是一种平民式的教育,一种平易近人的教育,应该是站在观众的角度,呈现观众想要的,而不是展现最科学、最精准、最前沿的学术动态。有时候,也许观众想要的很简单,但博物馆给的却很复杂。

举个例子,西安半坡遗址博物馆,建立在距今6000年左右的母系氏族社会村落的遗址上,主要展示母系氏族社会人类的生产、生活情况。藏品多是石器、骨器、原始的陶器。其实观众很难在一堆看起来差不多的石头里辨别砍砸器还是刮削器,在一堆骨头里分辨哪一件是骨针哪一件是装饰品,可能这也并非观众的兴趣所在。于是,半坡遗址博物馆在展示了当时社会的生活生产工具之后,还准备了一些石料、骨料和陶土,供观众特别是青少年仿制骨器、石器和陶器,来体验6000多年前半坡人的劳动生活。虽然是个老办法,但依然是陈列展览的金科玉律,因为实实在在地站在观众的角度提供了体验式的陈列。还有一些博物馆在展示纺织技术的时候让观众操作各式古代纺织机之后,再操作现在的缝纫机,甚至是这些年新产生的计算机式缝纫机。这样更能给观众一种贴近生活的感觉,其实教育的目的不是把简单的东西复杂化,而恰恰是把远古的、科学性强的、深奥复杂的东西简单化、亲民化。一旦观众觉得博物馆的展示与自己息息相关,就更愿意与博物馆的藏品亲近接触。

鲁迅先生在《热风》写道:“是弹琴人吗?别人心上也须有弦索,才会出声,是发生器么,别人也须是发生器,才会共鸣。”在形象性的基础上,陈列展览要做的是让观众不仅看懂博物馆的藏品,更能从心理上拉近与博物馆藏品的距离。把被动地接受知识变为主动地吸收知识,在教育的效果上应该会更上一个台阶。其三,在对藏品艺术性的发掘中,陈列展览具有核心地位。简单来讲是将收藏的文物标本,经过研究,通过陈列展览表现其艺术性,以此迎合观众的审美情趣,收到良好的教育效果。

俗话说“人靠衣裳马靠鞍”,在博物馆界,陈列展览就是给藏品穿衣裳。拥有再多、再珍贵的藏品,没有陈列展览的辅助,也不能得到观众的认可。梵蒂冈是世界上国土面积最小的国家,但梵蒂冈博物馆却是世界一流博物馆。不仅收藏稀世文物和艺术珍品,更得益于其成功的陈列展览方式。

庇护-克莱孟特馆陈列着各种雕塑作品,其中有公元2世纪的名雕,太阳神阿波罗和9位女神石像。设计者将这些雕像作为一组主题陈列出来,9位女神体态丰盈,或坐或立,或舞或跃,各执乐器,合理地分布于展厅中,围绕着太阳神,辅以各种希腊神话故事的绘画、文字说明和装修风格。把藏品科学地串连起来,而又不乏艺术效果,使整个展厅看起来像一座只存在于希腊神话中的殿堂。而动物雕像馆则被设计的像一座人造动物园,鹰、狮、犬、鸟等雕像惟妙惟肖,其中一只马身人面的怪物正为捕捉住一只狡兔而洋洋得意。利用空间和造型的关联性,对藏品进行排列组合,陈列展览方式比起展柜、规范的排列、单调的文字说明无疑更具艺术性。梵蒂冈博物馆的艺术长廊都充斥着陈列展览的设计感,长廊上的廊壁画、穹顶画、镶嵌画、挂毯画,让观众置身于画作装点的立体空间中,如锦似绣的名画俯拾皆是,将炫目的艺术性发挥到了极致。相比之下,如果设立一个专门的画展,把画作规范地挂在墙上,每幅画的下方再放上说明牌,也许观众就很难有耐心一幅幅观赏了。

鲁迅先生曾说:我本来不大喜欢下地狱,因为不但是满眼只有刀山剑树,看得单调,若痛也怕很难当。现在可又有些怕上天堂了。四年皆春,一年到头请你看桃花,你想够多么乏味?即使那桃花有车轮般大,也只能初上去的时候暂时吃惊,绝不会每天作一首'桃之夭夭'的。因此,只有通过陈列展览发掘出藏品的艺术性,作用于观众的审美心理,使欣赏者对陈列保持强烈和持久的印象,才能充分发挥藏品的价值,实现教育的目的,达到博物馆收藏、研究、教育三大功能的统一。王朝闻先生说:要像追求情人一样追求观众。充分发挥陈列展览的核心地位,实现博物馆三大功能的和谐统一——让陈列室成为我们的大"舞台",文物是我们的"演员",陈列展览则是我们的分镜头剧本为观众奉上一出出"好剧"。

2.从信息传播论陈列展览的核心地位

很多人来到博物馆学习,通过陈列展览获取信息,获得知识。博物馆信息传播的媒介主要有展品、展览、展品标签、展览说明,博物馆组织的各种教育活动和印发的讲解材料及书刊等。学者认为,从信息的传播来看，对应博物馆的三大基本功能，博物馆是信息的贮存、研究和输出机构。而笔者今天想要从苏东海先生在《文物在陈列中的两重性》一文中提出来的几个概念入手，来说明陈列展览在信息传播中同样具有核心地位。苏老先生认为文物在陈列中具有三组两重性，分别是文物的历史性与现实性、文物的客观性与主观性、文物的具象性与抽象性。那么，陈列展览在其中起到的作用，不仅仅是上一节当中提到的将藏品展示给观众，实现博物馆的教育功能，更是从博物馆输出的信息入手把关，保障博物馆向观众展示的是最为科学、健康、典型的主题。

本文以青铜器为例。首先，历史性和现实性。青铜器具有的历史性是其作为商周时期的实用器、陈设器和祭器而存在。其现实性是通过陈列展览表现出来的，对青铜文化的充分展示，对当时生产力水平发展和铸铜技术的认可。其次，客观性和主观性。青铜器的用途、纹饰或者是上面的铭文，是真实的历史存在，是其客观性。而其主观性则是陈列者的主观需要：若是需要突出生产力水平，便选择重点展示后母戊鼎；若是需要突出反映生产关系的层面，就重点展示大盂鼎、宜侯矢鼎：若是突出其文字艺术的层面，就重点展示虢季子白盘。第三，具象性和抽象性。青铜器的具象性是它的呈现在观众面前的造型艺术。而其抽象性是陈列展览设计者想要展示的本质，就像前文中讲到的牛虎铜案，设计者想要展现的便是“弱肉强食”的自然规律与“母爱”这一精神主题的碰撞。

三、博物馆展览中的文物保护管理

文物是我国历史文化的重要组成部分，不仅是文化的重要载体，还是重要的精神财富。博物馆是收藏和保护文物、宣传和教育公众的机构。博物馆要充分认识到文物保护工作的重要性，提高认识水平，加强人员培训，并强化资金投入。同时要结合实际情况制定合适的文物保护和管理措施，提高管理水平。

博物馆通过基本展览展示丰富的藏品和反映科研水平及成果，展览所用藏品都是以本馆收藏的馆藏文物为主，有的展览是以历史线索进行纵向展示，有的展览是以时代为线索展开当时社会的各个历史画面进行横向的展览教育，也有专题性的展览，展览的内容及形式多种多样，办展的最终目的是展览能够吸引观众,而展览能吸引观众的不单是展览的艺术效果,更主要的是那些具有丰富内涵的、有重要历史、科学和艺术价值的藏品。因此,在选择陈列藏品时,都是选择具有历史特点、品相好又有代表性的藏品展出。[①]

(一)博物馆展览中文物保护管理的重要性

有利于文化传承。在博物馆文物保护中,管理工作发挥着十分重要的作用。博物馆的文物都是历史悠久的物品,价值巨大,不能够通过金钱来进行衡量。中华民族的民族文化博大精深,而存储于博物馆中的文物是民族文化的重要载体,能够实现对民族文化的传承。所以,要想深入了解历史,首先需要对各种文物进行了解。而博物馆文物保护管理能够保障研究人员有足够的文物资源进行研究,从而发现文物中存在的历史文化痕迹。同时,文物保护能够促使大众从文物中感受到我国传统文化的博大精深,认识传统文化对今天社会发展的重要意义,从而重视传统文化的发展。因此,博物馆文物保护管理有利于文化传承。

有利于进行科学研究。在对博物馆文物进行管理和保护过程中,文物蕴含了各种文化信息和历史信息,通过对这些信息的研究和分析可以更加清晰和准确地获知我国的历史发展过程。比如在史书中记载了我国至今经历了二十五个存在时间较长的朝代,并且在其中存在还有无数个小朝代。这样的记载对于国人而言是十分认可的,但是对于一些国外人而言,他们并不认可史书中所记载的内容,但是文物中蕴含的信息就能够获得所有人的认可。所以,需要重视博物馆文物保护管理,以此来保障文物的科学研究,从而从文物中了解历史的发展情况,促使人们对我国传统文化有更深入的认识。

具有教育作用。文物中的信息资源包含了我国五千年的传统文化,也承载和传承了我国的传统文化。同时,文物是一种不可再生的文化资源,因此文物中所蕴含的文化信息不能够通过自身进行传播,需要用相应的方式来激活,以此实现文化信息的传播。在各种激活方式中,教育

①王娟.博物馆展览形式设计的表达与实现[J].文物鉴定与鉴赏,2021(11):154-156.

活动是重要方式之一。在一般情况下,文物文化教育活动能够促使人们对中华文化有着更深的认识。另外,在文物包含的各种文化信息中,不仅有艺术价值,还有历史价值。通过对文物中所包含的文化信息进行研究,能够促使人们产生民族自豪感,使人们形成爱国主义精神,因此博物馆文物保护管理能都发挥出教育作用,促进人们的发展。

(二)博物馆展览中文物保护管理的原则

保护为主原则。在博物馆文物保护管理工作中应该充分以保护为主,对文物保护和利用治安的关系进行协调和优化,从而促进博物馆文物保护管理的发展。在新时代中,博物馆文物保护管理工作还需要对相应的管理体系进行完善,并且对管理工作标准进行升级以及辩证地看待文物的保护和利用,从而在保障文物安全的基础上,发挥出文物的文化价值和历史价值。所以,在博物馆文物保护管理工作中,需要提升相关管理人员的专业技术能力,设置新的管理设备,以此来提升博物馆文物保护管理工作的效率,更好地在博物馆中对文物信息进行挖掘并开展各种宣传活动。

科学化原则。在新时代,博物馆文物保护管理工作还需要充分符合科学化原则,具体以科学为基础,优化博物馆文物保护整体环境,通过各种先进的技术以及设备来降低文物出现损坏的概率,并且充分发挥出管理人员在博物馆文物保护管理工作中的主导作用。同时,还要积极更新博物馆文物保护管理工作中的技术手段,明确博物馆文物保护管理工作的重点内容,从而采用更加有效的保护手段对文物进行保护,使管理工作中遇到的问题得到相应的解决。

合理利用原则。在博物馆文物保护管理工作中需要对文物进行合理的利用,以此来实现文化、政治以及历史等方面的认同,进而满足文化传播的需要。在实际工作中,博物馆文物保护管理还需要在充分挖掘文物信息的基础上,创新文物利用方式,制定合理的文物展示标准,促使文物的社会宣传教育作用得到充分发挥。

(三)博物馆展览中的文物保护管理现状

缺乏完善的文物管理体系。目前,我国各地区博物馆在文物保护与管理工作中普遍存在管理制度不完善的问题,尤其是对于一些较为重要的文物缺乏完善的保护机制。在博物馆的实际运营过程中,工作人员会因为各种因素导致文物损坏或遗失等现象时有发生,这就严重影响了博物馆的正常运营和服务质量。我国博物馆在实际发展过程中通常是通过收取一定的门票来实现其经营管理工作的基本要求,这在一定程度上对文物造成了不小的损坏。另外,由于博物馆管理人员缺乏对文物管理工作内容的了解和认识,导致博物馆在文物保护与管理工作中常常会出现一些违规操作问题。这些问题都是由于管理制度不完善所引起的,同时也是目前各地区博物馆发展过程中所面临的主要问题。

基础设施较为落后,专业技术人员缺乏。由于资金方面的问题,许多博物馆的基础设施较为落后,在文物保护方面也存在着严重的不足,基础设施不完善,就会导致博物馆整体服务质量的下降。博物馆中,很多文物由于其本身存在着较多的问题,需要借助相应的技术来对其进行保护。但是在一些小型的博物馆中,由于缺乏专业人员的指导与监督,许多文物因为保护不当而受到了严重的损坏。同时,在一些大型的博物馆中,由于受到资金以及技术方面的限制,一些工作人员在进行文物保护时存在着较为严重的问题。比如,一些工作人员认为只要将文物存放在恒温、湿度较高的环境中就可以防止文物出现损坏。但是实际上并不是这样。当环境温度过高或过低时均会导致文物发生变质。对于这些问题,工作人员往往没有引起重视,没有根据博物馆实际情况制定出详细的管理制度与措施,使得博物馆文物保护与管理工作无法正常开展。

经费投入不足,馆藏文物不够丰富。因为资金投入不足,所以使得很多馆藏文物得不到及时保护与管理。博物馆在资金投入方面,往往是非常有限的,因此博物馆内部的文物保护与管理工作无法得到有效保障。同时,在经费投入不足的情况下,很多博物馆在文物馆藏方面往往是不够丰富的。因为很多文物收藏于民间,所以人们能够直接接触到的就是一些古代艺术品和历史文物。但是随着时间的推移,这些文物可能会被损坏或者因为年代久远而导致文物失去了其原有价值。除此之外,博物馆在经费投入方面也存在一定问题,虽然说现在国家非常重视博物馆建设工作，但是由于受经济发展水平和资金等因素的影响，很多地区博物馆还存在经费不足、文物收藏不够丰富等问题。

（四）博物馆展览中的文物保护管理趋势

数字化。博物馆文物保护管理工作需要借助现代化技术，以确保文物能够得到有效保护，以发挥文物价值。为此，需要做好数字化技术的应用工作，以提升文物保护和管理水平。目前，我国许多博物馆已经开始使用数字化技术开展管理工作。如中国国家博物馆使用三维扫描、3D打印、无人机航拍、数字摄影等技术，对馆藏文物进行了数字化采集。此外，还积极开展了基于网络的虚拟博物馆建设工作。数字化技术不仅可以提高文物保护和管理水平，还能提升人们对文化遗产的关注，为传统文化提供了发展平台。同时，数字化技术应用也能够更好地发挥文物价值、提升人们的文化素养和文化自信。就数字化技术而言，博物馆应积极学习掌握其内涵和技术要求，不断提升自身的管理水平和管理能力。只有这样才能实现对文物的有效保护与管理，也能实现对文物价值的有效发挥。

智能化。智能化是指采用现代科学技术，实现文物保护管理的科学化、数字化和智能化。文物保护管理智能化具有重大意义不仅能提升文物保护管理工作效率，还能更好地对文物进行保护和管理。首先，利用互联网、大数据、云计算、物联网等技术对馆藏文物进行全面了解，实现馆藏文物信息的数字化和信息化。其次，利用传感器技术和自动监测技术实时监测文物保存环境条件，并实时反馈信息到监控中心。最后，通过计算机智能处理手段进行科学分析和研判，对发现的异常情况及时报警、识别和处理，以避免发生破坏性的不可挽回的事故。通过智能化管理方式可以有效降低博物馆工作人员的劳动强度，减少人为失误引起的问题。

科学化。首先，要做好博物馆文物保护管理工作，需要加强博物馆文物保护曾理的科学化建设，在科学理论指导下开展博物馆文物保护管理工作。在此过程中要确保管理人员对当前博物馆文物保护工作的目标有清晰认识，从而制定出一套完善的博物馆文物保护管理制度，以此为实际工作提供保障。同时,还要重视相关规章制度的建设与完善工作。在具体实践中严格遵循规章制度进行操作。其次,要加强科学化建设。在实际工作中,要根据博物馆文物保护曾理工作要求制定出一套科学合理的制度和流程。同时,还要加强对相关制度、流程和标准的执行力度,确保其科学性、规范性和合理性。此外,还要做好相关设备和设施的完善工作,要确保各类设备操作符合国家标准和规范标准,还要注重对各类设备进行定期检查与维护,做好相关管理人员的培训工作。

(五)博物馆展览中的文物保护管理措施

完善规章制度。健全管理制度,能够确保文物安全。首先要根据实际情况,制定出科学有效的规章制度,严格要求工作人员规范自己的行为。同时也要为工作人员建立考核评价体系,定期开展考核,对表现突出的工作人员予以表扬。同时也要对表现差的工作人员进行批评教育,在严格执行规章制度的基础上提高工作人员的责任心和荣誉感。其次,要完善相应的激励机制,在保证工作人员积极性的同时也要给予其一定压力,使其积极投入到文物保护和管理工作中。最后,要在制度上明确职责。对管理人员进行严格要求,规定其必须对馆藏文物进行保护,并采取有效措施保证藏品安全。同时也要对普通工作人员进行严格要求,并结合具体情况制定出相应制度。此外,还应加大对文物保护和管理工作的宣传力度,使人们认识到文物保护和管理的重要性以及所担负的责任和义务。

加强馆舍安全。做好消防工作。根据文物保护需要科学设计和配备消防设备,合理设置消防通道和消防设施,保持环境整洁和空气流通。此外,要定期检查火灾隐患,定期对馆舍进行防火检查,做到预防为主、防消结合。根据国家相关规定,应将其作为一项日常工作进行安排部署。完善防盗设施。在对馆舍进行设计时,应考虑到防盗的要求。对文物库房及其他重要场所进行重点布置和设计。重点布置包括:门锁、监控、报警装置等硬件设施。监控设施包括监控设备的安装、防盗窗的设置、安全门的设置等。这些措施都是为了将安全隐患降到最低。加强人员管理。博物馆工作人员应做好馆内各项工作,包括文物库房管理、文物宣传等。此外,还应加强对员工的教育和培训工作。提高他们的专业素质和安全意识,保证光线充足。为了保持博物馆藏品的最佳状态,在满足文物保护的要求下,博物馆应提供适当的光照条件以保证载品在最佳状态下展示出来。因此,文物库房中应设置充足的灯光条件以满足藏品保护需求,在藏品库房周围设置照明系统,并为库房配备必要的照明设备和安全设施,做好光照控制。为了保持载品最佳状态,在藏品库房中应设置适当的光照条件以满足藏品保护要求,同时还应增加照明设备来满足藏品保护需求,此外还应减少光照时间或强度以防止强光损伤文物和展品。加强馆舍清洁管理。为保证文物安全,应注意博物馆环境清洁。为此,应加强清洁工作。要保持馆舍干净整洁并保持空气流通,要定期清理馆舍卫生。清洁玻璃和地面,对馆舍进行消毒工作,还要做好馆舍防火工作,并做好相关记录。

完善修复体系。我国古代文物数量众多。年代跨度大,不同历史时期的文物均有其自身的特点。随着时代的发展,文物也逐渐形成了一套完整的修复体系,并逐步发展出一套科学、规范、系统化的修复方法。例如在古代文物中。青铜器因自身特点会产生一定的腐蚀现象,常见的修复方式有清洗、补配和加固。通过清洗能够有效去除青铜器上的杂质和腐蚀物,在此基础上对青铜器进行补配工作。以恢复文物原貌。再如青铜器文物表面一般都会附着有一层黄褐色的污垢和杂色。通过清洗能够去除污垢和杂色。对于青铜器而言,清洗工作并不容易开展,因为其材质比较复杂,在清洗过程中容易对文物造成损伤。因此在开展清洗工作时,应尽量使用软水进行清选。同时,可以使用中性清洗剂进行清洗和消毒工作。为了能够保证修复工作能够顺利开展,还需要建立专门的修复场所,并配备先进的设备和仪器。例如在修复青铜器时,可采用超声清洗方式对青铜器进行清洗和消毒处理,在进行青铜器补配时可采用激光补配技术对文物进行补配,在修复青铜器时需借助超声波清洗机、电子显微镜、电脑等先进设备进行修复。

增强环境保护。环境保护主要是针对博物馆藏品所处的环境,包括空气、土壤和水源。在此过程中,要结合实际情况合理选择藏品保存和管理的方案,并加强对环境的监测。具体来说,博物馆需要加强对库房环境的监测与控制,降低温度、湿度,做好通风工作,并建立完善的温起度控制系统。此外,还需要注意博物馆展览区内的空气质量和污染状况,杜绝空气中有害物质对藏品产生的影响。同时,要加强对周围环境的监测,避免各种外来因素对藏品产生危害。其中包括对水源、土壤和空气的监测。这些因素都会影响到藏品的保存,并间接对藏品造成损害。所以博物馆应重视博物馆环境保护问题,不断加强管理力度。

加大宣传力度。加强宣传和教育是博物馆文物保护工作的重要部分,同时也是文物保护与管理工作的关键。通过广泛宣传,提升公众的文物保护意识,并对文物价值进行科学利用。为了实现这一目的,博物馆应加大宣传力度,以提高公众对文物的关注度。例如,博物馆可以通过多种方式向公众展示一些与文物相关的文化产品,如画册、展览等。除此之外。可以采用新技术、新方法来对文物进行宣传,如利用多媒体设备让公众了解博物馆。在此基础上,可运用现代科学技术。进行文物保护管理。例如,在开展临时展览时可采用LED屏幕来展示。也可以采用新媒体技术,如微信、微博、抖音等来扩大宣传范围。通过以上方式进行宣传教育可以让公众更加了解博物馆中的文物和展品,这也是对游客的一种文化熏陶和教育。在实际工作中还要结合具体情况进行管理方式的调整。例如要根据不同文物的实际情况制定不同管理方式,对重点地区进行重点保护。此外还要做好博物馆和周边环境的协调工作。根据具体情况进行开放管理,做好内部安全防范工作等等,确保博物馆可持续发展。

加强博物馆文物保护管理工作。在我国古代社会,由于科技水平的不断提高,使得古代的人们创造出了很多先进的技术,在这种技术的推动下导致了古代文物的出现。而在历史发展过程中,我国古代文物有着非常深厚的文化底蕴,尤其是对于一些基层博物馆来说,很大一部分原因就是由于这些博物馆都是比较偏僻的地方,人们对这类文化传统了解并不是很多,所以博物馆内的文物保护管理工作显得尤为重要。在目前我国社会经济状况不断发展和变化过程中,博物馆在社会中扮演着重要角色。而文物作为我国社会发展的见证力量,它不仅具有极高的文化价值和艺术价值,而且还具有非常高的收藏价值。所以博物馆必须高度重视文物保护管理工作,对我国基层博物馆有着非常重要的意义,必须要做到对博物馆内文物保护管理工作的重视,同时还需要加强对博物馆文物保护管理工作的监督和管理,只有这样才能够使文物保护的质量得到有效保证,并更加全面地展示文物魅力。

创新文物保护形式。在实际文物保护工作中。必须充分运用现代科学技术手段保护文物,增强其使用价值与时代意义。第一,不断创新文物的保护形式。现阶段对文物保护最大的难题是缺乏新知识、新技术以及相关经验,只有不断创新才能更好发掘博物馆文物的价值。比如:将现代科技运用到考古工作当中,有助于考古专家更好地了解文物本体的历史文化内涵、结构特征等。这对研究和保护当地的文物都具有非常重要的意义。而利用文物修复技术。提高现有博物馆馆藏文物的整体质量与价值,则更有说服力与价值。第二,运用现代化手段开展考古工作,利用新技术对珍贵历史文物进行发掘、研究、保护以及修复等措施,技术手段是文物保护工作中最为重要与普遍的手段之一。在考古工作中采用先进的科学技术,能提高考古工作效率与考古技术研究质量,减少文物损坏带来的风险和损失。另外在文物保护中,要对现有文物的使用进行合理利用来保护文物资源。现代技术对基层博物馆文物保护工作具有重要意义,它可以有效保护文物。并减少人们在文物修复过程中产生的各种问题,减少对文物的损坏,并且其所能带来的经济效益也是可观的一不仅能够为博物馆带来丰厚的经济效益,同时也能够为当地的发展起到一定的推动作用,既可有效提高了文物保护工作效率又能增加人民群众文化生活的丰富程度。因此,文物保护工作者应积极利用现代化科技手段,来提高自身文物保护水平与能力,促进博物馆文化事业的发展与繁荣。

加强环境与文物保护管理的协调。为了提高我国文物保护的有效性,就要加强环境与文物保护管理的协调。首先,要加强对文物保护工作人员的培训。提高文物保护人员的专业素质和能力,通过对文物进行专业知识培训来增强文物的自我保护能力,有效防止外来因素对文物的影响。其次,要对博物馆环境进行管理时,将博物馆整体环境作为管理重点。要对环境中存在的影响因素进行有效分析和判断,同时还需要将影响因素与文物保护管理结合起来,在提升环境质量的同时,还要注意防止人为因素导致文物出现损坏的情况。最后,要将环境与文物保护管理的协调贯穿到整个工作过程中,从而促进我国博物馆整体环境水平的提升和博物馆建设事业的发展。

建立健全档案资料。博物馆要对所收藏的文物进行登记造册,并将每一件文物都建立档案资料。在对文物进行保护和管理的过程中要对文物进行不间断观察,及时发现文物存在的问题,并及时采取相应的措施,进而使博物馆整体的馆藏水平得到有效提高。此外。在日常工作中要对其馆藏文物进行分类编号登记造册,以便博物馆工作人员在查阅时能够快速找到相应的文物。除此之外,为了使博物馆工作人员能够对馆藏文物更好地了解,应该组织博物馆工作人员定期学习相关法律法规知识和博物馆各项规章制度知识以及管理方法等,提升博物馆工作人员自身素质和管理水平。在实际工作中要建立一套完整的科学规范的管理制度和具体管理措施,做到有法可依、有章可循,确保博物馆各项规章制度落到实处。使工作人员能够更好地执行相关规章制度并对其进行有效监督和检查。

第二章 文物保护管理的方法

文物保护注重研究各种不同质地的文物在内外因作用下的质变规律。同时，研究如何对抗人为或自然因素对文物的破坏作用，并且运用各种科学技术阻止和延缓文物的质变过程，使文物得以长期保存。

文物保护科学技术，从学科结构来看，包括文物保护科学、文物保护技术和文物保护工程三个方向。文物保护科学，即针对文物性状、内涵、生成、赋存条件及损毁机理的科学技术研究；文物保护技术追求在不影响文物基本属性的前提下，通过各种技术手段阻止和延缓文物随时间和自然环境的变迁而发生的质和形的变化，避免人为环境变迁和突发事件对其质和形的破坏；文物保护工程是指对具体文物的保护处理和预防性保护工程。从保护性质的角度，又可将文物保护划分为预防性保护、抢救（被动）性保护、加固修复性保护和养护性保护（日常维护）。

19世纪下半叶，随着人们对文物普遍性价值和基本性能认识的深化，以及文物调查和发掘技术的进步，新的科学技术被迅速应用于文物的研究和保护中。第二次世界大战以后，文物的不可再生性、价值普遍性和产出地域性等原则经学术界深入探讨而逐步形成共识，代际公平的意识不断深化和普及，文物保护逐步成为政府的重要职能和衡量民族责任感的一个标尺，也逐步成为评价一个国家综合实力和科学技术实力的一个因素。

第一节 纸质文物保护管理

纸质文物藏品的种类十分丰富，包括书画、古籍善本、文字契约、文书档案等。这类文物的特点主要由植物纤维制成，如藤草、麻、棉、各种树皮等,可以被木霉、青霉、曲霉、根霉等微生物分解利用。纤维素一旦发生水解,就会生成水解纤维素。相对未水解的纤维素来说,水解纤维素的聚合度小,机械强度低,当聚合度下降到200以下时,纤维素就会变成粉末状,此时机械强度为零。书画装裱中使用的糨糊、动物胶、蛋白质、纤维素,都含有霉菌所需要的营养物质,微生物会对这类高分子物质进行分解吸收,并释放出相应的胞外酶。实验证明,霉菌的活动会导致纸张的牢固性在5天内减低50%。修复中常见的画心片状脱落等情况,就是霉菌同化了淀粉、动物胶等黏着剂造成的恶果。有些霉菌在代谢过程中会产生色素,不同种类的霉菌产生的色素颜色也有所不同,有红、黄、橙、绿、黑等颜色,这些颜色会污染纸张,形成难看的霉斑。由于菌体本身的堆积或所产生的黏性物质,造成蚀烂部位具有高度吸湿性,使得这些部位变软、发潮、发黏,时间久了,还会使纸张粘连,从而形成"书砖"。

除了霉菌污染以外,库房降尘、泥污、虫斑等污染也是十分常见的纸质文物病害。造成这些污染的原因,除了文物流传过程中的各种影响因素,库房的环境条件也是重要因素。外部环境的"变异",很大程度上会使卷轴文物的纸张性能变差,强度降低,虫害滋生。空气中的降尘不仅会使文物表面积尘、积脏,其中的有害气体还会加速纸的变质;温度、湿度变化会使纸张的柔韧性降低或完全丧失;光照会使纸张变黄变脆。库房虫害在博物馆十分常见,卷轴文物上常留有虫斑或虫咬的痕迹;情况严重时,整件文物会被虫咬出许多线状的残损,有的则脱落成片。

造成纸张黄脆、绢本酥朽、裱件脱落的另一个因素是造纸过程和文物装裱过程中所使用的白矾。在水溶液中,白矾是酸性物质,大气中的硫氧化物遇水后会变成硫酸,酸性物质在温度较高、光照较强时,反应会加速,从而威胁到纸质文物的寿命。此外,纸质文物表面色彩酥解、起翘和脱落的内在原因是胶质的流失、变质和分解失效。潮湿或先前修复中水的浸泡作用,会使当初绘画时调制颜料所加的水溶性胶质部分溶解。已脱胶的色彩层,在长期存放或流传过程中,受不同的温度、光线、降尘、湿度变化等因素的影响,往往会进一步粉化、酥解或起翘。雨水等浸泡水中所含各种盐分的溶解和结晶,以及微生物的滋生繁衍也常会侵蚀色彩层,使那些颗粒较大、涂层较厚的色彩层呈片状脱落。[①]纸质文物在经历成百上千年之后,其本身已严重老化,有的已无法触摸和展阅。对此类纸质文物所采用的保护处理方法,主要包括以下几种。

一、防虫防霉杀菌

(一)微波辐射杀虫法

微波辐射法是将纸质文物置于超高频电磁场下,使害虫体内的水分、脂肪等在微波的作用下发生振动,分子间产生剧烈摩擦,生成大量热能,害虫体温迅速上升,从而杀死害虫。该方法也能消毒灭菌,具有效果好、速度快的特点,但也存在弊端。如果对大批量纸质文物采用此法杀虫消毒,长期从事此项工作的相关人员就会因微波泄漏而导致身体受损。且此法对纸质文物的要求较高,不能有铁钉、大头针等金属物,否则容易生热引起火灾。因此,该方法仅适用于对小批量、略微潮湿的纸质文物进行去湿、杀虫和消毒。

(二)冷冻杀虫法

利用降低温度对害虫的新陈代谢进行控制,也可使害虫的新陈代谢完全停止,零下40℃至零下10℃为害虫死亡的低温区,在此区域内,有机体的体液会冰冻并结晶,使原生质遭受机械损伤,产生脱水,生理结构被破坏,进而使害虫的组织和细胞会产生不可复原的变化。将纸质文物在零下29℃至零下30℃的环境中冷冻60个小时,总循环过程为72小时。这种方法属于物理方法,不需要使用任何化学药品,可以消灭不同生长阶段的害虫,包括虫卵幼虫、蛹和成虫。

另外,还有一种冷冻流程,无需将温度降至零下29℃至零下30℃,仅通过零下18℃至零下20℃的两次冷冻来达到相同的效果,处理时间的长短和间隔可视具体情况而定。一般来说,二次冷冻法的时间要比一次冷冻法长,而二次冷冻法的优点在于:工作温度无需太低,可使用普通冰箱轻松完成,而若要达到零下30℃,通常需要采用工业设备来完成,成本较高。

①姚娜. 基于热裂解气相色谱质谱法的明清时期纸质文物科学研究[D]. 北京:北京科技大学,2022.

对大多数有机材料而言，冷冻是安全的。大部分纸质文物可以暴露在冷冻环境之下，但是当纸质文物上复合有其他材料时，就需要根据实际情况来决定是否进行冷冻处理。当温度改变时，势必会引起相对湿度的变化，并由此引发一系列空间结构的变化，如果一件文物能够承受这种空间结构变化，就被视作能够接受冷冻杀虫处理。冷冻的物体暴露在空气中时，表面易发生水分凝结，引起潮湿。所以，对采用冷冻杀虫的纸质文物，将其从冷冻箱中取出时，不要立即打开，而需要继续保持密封状态，当恢复到室温时再打开，从而避免潮湿现象的产生。

除部分特殊纸质文物外，以下几类文物不适合进行冷冻杀虫，包括：干燥或者是严重腐烂的文物、含有多种材质的文物、含有大量水分的文物（如家具、部分彩绘纺织品），以及用胶粘剂处理过的文物。一些非吸附性材料如金属、陶瓷和玻璃等，在冷冻过程中，边沿处可能会发生变形，故也不适用于冷冻杀虫。

纸质文物冷冻处理的操作步骤有如下几步：①尽量使纸张的相对湿度保持在50%～60%；②将纸张迅速冷冻到零下30℃，并在冷冻器里放置至少72小时，以确保纸张至少有60小时是暴露在零下30℃环境之中；③取出纸张之后，需要进行为期两天的解冻和稳定处理。

对于混合材料，需进行单独处理，才能达到良好的杀虫效果。

（三）二氧化碳杀虫法

其原理是在密闭容器内，当二氧化碳增加到一定浓度时，害虫会因呼吸加速而脱水死亡。具体方法是：将纸质文物放入高强度复合薄膜袋，向袋内充入二氧化碳，浓度为70%～80%，密闭10～15天。

（四）硫酰氟杀虫法

美国对硫酰氟杀虫毒性及毒理学进行了大量研究和应用，并将硫酰氟列为溴甲烷的替代产品之一。硫酰氟为无色、无味、不燃、不爆的气体，沸点为-55.4℃，气体密度为3.52g/cm^3，在水中微溶，溶解度为0.075%（25℃），在碱性溶液中水解较快。

硫酰氟在熏蒸杀虫中使用较多，无条件限制，一般熏蒸浓度为30g/m^3。其毒理性可以破坏害虫的糖酵解，阻止体内脂肪的代谢作用，减少维持生命生存所需的能量,但对人体不具致敏性、致突变形性、致畸形性以及致癌性。其操作方法是:①将硫酰氟气罐与减压阀、橡胶管、玻璃导管依次连接,从气罐中释放出来的压缩气体经减压阀减压后可直接导入文物袋中。由于硫酰氟有毒,操作前应严格检查各连接处是否存在漏气。②按照要熏蒸的文物的大小和体积,将塑料膜裁成相应的尺寸,同时为了操作简便,通常制作成标准的或容积统一的塑料袋,如 $0.5m^3$ 或 $1m^3$,这样易于控制熏蒸剂的用量。然后用多功能塑料薄膜连续封口机先将三边封好,待装人文物后,再封好袋口,并在每个袋子上留出刚好能插入导气管的充气口。③操作尽量选在实验通风橱中或通风条件较好的出口处进行,可通过使用风扇等设备来调节空气流动,以避免操作人员中毒。由于气罐中压缩气体压力较大,放气时应将充气口与导管口夹实,以防止气体泄漏,然后缓慢打开硫酰氟气罐阀门,并根据减压阀指数调整到合适的排气速度。④将罐装好气体的氧气袋称重,一般充满时氧气袋充气量为60g,杀虫用量按 $30g/m^3$ 计算,实际操作时可视虫害情况而定,并间接通过氧气袋来控制;往塑料袋中充气时,尽可能先将装好熏蒸文物的塑料袋内的空气排出,再将与氧气袋连接的导气管插入塑料袋中,用力将氧气袋中的气体赶人塑料袋。在熏蒸木头橱柜时,应先将橱柜外边框接缝处用胶带密封,将硫酰氟充入一定容积的塑料袋中,将口拧紧(或用带子扎紧),放入橱柜中,迅速将柜子边缘密封。此时,在压力作用下,充入硫酰氟的塑料袋会自动松开。⑤迅速抽出氧气袋橡胶导管后,将塑料袋口扎紧,进行2~3天的熏蒸,并观察熏蒸前后害虫的活动情况。⑥熏蒸结束后,打开库房门窗使室内空气流通,然后解开塑料袋并打开橱柜,让残余的硫酰氟自然挥发。在通风1~2天后,操作人员方可安全进入室内。最后,可对硫酰氟熏蒸杀虫的效果进行评估。

(五)真空充氮杀虫法

真空充氮方法是将纸质文物放置于密闭容器内,利用真空泵将密闭容器内的空气抽出,然后再充入氮气,使害虫、霉菌缺氧而死。该方法效果较好,所使用的氮气无毒、无害、不易燃易爆,对纸张、字迹无明显的不良影响,所需时间约为72小时。

操作步骤是:第一步,将纸质文物置入复合薄膜袋内,抽真空;第二步,充入氮气,静置2~3天。

(六)钴60照射法

钴60照射法可以杀死害虫、霉菌的生物活细胞组织,具有广阔的应用前景。研究表明,钴60照射法对一般纸质文物害虫的辐射致死量为2万~4万伦琴左右,辐射量在10万伦琴以下时,纸质文物载体材料的理化指标均无明显变化,而且经钴60照射过的纸质文物无任何有害物质残留,且对人体也无害,因而此方法较为安全可靠。但此方法不宜自行采用,应将纸质文物交予原子能专业机构,委托其进行杀虫消毒。

二、纸张脱酸

(一)氧化镁脱酸法

氧化镁脱酸法由美国科波思(Koppers)公司率先研究成功。1987年以后,理查德·斯潘兹(Richard Spatz)与科波思公司合作,所设立的中型试验厂能进行连续批量的操作。这一方法已在美国国会图书馆、荷兰国家图书馆及多所大学图书馆得到应用。经该法脱酸处理后的图书,80%的使用寿命明显延长300%;pH从处理前的4.3~7.5达到处理后的7.6~9.0,碱残留量大于1.5%。

然而该方法也存在一定的缺陷:对于纸质较厚的书皮,部分脱酸后会出现白色斑点;对于较厚的图书,脱酸会造成碱残留量不足。该方法的年处理量主要包括以下几种情况:对于散页及尺寸较大的图书,一年可处理约4万册;对于标准图书,一年可处理12万册。该方法操作简便,费用低廉,占地空间小,处理时间短,未发现对人体健康有害,脱酸后纸张的寿命可延长2~3倍。然而此方法可能不适用于某些书写材料,对于较厚的纸张脱酸效果不佳。

(二)巴特尔法

巴特尔法首先由德国国家图书馆于1994年6月正式投入使用,瑞士国家图书馆和联邦档案馆也建立了一套巴特尔脱酸设备用于图书档案的脱酸。该法是在韦驮法的基础上做了相应改进,从而在脱酸后,可以达到防止空气中酸性气体侵蚀的效果，并且有助于提高纸张耐久性，延缓纸张老化，纸张pH可提高至8～9，碱残留量可达1%～2%。但其缺点主要包括以下几个：处理后，40%的图书和2/3的档案材料的纸张强度有所下降；老化试验表明，有16%的图书和近1/3的档案材料脱酸效果不显著；脱酸后部分图书出现了纸张变色，有白色沉淀物、牛顿环，字迹的褪色和扩散，伴有难闻的气味；纸张处理后的手感有变化；脱酸效果不均匀等。该方法的年处理量预计可达每年40万册。然而在实际操作中，初始应用阶段每年仅能处理4万册。但和二乙基锌法、FMC法经过近一年的比较测试表明，该方法仍具有较好的前景。

（三）韦驮法

韦驮法（Wei TO）于1972年由史密斯发明，采用5%甲氧基碳酸镁、5%～10%甲醇和90%氟利昂配合使用，经由凯利等进行了配方改进后，改为用5%甲氧基甲基碳酸镁、10%甲醇和85%氟利昂混合使用，并于1982年在加拿大国家档案馆和国家图书馆应用。其脱酸效果显著，处理后的纸张pH可达8.5～9.5（冷水抽提法），碱残留量为0.7%～0.8%。老化试验表明，经此法处理后的纸张稳定性也有所提高。但其缺点主要包括以下几个：脱酸不均匀，约有35%的图书脱酸不完全；纸张耐久性虽增强，但字迹会出现褪色现象；有气味、白斑；纸张起皱变色，伴有黏合剂渗出等问题。若全天候运转，该方法的年处理量可达26万册，但因所使用的甲醇具有一定毒性，操作时工作人员需注意安全。

（四）FMC法

FMC法最初由美国FMC公司于1988年研制成功，选用的脱酸剂为溶解在氟利昂113中的碳酸镁醇盐（mg^{-3}），后经加工改进，采用溶解在庚烷中的二丁氧基代二乙氧基碳酸镁（mbg），并在北卡罗来纳州应用。对使用该法脱酸后的图书进行检测，结果表明，其pH可达8.3～9.1（冷水抽提法），碳酸镁残留量可达0.7%～2.9%（相当于0.8%～33.4%的$CaCO_3$）。对较为脆弱的纸张而言，处理后纸张的耐折度有了很大提高，从小于4上升到大于20。其他的指标，如撕裂度、亮度和抗张强度等也均得到显著改善。该方法的年处理量预计可达10万册，但该法会对图书产生不同程度的损害。被处理过的图书对水分的吸收可能会加速,并出现明显的变色以及黄色和半透明的污点,对蜡迹、铅笔字迹、彩色激光打印文件、羊皮纸和聚苯乙烯等物质的影响更为显著。同时,使用该方法后,文物会留有气味,并伴有字迹褪色现象。

总的来说,该方法脱酸不含醇,在脱酸的同时又能对纸张进行加固,适用于各种纸张和书写材料。动物毒理实验表明,脱酸后的纸张对人体皮肤、器官、组织、神经均无毒性反应,因此,该方法是一种安全有效的脱酸方法,有着较好的应用前景。

(五)二乙基锌法

二乙基锌(DEZ)法首先在20世纪80年代由美国国会图书馆的合作者——凯利和威廉姆斯建立。起因是鉴于国会图书馆图书损坏的增多,且以每年7.7万册的速度增长,而国会图书馆不具备年处理量达50~100万册图书的大型脱酸设备,因此就建立了这样一套气相脱酸设备。除了美国国会图书馆,在一些大学图书馆中广泛应用。不论纸张种类、装订材料种类、受酸侵蚀种类,其脱酸效果均表现良好。脱酸后的纸张呈中性,耐折度有所提高,纸张的老化情况得到了延缓。90%的图书脱酸较完全,碱残留量(ZnO)可达1.5%~2.0%(相当于$CaCO_3$的1.8%~2.5%)。用冷水抽提法测试,去酸后的pH可达7.55~9.50(平均值7.98),碱残留量可达1.0%~11.0%(以$CaCO_3$计)。但研究结果表明,较高的pH和碱残留量是因为图书在脱酸处理之前就已呈碱性。老化实验表明,除了碱性纸,脱酸后纸张的机械强度均有所增加。但该方法的缺点包括:处理后,纸张有气味、白色残留物、环状物;纸张起皱不平整;会出现字迹的褪色及粘接剂流失等现象。该方法的年处理量,以占地180m^2的处理中心为例来计算,每年的处理量至少可达25万册。

应美国国会图书馆的要求,亚特兰大纸张科学技术研究所用500册图书对二乙基锌法、FMC法和韦驮法进行了比较评估。结果表明,三种方法均未能完全达到国会图书馆的技术要求。但相比之下,二乙基锌法更符合相关要求,特别是在脱酸效率和效果方面优于其他方法。但其不利因素在于,经该方法脱酸处理后产生的氧化锌(ZnO)会加速纸张纤维素的光氧化作用，氧化锌（ZnO）转化成碳酸锌（$ZnCO_3$）（以 $CaCO_3$ 计），会使脱酸后纸张的敏感度降低。因此，采用通入二氧化碳的方法进行再处理，可以避免光的氧化作用。比利时在对七种大型脱酸设备进行比较研究后，认为二乙基锌法的应用前景最好。同时，荷兰阿姆斯特丹艺术科学研究中心的实验室也得出了相同的研究结果。

（六）甲氧-乙氧甲基镁水溶液脱酸法

该方法于1989年在法国国家图书馆萨布莱技术中心正式投入使用。脱酸效果大致如下：处理后的纸张，pH 由 3.5 ~ 4.3 升高到 7.2 ~ 8.1 该方法所使用的脱酸液可重复使用4次，且脱酸效果不减弱。该方法的缺点包括：图书脱酸前的干燥除湿会使册装图书的硬皮封面出现收缩弯曲的现象（平装书不存在这个问题），但字迹几乎没有扩散，只有一些红色或橘色封皮的平装书上偶尔出现扩散现象，水性墨水尤其是蓝墨水会有轻微的扩散。处理后有些图书的书页间产生白色沉淀物，同时伴有乙醇的气味。该方法年处理量可达5 ~ 6万册。

（七）超临界流体纸张脱酸法

超临界流体是指温度、压力高于其临界状态的流体。超临界流体具有许多独特的性质，如黏度、密度、扩散系数、溶剂化能力等性质对温度和压力的变化十分敏感，其黏度和扩散系数接近气体，而密度和溶剂化能力则接近液体。所谓的超临界流体纸张脱酸法就是一种采用超临界流体技术进行纸张脱酸的方法，将纸张置于超临界 CO_2 处理装置中，经过萃取净化后，加入脱酸剂和夹带剂进行处理，即可使纸张的 pH 接近中性。该发明将超临界流体技术应用于纸张脱酸，既省时省力，又无有机溶剂污染，且处理后的纸张未见弯曲、变形、色彩扩散、跑墨、粘连等现象。

三、纸质文物清洗和漂白技术

纸质文物在展览、阅读等过程中，由于保管不慎，表面会附着灰尘、泥土，以及沾染茶、墨、油迹等，有的因久受烟熏，纸张变黄。为了去除污迹，恢复洁净，就需要对纸张进行清洗和漂白。

（一）除尘

清除纸张上灰尘最基本的方法，一般是使用软毛刷轻轻刷掉浮尘，但由于效率不高，且污染空气，目前大多已改用吸尘器处理，可有效清除纸张上的灰尘。

（二）水洗

水洗通常是使用蒸馏水清洗并除去纸上的水斑和泥斑，是最经济、最常用的方法。清洗前需先检验水对字迹、色彩的影响，如果出现褪色，就应当用聚甲基丙烯酸甲酯树脂溶液或胶矾水对字迹的色彩进行加固，然后再行处理。水洗时还要注意水温，一般使用温水，必要时也可使用沸水。操作时，先准备一个搪瓷盆或塑料盆，注入蒸馏水，将纸张文件平展在塑料托板或支撑在塑料网上，再放入盆中，直至全部浸湿，用毛笔刷洗污迹，经过一定时间的浸泡，把纸张从盆中取出，继续用蒸馏水冲洗干净，对 pH 做检测后，用吸水纸吸掉水分，放在两张吸水纸中间压平、干燥。

（三）有机溶液清洗

对于某些用水难以清除的污迹，选择合适的去污溶剂至关重要。将纸张沾染了污迹的一面放在吸墨纸上，用棉花蘸取溶剂，在污迹部分进行擦拭，并从背面用海绵吸去多余溶剂，污迹由于溶剂的作用会转移到吸墨纸上。随后，换用新的吸墨纸，并再次用海绵吸附。如此反复多次，直至污迹去尽为止。采用有机溶剂去污，具有效果好、速度快以及不会使纸张产生明显膨胀的优点。但所用的各种有机溶剂易燃，且有毒性，因此使用时需注意安全。

（四）漂白

用溶剂法无法去除的污迹，可以尝试用漂白来清除。漂白是比较剧烈的氧化还原过程，会使纸张的组织因受到侵蚀而导致韧性被削弱，使墨水或颜料褪色并失去光泽。因此，漂白之前必须进行局部试验，在取得经验并证明行之有效的基础上，方可使用。常用的几种漂白剂有以下几种。

1. 过氧化氢

过氧化氢的分子式是H_2O_2，俗称双氧水。无色液体，比重1.438，沸点151.4℃，能与水、乙醇或乙醚以任何比例混合，在不同情况下起氧化或还原作用。用于漂白的过氧化氢溶液，是将过氧化氢和乙醚以等量比（体积）混合，过氧化氢要在振荡时用乙醚掺混，这种乳浊液放置后会分成两层，乙醚在上层，过氧化氢在下层。而乙醚溶液中含有漂白所需的足够的过氧化氢，可用棉花醮取来去污。这是一种温和的漂白剂，一般都要先进行去污试验。对于发黑的铅白和红丹，可以用过氧化氢使它变为白色的硫酸铅，以恢复其原来面貌。

2. 次氯酸盐

次氯酸盐是一种传统的纸张漂白剂。常用的是次氯酸钙，分子式为$Ca(ClO)_2 \cdot 4H_2O$，白色晶体，未吸湿时含有效氯70%。此外，有时还会使用次氯酸钠，其分子式为NaClO，苍黄色，极不稳定，易溶于水，水溶液呈碱性，是一种强氧化剂。用次氯酸钠漂白分为三步：首先配制5%的次氯酸钠溶液，用来浸泡纸张，借助碱性作用使纸张变软；然后将纸张移入含有浓盐酸的水溶液中（5g/1150mL）；最后把处理过的纸张放在含有2%的硫代硫酸钠溶液中，用以清除残存的氯，然后再用水冲洗干净即可。所选取的浓度和时间应根据污迹的污染程度而定。

3. 氯胺-T

分子式为$C_7H_7ClNNaO_2S \cdot 3H_2O$，即N-氯-4-甲基苯磺酰胺钠盐。

第一，氯胺-T为白色或微黄结晶性粉末，稍有氯气臭味，不苦，暴露于空气中时会缓缓分解，有效氯一年仅减少0.1%，逐渐失去氯后会变成黄色，易溶于水、乙醇，不溶于氯仿、乙醚或苯。它的水溶液对酚酞及石蕊试剂呈微碱性反应，pH为8～10。

第二，氯胺-T含有效氯23%～26%，相当于氯胺-T中含$C_7H_7ClNNaO_2S \cdot 3H_2O$量的91.5%～100%。其暴露于空气中，会逐渐分解而失去有效氯，因此必须储藏在密封的容器中，并保存于干燥、阴凉处。

第三，1份氯胺-T能溶于7份冷水（15.5℃）或2份沸水中。氯胺-T在中性或碱性介质中是中性缓和氧化剂。加热时会释放大量氧气，这种初生态的氧能使天然色素氧化、消色,从而达到漂白效果。

第四,氯胺-T在酸性介质中会分解并剧烈释放氧气,较难控制。因此用氯胺-T漂白时,最宜在中性溶液中进行。直接以氯胺-T溶解于水中,加热或直接用热水溶解,即可发挥其漂白能力。此法是普伦德莱恩博士首先建议使用的,通常是采用浓度为2%的水溶液。随后印度学者改用醇溶液,其操作方法非常简单:将10g氯胺-T溶于2mL的蒸馏水中,与无水乙醇充分混合,而后将需处理的画或文件放入适合的搪瓷或塑料盆中,再将配制好的氯胺-T醇溶液缓缓倒在画或文件上,使之完全浸入溶液中,以玻璃覆盖容器,经5小时的浸泡,当醇溶液由无色变为黄色时,便可移去醇溶液,让画或文件在室温下干燥即可。对于脆弱的书画或文件,在将其浸入醇溶液前,应采取保护措施,先用胶矾水或1%的丙烯酸树脂溶液加固,待干燥后再行处理。

氯胺-T的漂白作用较为温和,其漂白性能会慢慢丧失,在纸张上不会残留腐蚀性物质,因此不需要用水冲洗。另外,所用的醇溶剂可以蒸馏回收,因而此法也是比较经济的。

(五)高锰酸钾

高锰酸钾的分子式为$KMnO_4$,深紫色晶体,有金属光泽,味甜而涩,比重为2.703,可溶于水,遇乙醇即分解,是目前较为常用的漂白剂。其配方及操作过程如下:先将需漂白的纸张放入浓度为0.5%的高锰酸钾溶液中浸泡约5分钟,然后取出,移至浓度为2%的草酸溶液中,最后采用蒸馏水清洗,直至清洗液呈中性为止。目前也有人采用以下两种方法。

第一种,先用浓度为0.26%的高锰酸钾溶液冲洗5分钟,然后用等量的浓度为1%的硫酸钠和浓度为1%的草酸混合溶液冲洗2分钟,最后用蒸馏水洗至中性。

第二种,先用浓度为1%的高锰酸钾溶液冲洗5分钟,然后用浓度为1%的柠檬酸或草酸溶液冲洗5~10分钟,最后用蒸馏水洗至中性。

漂白法只能应用于保存状况良好,但污迹又难以用溶剂去除的纸张。对于脆弱、易粉的纸张,一般不宜采用此法。操作时必须控制溶液浓度、漂白时间,并随时观察纸张状态,以便发现问题并及时处理。

四、纸质文物的加固技术

（一）蚕丝丝网加固法

蚕丝丝网是一种新型加固材料，适用于脆弱薄型纸张及纺织品文物的加固，如棉纸、毛边纸、连史纸、有光纸、新闻纸。尤其适用于两面文字书写或印刷纸的加固，也适用于字迹遇水渗化的纸质文件的加固。本技术采用的丝网是用单根蚕丝织成的，在其上喷涂热熔胶，使用时只需熨烫，使之与纸张粘连即可。采用该技术加固纸质文物丝毫不影响文字的视读。该技术不但解决了两面有文字的纸质文物以及不能用传统托裱修补的脆弱纸质文物的加固问题，还具有操作简便、材料耐老化性能好等优点。

该方法的操作步骤是：先将加固对象的皱褶理平，对好破口，在破口处加一小条丝网，以便连成整体。在层压机底平衬上羊毛毡，然后在加固件上覆层。待层压机自控温度指示到达80℃，施加轻微压力即可，反面按相同方法操作。操作时应注意，丝网必须平整，网目最好与文字行路垂直，熨斗按顺序熨压，不要跳花，以免丝网起皱，用力要匀，一熨而过。加热温度一般需控制在80℃左右，温度太高会对纸张产生影响，太低则不易黏合，在操作中应灵活调整。此方法现已在全国多个档案馆、图书馆和博物馆推广应用，用于敦煌经卷、宋代纸币、康有为书《大同书》等一大批珍贵文物的加固，并取得了显著效果。

（二）传统装裱法

我国传统装裱技术已有1000多年历史，字画经装裱后既美观又便于观赏和保存。古旧字画年代久远，因而纸质变脆，色泽变深，污迹较多。采用装裱处理，可将污迹除去，破损处修补完整，同时，画心在上浆之后强度有所增加，可起很好的保护作用。

装裱一般分为单面托裱和双面托裱。单面托裱是在书画文字的背面进行裱托；双面托裱则适用于两面有文字的纸张。两者在工艺上基本相同，区别在于对所使用的托纸要求不同。双面托裱所用的托纸，应透明度大，加固后不会影响文字的阅读。而单面托裱，只要托纸质量上乘即可。常用的托纸都是经由专门加工的，如料半、连史、川连等。

装裱是目前应用较为广泛的一种方法,其操作步骤为:将需装裱的纸张用湿毛巾覆盖或以清水喷湿,使之润湿,舒展平整。施以浆水,再盖上托纸,用糊帚刷平。在上刷托纸时,左手拿着纸张的另一端,不时地将托纸和纸张书页轻轻掀松,并要与右手动作相配合,既不能刷得太紧,也不能刷得太松,以不刷出夹皱为宜。待全部刷好后,再翻转置于干纸上,用糊帚排刷,使之黏结牢固。

托裱又分湿托和干托。其操作方法基本相同,主要区别在于:干托是把糨糊刷在托纸上,而湿托则是把糨糊刷在文物上,实际操作时应根据文物字迹的耐水程度而定。

(三)纸浆修补法

修补与加固是修复工作中的重要环节,也是保护脆弱纸张、延缓其寿命所采取的有效措施之一。此法将需要修补的纸张平放在网板上,然后在残缺、蛀洞的地方注入预先配制好的纤维素(纸浆、棉纤维、树脂)悬浮液,当溶液往下渗透时,溶液中的纤维素能够堵住蛀孔,填补残缺,将纸张修复。该法用纸浆作为纸张破损部位的修补材料,目前已得到广泛应用,其操作方法分手工修补和机械修补两种,其中以机械修补为主,该方法是通过纸浆修复机来完成的。

(四)高分子材料加固法

高分子材料加固法是用高分子树脂溶液涂刷、浸渍纸张,或用纸、树脂膜、丝网进行裱托、热压的方法,以增加纸张的强度。

(五)丙烯氰单体聚合加固法

丙烯氰单体聚合是英国图书馆与有关部门近几年的研究成果,通过γ射线辐照使加固剂与纸张发生接枝聚合反应,从而结合为一体,以提高纸张的耐久性。

第二节 纺织品文物保护管理

以丝织品文物为例,其保护工作主要有:丝织品文物的出土揭展(物理揭展、化学揭展);清洗方法的研究,包括清洗剂的配方、清洗效果、清洗对丝织品文物的影响等;材质分析,包括丝织品文物的结构、组成、颜料、染料等的分析;保存研究,包括防霉、霉斑的清除、环境控制研究等;老化研究,包括丝织品文物的物理老化、材料变质、材料性能分析检测等;加固保护研究,包括传统加固方法、加固材料的研究等。

近年来,国内文物保护学者在丝织品文物保护研究方面取得了共识。对于大分子聚合物的丝织品文物,由于分子水平反应造成的老化等损坏状况仅凭肉眼不易判断,需要借助化学分析手段和现代分析仪器进行确定。首先了解丝织品文物的损害状态和各种腐蚀因素的关系,即保存状况的科学检测与评估;其次在对丝织品文物老化、劣变因素定性分析进行研究的基础上,定量检测丝织品文物的老化程度,并将其作为研究、选择及评定保护方法的主要依据,从而达到长期保存、研究丝织品文物的目的;在丝织品文物保护技术与实践的研究中,开发及应用与丝织品文物性能相类似的材料对古代丝织品文物进行加固,以解决丝织品脆化、酥粉等问题。

由于我国的丝织品文物保护方法发展较国外起步晚,因此大部分丝织品文物保护的理念和方法均来自国外,这就使得我国的丝织品文物保护在受到国外先进方法的影响下得到了快速发展。由于未能结合我国的具体国情,给我国的丝织品文物保护带来了一定的困扰。例如,北京定陵出土的大量精美丝织品,由于保护过程中不当使用聚甲基丙烯酸甲酯,遭受到了毁灭性的破坏。

以下是对我国近年来丝织品文物保护所使用的清洗、修复、加固、染料分析等方法的阐述。

一、消毒灭菌

消毒灭菌的方法主要包括以下几种。

消毒液:新洁尔灭、过氧乙酸、乙醇等。

熏蒸:环氧乙烷、甲醛。

植物灭菌剂:中草药、香茅草、茵陈、姜黄、莪术、黄柏、茴香、艾叶等。

二、清洗方法

由于种种原因,国内关于古代丝织品的清洗研究仍处于探索阶段。南京博物院以及湖南、浙江、福建、湖北等地的文物保护工作者先后研究和使用了传统清洗方法来清洗古代丝织品上的污染物,但均没有取得实质性进展。

古代丝织品的清洗方法一般可分为:传统清洗方法和常用清洗方法两大类。传统清洗方法是使用如生姜、皂荚、面粉、冬瓜、豆腐水、洗米水等天然清洗剂对丝织品进行清洗。

常用清洗方法主要分为以下几种。

湿洗法:针对质地较坚实、污染严重、不易掉色的织物。

干洗法:针对不溶于水的污斑,或水溶液可能会引起视色的丝织物。常用的干洗剂有乙醇、三氯乙烯、丙酮、乙醚、苯等。

超声波清洗法:一般采用较低功率密度的超声波在表面用较短时间清洗,以防止空化腐蚀损伤丝织品。

药物清洗法:针对长期埋藏于地下或受各种环境和有害物质作用的丝织品的清洗方法。

混合溶剂及特殊清洗法:针对存在多种污垢的丝织品。

生物技术清洗法:采用生物技术促使蛋白质类污染物分解的清洗方式。

三、修复方法

我国的古代丝织品修复技术尚处于起步阶段,从20世纪90年代起先后建立了苏州丝绸博物馆、中国丝绸博物馆、中国丝绸织绣文物复制中心等单位。它们分别在破损丝织文物的研究、保护、复制以及修复等方面做了大量工作，其中苏州丝绸博物馆、中国丝绸织绣文物复制中心近几年来采用多种科学手段，先后为西班牙大使馆、南京市博物馆、江阴市博物馆等多家单位修复了近80件破损的丝织品。在反复的实践和探索中，积累了经验、知识、技术、方法和数据，但尚缺乏深入且系统的研究。常用的丝织品修复方法如下。

物理方法：同类织物托裱法、丝线衔接修补法、同类织物衬补法、补缺整合复原法。

化学方法：合成树脂涂层法、树脂膜热压黏合剂法、蚕丝网黏合衬裱法等。

四、加固方法

除采用传统的托裱法加固丝织品外，现代化学和生物学的发展，也为丝织品文物的加固材料提供了更多的选择。常用的丝织品加固方法如下。

第一，传统托裱法：适用于单面有图案的织物。

第二，透明薄板夹衬法：考古现场临时封存出土织物所使用的方法。

第三，树脂膜加固法：采用热压黏合或溶剂溶化黏合的方法。

第四，蚕丝-树脂网加固法：南京博物院研制、生产，适用于脆弱纺织品加固的方法，可进行热压黏合，也可采用乙醇溶剂溶化，既可单面衬托，也可双面衬托，加固后不影响对织物编织结构的观察和研究，操作简便且具有可再处理性。

第五，丝胶加固法：采用与加固对象材料相似的丝胶进行加固的方法。湖南省博物馆在对马王堆汉墓中出土的敷彩织物进行加固时就采用了此法。

第六，合成树脂加固。

第七，Parylene加固法：首先由美国联合碳化物公司（Union Carbie Co）开发应用，后用于文物和古生物样品的加固保护。

五、染料分析

近30年来，染料分析所使用的方法不仅有薄层色谱法、化学法等传统方法，还有扫描电子显微镜-能谱分析、荧光微分析、高效液相色谱分析、红外光谱分析等现代方法。在分析内容上，除了对如胭脂红、红木、胭脂虫粉、茜草等色素成分进行分析外，还对C、H、N、S等元素进行分析。近年来，对于颜料和染料无损分析的探索和应用有增多趋势。

六、古代丝织品文物无损或微损检测技术的发展

长期以来，在文物保护研究领域的丝织品文物分析检测方面，采用红外光谱、X射线衍射、热分析、黏度测定、扫描电子显微镜、色差等分析技术的研究偶有报道，但由于丝织品文物无损或微损分析面临科学定义模糊、研究工作分散、样品取样困难等问题，始终未能建立整套的分析方法。鉴于上述情况，古代丝织品系统分析的理念应运而生，通过采用CCD视频放大技术、红外光谱、X射线电子能谱、黏度测定、X射线衍射等现代分析技术对古代丝织品进行了大量的分析，并在实践的基础上，建立了无损或微损的整套分析技术以及古代丝织品分析检测的应用框架。[①]但是由于各种无损检测方法都是通过一定的中间过程来显示材料所缺失的信息，因而不可避免地会受到材料本身和检测时的各种主客观因素的影响。每一种检测方法都不能保证检测结果的绝对准确无误，各种方法都有各自的优点和不完善之处，需要互相补充。

第三节 金属文物保护管理

出土的金属器物一般锈蚀都十分严重，主要生成物包括金属氧化物、氯化物和硫化物，需要对其进行除锈、缓蚀、加固等保护处理。

一、物理去锈与清洗

物理去除无害锈的方法有机械去锈、超声波去锈、喷砂去锈。机械去锈所使用的工具有钢针、手术刀、牙签等，直接剔除锈蚀。该方法操作简

①刘诗婷．X射线无损检测技术在金属文物研究中的应用[D]．南京：南京艺术学院，2020.

单，且可避免在文物表面留下刮痕而导致文物部分历史信息丧失。

机械清洗法是对器物表面泥土，不稳定锈蚀层和其他附着物进行剔除和清洗。主要目的是去除在现有保存环境下会继续恶化，且会对文物造成不良影响的锈蚀。在除锈操作结束之后，还要保证器物整体风格统一，不会对文物本体造成损伤。

二、化学去锈

用浓度为5%的倍半碳酸钠溶液（分析纯）对有“有害锈”的青铜器进行浸泡。取出浸泡液进行酸化处理并测定氯化物，根据所含氯化物的量，多次更换浸泡液，使浸泡液中氯化物的含量尽可能低。

对于青铜器表面致密的绿锈和土锈，分别配制柠檬酸、碳酸氢钠饱和溶液，将青铜器用两种溶液进行交替浸泡，至锈蚀去除干净。在文物处理的过程中，应注意观察浸泡液颜色的变化，以不伤害青铜器本体为原则。对于有铭文处的有害锈，将锌粉与浓度为10%的氢氧化钠调配，均匀涂敷在有斑点的腐蚀处，然后将锌粉去除并用蒸馏水清洗，观察其处理效果。可多次涂敷，重复上述操作，直至腐蚀斑点被彻底去除。

三、矫形

对质地较好的铜器采用加温矫形法，利用烘干箱加温，并将温度控制在250℃内以消除残片的内应力。用两块模具，内外模各一块，合成一套。把变形的铜器按照合适弧度置于模具之间，与模具形状相对，用加压钳加压，经过反复加温施压，直至铜器变形部位恢复原形。①

对韧性强的铜器采用加温矫形法，并用捶打的方式进行矫形，可以达到良好的效果。如果铜器弧度向外扩张，可在变形部位先垫一凹形的铅砧子，再用铅锤在内壁上轻轻捶打，使弧度逐渐向里收缩。也可用半球体的铅砧子，垫在铜器弧壁内侧，再从外侧轻轻锤击，使变形部分慢慢向外扩张而得以纠正。根据变形的程度及部位，也可以利用不同的工具、夹具，采用支撑、顶压、撬搬、扭及焊接等方法对铜器进行整形，但要避免给文物造成新的伤痕。

---

①张海燕．博物馆金属文物保护与修复探究[J]．文物鉴定与鉴赏，2021(05)：77-79.

四、补缺

对于形状特别的附件，用铸造方法来修复，如爵足、鼎足、兽耳、兽面等。利用器物上的另一足或另一兽耳为模型，翻制范模，采用精密铸造的方法铸铜配件，配件铸成功后，修饰花纹和残缺形状，再焊补到器物上。经锉打、磨光洁，再用传统方法进行做旧处理、牙刷弹锈等，使补缺部分的外观颜色与整体色调一致。

五、缓蚀处理

在器物上通体涂刷3%～5%的苯骈三氨唑乙醇溶液，隔绝空气、水汽。因苯骈三氮唑有毒，操作应在通风橱里进行，并戴上防毒面具、手套，操作时可使用红外灯加热以增强缓蚀效果，涂刷完毕后将所有工具用丙酮清洗干净。由于苯骈三氮唑会与铜离子反应，形成一层保护膜，并打破氯盐中的化学键，将氯离子俘获到新的分子中，一些未完全反应的苯骈三氮唑会在器物表面重新结晶，可使用乙醇将其去除。

六、表面封护处理

器物缓蚀处理后，采用浓度为1%的B-72乙酸乙酯溶液进行表面封护，阻止有害气体和水分对文物本体的腐蚀，使器物得以长期安全保存。对封护后的器物用消光粉进行消光处理，以保持器物的原貌。

第四节 石质文物保护管理

一、石质文物的清洗

石质文物上的尘埃、油烟、霉菌、污物、溶盐等对文物都有着不同程度的危害，应采取正确的方法加以清洗或清除。

（一）石刻上尘埃的清除

落在石质文物上的尘埃遇到潮湿空气时，其中的可溶性盐、碱就会腐蚀文物。以重庆大足石刻为例，对其造像上的尘埃做采样分析后发现，其主要成分为石膏、熟石膏和复盐，可以采用毛笔或软毛刷轻轻刷除。

（二）雨水冲刷痕迹的清洗

先用去离子水清除易溶于水的污物，然后用浓度为5%的六偏磷酸钠溶液清洗雨水冲刷的痕迹，若雨痕太深难以清洗，则用浓度为5%的六偏磷酸钠多层纸张贴敷法让其与污物充分接触、络合，从而除去雨痕，最后用去离子水冲洗石刻，清除残留在石质文物上的清洗剂。

（三）油烟、菌类的清洗

用浓度为14%的氨水和浓度为5%～10%的丙酮溶液清洗，效果十分显著，油烟、霉菌可全部清洗掉。若清洗的部位特别潮湿，为了防霉，可采用浓度为0.02%的霉敌乳剂处理，在石刻表面形成一个防霉、透气、无眩光的保护膜。

（四）黑色、绿色霉菌与低等植物共生复合体所形成的污染物的清洗

先用清水浸湿污染物，再用浓度为50%的丙酮溶液清洗，而后使用浓度为14%的氨水清洗，再用浓度为0.4%的霉敌乳剂进行杀菌、防霉、防苔藓、防地衣的处理。

（五）石刻上溶盐及硬质沉积物的清洗

充分利用石刻内部毛细作用和纸张纤维纹理的协同抽吸作用，在石刻有溶盐的部位采用多层纸张贴敷法，用排笔蘸取去离子水，将柔软的吸水纸贴敷于石刻表面，使纸张与石刻紧密相贴，石质中的溶盐会在石刻毛细作用和纸张纤维纹理的协同抽吸作用下进入纸张糊敷层，待纸层干翘后留在纸层纤维中，此时揭下纸层，如此反复几次，溶盐就可基本清除。

石刻上的沉积物中，石灰质、石膏质和硅酸质比较坚硬，可采用多层纸张贴敷法，用毛笔和软毛刷蘸浓度为8%～10%的六偏磷酸钠，并将柔软的多层纸贴敷于有沉积物的石质文物表面，使硬质沉积物浸湿、软化、络合、溶解、吸入纸层，纸干翘后，揭去纸层，可观察到被贴敷的石刻表面和纸层上有大量白色针状结晶析出，在纸层干翘处有近4～5mm的针状

结晶，用毛笔或小毛刷刷除结晶后，再反复贴敷，直至沉积物清除干净。这样，石质文物表面、造像孔隙里难溶沉积物中的钙、铁、镁、钡的二价离子，与六偏磷酸钠会形成稳定的络合物，溶于水并被吸入纸层，而沉积物中的阴离子则与六偏磷酸钠中的钠离子形成可溶性盐，待这些盐渗入纸层，将其揭去，并刷除石质文物表面析出的可溶盐，最后用去离子水浸湿纸层再抽吸两次以除去石刻表面或造像孔隙中的六偏磷酸钠。

二、石质文物断裂处的黏结

对于表面比较完整，石刻质地、强度比较好的大块石质艺术品（石雕或石刻）的断裂问题，可用强度好、黏着力强、收缩率低、内聚力大、稳定性好、低蠕变、高韧性的环氧树脂黏合剂来黏结。[①]

操作步骤：①清洗石质文物断裂面；②干燥（自然干燥或用电吹风吹干）；③用毛刷在断面均匀涂抹环氧树脂黏合剂；④待半干时，合对裂口，稍微用力，使其黏结；⑤待黏合剂固化；⑥修理做旧。

比较脆弱的石质文物，为防止因黏合力过强而造成结合面后部破碎，致使与石头本体分离，因此不建议采用环氧树脂黏合，应以硝酸纤维素来替代。对于断裂面较大、裂缝较宽，且石质表面又比较脆弱的文物或博物馆内的石制品，可采用聚醋酸乙烯酯加大理石粉和适当颜料做成“面团”，压进石质文物裂缝内，待干燥1～2天后，加以修整即可。

三、石质文物的加固

大型石质文物特别是大型石窟寺建筑，往往会因地震及地壳运动等自然因素而遭到破坏，或受到农业生产、战乱等人为因素的破坏，出现裂隙、断裂、崩塌。有些石窟由于质地组成的影响，会出现种种严重问题，如以石灰岩为主的龙门石窟，岩层中多组裂隙的发育，以及丰富的地下水的频繁活动，使窟群物理、化学、生物风化问题十分显著，从而出现了崩塌和岩液，使有些石窟连同其珍贵雕刻艺术品一起遭到破坏。由崩塌现象造成的损坏尤为严重，如最雄伟的露天石刻奉天寺，南崖壁的天王、力士雕像因严重的崩塌而所存无几。

---

①闫永艳．灰岩类石质文物抗侵蚀保护试验研究[D]．焦作：河南理工大学，2017.

（一）石质文物加固材料的特殊要求

第一，不影响石质文物原貌，不降低文物价值。

第二，能使石质文物风化表层的疏松颗粒黏合成一个整体，这是选择风化石质文物加固封护材料的最基本要求。

第三，加固材料黏合性好、强度高。

第四，加固材料渗透好、透气性好。

第五，加固材料抗水性和透水性好，既可使石质中的水分溢出，又能防止外界水分的进入。

第六，加固材料耐老化性能好，材料及加固效果需具有长期和良好的稳定性。

（二）灌浆加固

灌浆加固工艺借鉴了建筑工程上用以增强建筑稳定性的方法，该法因有很多优点而被引入石窟的加固中。但建筑所使用的水泥颗粒较粗，不能灌入0.25mm以下的微细裂缝，且凝固时水泥体积会收缩，与岩石的黏结力较小，会导致加固效果不好，因此，文物保护工作者在加固石质文物时尝试应用了有机高分子材料。例如，对大同云冈石窟部分洞窟进行了甲基丙烯酸酯类共聚物的灌浆加固，处理后，原本破损的部分都达到或优于原先岩石的保存状况，不仅增加了石窟的强度和稳定性，也没有影响文物的原貌。

20世纪60年代中期，我国开始使用比丙烯酸酯类共聚物性能更优越的环氧树脂灌浆，并与金属锚杆结合的方法来加固石窟。环氧树脂固化时不会有副产物，因而不产生气泡，且体积收缩非常小，加之环氧树脂渗透性好，可灌入0.1mm的细微裂缝中。此外，该方法还具有黏着力强、内聚力大、低儒变、高韧性、稳定性高、易改性、操作性能良好等优点。反复采用加压灌浆的方法，使环氧树脂渗入石质文物的各种裂缝中，若裂缝较宽，可适当添加一些如水泥、砂子、岩石粉、碎石等填料，既能增加固化的机械强度，还可降低成本。加锚杆是为了增加加固的深度，以及裂缝的加固强度，在敦煌石窟、龙门石窟、麦积山石窟、云冈石窟的修复中都取得了良好的加固效果。

（三）岩体强度较低的沙砾岩石窟的加固

由于沙砾岩、砂岩力学强度较低，而环氧树脂力学强度太大，超过了岩体本身的强度，会造成岩体黏结面之间出现剥离现象，直接影响加固效果。因此，可选用适合砂岩、砂岩灌浆用的材料PS-C，PS为高模数硅酸钾水溶液，C为黏土。

（四）脆弱石质文物的加固

第一，早期，对于一些因可溶性盐活动而开裂剥落，甚至酥粉的石质文物，一般采用石蜡加固。处理小型器物时，先将石蜡熔融，再进行减压渗透；处理大型石质文物时，一般先将石质文物加热，再将事先准备好的石蜡和石油醚软膏状物敷在热石头上，蜡会被吸收到石孔中，待溶剂挥发完，再加热敷蜡，直至石质文物不能再吸收为止。

第二，随着高分子材料的发展，丙烯酸酯类、有机硅类高分子材料逐渐代替了石蜡法。

第三，用硅酸钠和硅酸钾加固脆弱石质文物。将硅酸钠和硅酸钾等溶于热水中，形成黏稠溶液来浸渗加固脆弱的石质文物，使可溶性硅酸钠或硅酸钾在石质文物中转变为不可溶的硅酸盐。

第四，用氢氧化钡来加固石灰石或大理石质文物。利用氢氧化钡溶液中的盐分在石质文物孔隙中凝结或与石材发生化学反应，从而堵塞孔隙以形成阻挡层或替代层。

第五，室内风化酥粉石质艺术品的加固。对酥粉十分严重，既不宜喷涂，也不宜刷涂的石质文物，可用毛笔或软毛刷蘸取浓度为4%～5%的丙烯酸酯类溶液，采取接触渗吸法加固，使加固剂接触渗吸物，直至不再渗吸为止。

（五）石质文物的修补

许多露天保存的石质文物，经物理、化学、生物及人为破坏，出现了断裂、残缺。对残缺的文物，通常采用环氧树脂胶泥进行修补。环氧树脂胶泥修补剂的组成部分包括液态环氧树脂、固化剂、增塑剂和填料，常用的填料有炭、石墨、硅石、石英粉、大理石粉、铝粉等，具体用什么填料进行修补需视被修补石质文物的强度、残缺部位的颜色而定。

（六）石质文物的表面保护

石质文物，特别是露天石质文物，除了需要根据损坏情况进行黏结、加固和修补外，还需要采取有效的表面保护措施，减缓风化速度，延长石质文物的寿命。

1.大面积机械性保护措施

（1）加盖遮雨棚

加盖遮雨棚可以有效阻止因日晒引起的石质文物表面温度剧烈变化，从而延缓石质文物的表面风化、剥蚀。

（2）做排水渗水工程

在石窟窟顶、附近山体下做好渗水、排水工程，可有效阻止水蚀的直接影响，如大足石刻在石窟后的山体下，挖了深80多米的排水井和几百米长的排水通道，排水效果良好。

2.石刻表面保护膜保护法

目前，石质文物表面保护的主要措施多是采取在石质表面加无机或有机的高分子材料保护层，防止空气中各种有害因素对文物继续腐蚀风化。国内外较多采用的保护材料包括低黏度的环氧树脂、甲基丙烯酸酯类、尼龙材料、有机硅树脂、氟碳树脂、氢氧化钠-尿素等。除此之外，还可采用微生物对岩石进行转化及石灰水表面保护法。

（1）石质文物表面保护材料的要求

第一，黏合性好，能将石刻表层疏松颗粒粘成一个整体。

第二，渗透性好，具有良好的填充性。

第三，抗水性好，即疏水性好，可作石刻防水剂。

第四，透水性好，能使石刻内部的水散出，而外部水不能进入表层。

第五，透气性好，当石刻毛细孔内的水在高温下蒸发时，不会使膜破裂。

第六，耐老化性能好，老化期长。

第七，成膜性好，能够形成无色透明、无眩光、致密的膜，同时具有防潮、防空气中有害气体的能力。

(2)有机硅树脂的特性

第一,有机硅树脂既含有烷基又有硅氧键,是一个介于有机高分子和无机材料之间的聚合物,因此具有一般高聚物的抗水性、耐老化性、黏合性、成膜性,同时具有渗透性能、填充性能好等特点。

第二,有机硅树脂的结构性能决定了它与石质有很好的相容性,因而二者之间具有很好的结合力,且可以通过化学反应形成比物理结合力强很多的化学结合力,将风化石质表面的疏松颗粒连结成一个整体。

第三,有机硅对石质文物表面的保护,可以使石质表面具有透气性、透水性和抗水性。

(3)有机硅树脂在石质表面保护中的应用

根据石质文物风化程度的不同,所使用的表面保护剂及保护方法也不同:①风化程度较轻、强度较好的石质文物的表面保护采用有机溶剂乙醇稀释聚硅氧烷,降低黏度后涂渗,待乙醇挥发后,有机硅氧烷树脂会留在石质文物表面,形成无眩光的透明保护膜,起到防护作用。②风化严重的石质文物的表面保护:石质文物风化较严重时,采用有机硅氧烷单体引发聚合的方法来加固。而经有机溶剂稀释后的硅氧烷树脂,虽因黏度降低可渗入风化层,但有机溶剂挥发完剩下的有效聚有机硅氧烷树脂较少,无法胶结风化松散物,因而丧失了表面封护的作用。这种情况下应选用硅氧烷单体、甲基三甲氧硅烷、四乙氧基硅烷、四甲氧基硅烷,使之在活性引发剂的作用下缓慢聚合,其渗透深度可达3~5cm,并且可以胶结风化松散物,既能有效加固风化层,又能起到很好的表面保护作用。

3.微生物转化表面保护法

微生物转化法,主要是利用含有硫酸盐还原菌脱硫弧菌属细菌的溶液,处理由空气中二氧化硫及碳微粒等污染物在石质文物表面形成的硫酸钙层。采用此法处理过的石质表面会形成方解石,而在形成方解石的过程中,微生物起到了净化大理石表面的作用,为石质文物表面保护探索了一种有发展前景的新方法。

4.石灰水石质文物表面保护法

将石灰泡入水中形成石灰水或石灰浆液,以用于加固和保护石质文物。具体方法是:将新鲜的石灰浆液敷在石质文物上,厚度一般为20~30mm,为防止干透,每天可淋洒石灰水,在保护2~3周后,除去石灰糊,并将残垢清洗干净,接着用新配制的饱和石灰水溶液涂刷石质表面,反复连续涂刷几天,即可在石质表面形成一层保护涂料,起到一定的保护作用。此法的原理是利用饱和石灰水,在石质文物表面与空气中的CO_2反应,形成碳酸钙,覆盖于石质文物表面,并形成保护层,从而起到保护作用。

第五节 陶瓷砖瓦类文物的保护管理

一、陶瓷砖瓦类文物的清洗

新出土的陶瓷砖瓦类文物及其碎片往往沾有各种污泥、浊土以及石灰质、石膏质、硅质等沉积物,一般都需要进行清洗。

(一)软质泥土的清洗

陶瓷砖瓦类文物出土后通常都沾有不少软质泥土,可先用普通水初步清洗,然后再用蒸馏水洗净。

(二)彩绘陶器上干硬泥土的清洗

彩绘陶器的表面有一层较薄的,由金属氧化物颜料和动植物胶绘制而成的薄膜。这层膜与陶器黏结力不强,加之受地下水长期浸泡或陶器表面泥土干缩的影响,黏结力会更加薄弱,不宜用水泡洗或冲洗。处理这种彩绘陶器上的污垢时,可用脱脂棉球蘸水或酒精等溶剂,待局部干硬泥垢浸润变软后,再用薄薄的小竹片小心地剔除,最后用棉签蘸水轻轻洗去绘画膜上残留的少量、易软化的泥土。瓷器与砖瓦类文物上的干硬泥土,可先用水将其软化,再用毛笔或软笔蘸水轻轻刷洗干净。

(三)陶瓷文物表面沉积物的清洗

陶瓷表面的沉积物、污垢虽对文物没有腐蚀性,但会因遮盖文物的表面彩绘装饰而影响文物的美观,所以也需要清除干净。陶瓷文物表面的沉积物一般有石灰质、石膏质及硅质,沉积物均难溶于水和有机溶剂。因沉积物中各物质的性质不同,所用的清洗剂和清洗方法也不同,但清除沉积物的原理基本可分为两大类:分解沉积物中的阴离子以及利用螯合剂(络合剂)夺取沉积物中的阳离子。

1.用分解阴离子的方法清洗陶瓷文物表面的沉积物

石灰质沉积物的清洗:清洗前,先用水浸泡器物,然后用滴管吸取足量的浓度为10%的盐酸或硝酸滴在沉积物上,使石灰质碳酸分解,待产生的新盐溶解后,用水洗去盐类和过量的酸。

石膏质沉积物的清洗:石膏质沉积物虽然不溶于盐酸、硫酸、稀硝酸,却可与具有氧化性的浓硝酸反应而形成可溶性硝酸盐。将沾有石膏质沉积物的器物先用水浸湿,然后滴少量浓硝酸于石膏质上,待其溶解后,及时用机械法去除,最后用水洗去余液。①

硅质沉积物的清洗:硅质是最不容易清除的沉积物,一般用浓度为1%的氢氟酸涂于硅质沉积物表面,每次涂抹几分钟,而后用水洗净,反复操作,直至硅质沉积物被彻底清除。因氢氟酸有剧毒,所以此法应慎用。

通常陶瓷文物表面都含有这三种沉积物,但又不易辨别。这种情况下,一般按石灰质、石膏质、硅质的顺序来清除。

2.用螯合剂夺取阳离子的方法清洗陶瓷文物表现的沉积物

先用螯合剂夺取陶瓷类文物表面沉积物中的阳离子,形成易溶于水的螯合物,而沉积物中的阴离子又可与螯合剂中的钠离子形成新的可溶性钠盐,最后用清水洗去可溶性钠盐及可溶性整合物,即可达到清除沉淀物的目的。常见的络合剂有六偏磷酸钠和EDTA二钠盐(即乙二胺四乙酸二钠盐)。

(1)六偏磷酸钠螯合清洗剂

用浓度为10%的六偏磷酸钠水溶液浸润沉积物,以螯合沉积物中的

---

①卞尚. 陶质文物彩绘加固工艺试验研究[D]. 西安:西北大学,2018.

阳离子而生成溶于水的螯合物，然后用蒸馏水清洗螯合物及可溶性钠盐即可。若沉积物坚硬难除，可用多层纸张贴敷法来清除，用浓度为10%的六偏磷酸钠将多层纸张浸润，贴在沉积物上，使新生成的螯合物和可溶性钠盐渗入多层纸中，待水分蒸发后，可溶性盐会留在纸层中，最后将纸层揭下，即完成一次清洗。重复上述操作2~3次，沉积物就会被全部清除。

(2)EDTA二钠盐螯合清洗剂

将附着有沉积物的陶瓷片和陶器，放入浓度为75%~80%的EDTA螯合清洗剂中，翻动20~30分钟后取出，用大量的水冲洗，刷除软化的沉积物。若一次未洗净，可重复上述操作，直至清除干净为止，最后用浓度为2%的醋酸溶液中和，除去碱性，再用蒸馏水清洗，晾干。

3.陶瓷表面由炭黑和有机脂形成的污垢的清洗

清洗由炭黑和有机脂形成的污垢可用强氧化剂进行氧化处理，使炭氧化成二氧化碳，有机脂化合物氧化变为小分子有机物，用水冲去即可。清洗这类污垢常用浓度为3%的双氧水，具体操作是：用棉球蘸取浓度为3%的双氧水溶液，浸润污垢数次，待污垢去除后，用蒸馏水冲洗，晾干。

4.彩绘彩釉陶瓷的清洗

清洗表面有彩绘彩釉的陶瓷时要特别小心，可先在隐秘处做小面积的试验，如果效果良好，可以大面积清洗；若对文物有损伤则立即停止，另选用其他办法。对彩绘彩釉陶瓷一般采用浓度为3%~5%的盐酸清洗，而不能用会腐蚀彩绘彩釉的硝酸、醋酸、硫酸、氢氟酸来清洗。

5.陶瓷砖瓦类文物中可溶盐的清洗

可溶盐对陶瓷砖瓦类文物的危害十分严重，在进行黏结、加固等处理前必须将其清除干净。去除可溶盐一般采用蒸馏水浸泡，定期换水；也可用电渗法来加速除盐清洗，即在浸泡槽的两头插入不锈钢电极，以浓度为5%的稀氨水作为电解质通入$1A/cm^2$的直流电，使陶器中的金属离子加速运动，从陶器中析出。电渗法的效果可用电导率来评估。因为可溶盐是电解质，在水中含量越高，电导率就越大，因此，当电导率降到一定程度并保持不变时，就可认为可溶盐已清洗干净。如果器物表面已严重风化、酥粉，处理时可在其表面敷上浸湿的滤纸或吸水纸，保护表层不被溶液泡散，再进行处理。处理时，表面滤纸要定期更换。为确保表面酥松器物的安全除盐，也可将多层纸张或滤纸水敷于器物表面，利用陶器内的毛细孔隙和纸张纹理的协同抽吸作用，将器物中的可溶盐逐步转移到纸张中，重复此操作，直至纸张再无溶盐析出为止。溶盐清除的程度，可用测纸张浸提液的电导率来判断。清洗完后的器物要阴干，以防止变形。

二、陶瓷砖瓦类文物的黏结

（一）陶瓷砖瓦类文物黏结剂的基本要求

第一，能保持文物原貌，即黏结前与黏结后文物的外貌基本一致，在陶瓷碎片黏结完成后，无明显的黏结痕迹。

第二，必须具备流动性。

第三，必须具备长期性和稳定性，即黏结好的陶瓷砖瓦类文物能长时间保持稳定、不氧化、不吸潮、不软化、不变色、黏结角度不改变、不变形。

第四，必须具备较强的黏着力，并能长期保持。

第五，应具有可逆性，一旦出现新的、更好的材料，可以轻易替换。

第六，黏度要小，具备可操作性，且操作性能良好，可根据需要任意调节。

第七，黏结剂固化时应具备收缩率低、低蠕变、韧性高的特点。

（二）陶瓷砖瓦类文物常用的黏结剂及其操作

1.环氧树脂黏合剂

特点：黏着力强；收缩力小；内聚力大；操作性能好，可任意调节黏度，使其具有良好的流动性和浸润性；稳定性高，具备良好的耐老化性、耐溶剂性、耐化学性、耐热性；能保持文物原貌，无黏结痕迹。

由上述可知，环氧树脂基本符合陶瓷类文物黏合剂的要求，因此是陶瓷砖瓦类文物修复中常用的黏结剂。

操作步骤如下。

（1）清洗黏结面

用水（若有油污时需用乙醇或丙酮等有机溶剂）清洗黏结界面，可用毛笔或小软毛刷蘸水(或有机溶剂)轻轻刷洗,使被粘界面洁净、无油污、无灰尘、无外来杂质。将清洗过的器物置于50℃~60℃或室温环境中自然干燥。

(2)涂胶

用牙签挑取环氧树脂黏合剂,均匀涂满断面,使黏合面浸润完全,防止因涂胶不匀而出现固化不完全、黏缝不整齐或黏合错位等现象。

(3)固化

固化剂和固化时机是决定黏合性能的主要条件。待黏合剂半干时,合对断面,并轻轻用力,一般接触压即可。黏结时,断面要对齐,并固定放置,以防错位,并及时用小刀剔去合对断面时挤压出的余胶。

2.硝酸纤维素黏合剂

特点:稳定性好、耐气候、耐老化。

黏结效果好:黏结能力强、黏结强度好。

相容性好:和增塑剂、改性剂、填料之间具有良好的相容性。

可逆性好:固化后仍可用丙酮溶液清除。

具有抗菌能力:因分子中含有硝基而具有抗菌能力。

硝酸纤维素黏合剂黏结陶瓷类文物的操作方法和用环氧树脂黏合剂的操作基本相同。不同之处在于,硝酸纤维素固化后,仍可用丙酮溶液去除黏性,这点对于陶瓷类文物的黏结十分重要。

3.聚甲基丙烯酸甲酯黏合剂

特点:具有橡胶的柔软性和弹性;无色透明;化学稳定性好,具备良好的耐热、耐溶剂、耐水性;黏合性好;机械性能好;具有耐洗涤性和良好的操作性。

操作步骤如下。

(1)清洗断面

用毛笔或小软毛刷蘸水或有机溶剂轻轻刷洗黏结界面,使界面洁净、无油垢、无灰尘、无外来杂质。清洗后,于50℃~60℃环境中烘干或自然干燥。

(2)涂胶

用毛笔蘸含有浓度为5%~8%聚甲基丙烯酸甲酯的丙酮溶液,均匀涂满断面,使界面浸润完全。

(3)固化

待涂胶半干后,合对断面,合对时一定要对齐断面,以防黏结错位,并固定放置,待固化后及时用氯仿($CHCl_3$)擦净挤压出的余胶。

4.聚氰基丙烯酸酯黏合剂

特点:常温常压下,无需加固化剂便可快速固化,对比较脆弱的陶器非常适用。黏合剂固化后,结合面呈无色透明,抗拉强度高,黏合后几乎看不出痕迹。且毒性小,对人体无害。

缺点:韧性、抗冲击和抗剥离强度略低,但对于陶瓷砖瓦类怕压、怕碰触的文物没有影响。

操作:清洗断面,涂胶,待固化并擦除余胶。

5.聚苯乙烯陶瓷砖瓦类文物黏结剂

特点:在长期与潮气接触的情况下,完全不吸水,即使在水中浸泡300小时,吸水量也极低。电气性能极为优异,由于吸水性极小,所以在潮湿情况下,仍能保持极其优越的电性能,化学稳定性高。聚苯乙烯黏结剂的抗冲击强度、抗张强度、抗弯曲强度及伸长率随温度的下降而增强,也随聚苯乙烯分子量的增大而增加。

操作:用丙酮和甲苯的混合液来配制溶液,除匀,待半干时,合对断面,固定固化后,用丙酮或甲苯擦去挤压出的余胶。

五、陶瓷砖瓦类文物的加固

(一)陶瓷砖瓦类文物加固剂的基本要求

第一,使用加固剂后,应能保持文物的原貌,确保加固前后外观基本一致,无明显的加固痕迹。

第二,应选无色透明、渗透性好的加固材料。

第三,加固材料必须具备良好的黏结性、牢固性。

第四,加固材料必须具备长期性、稳定性,加固处理后文物应能保持长期稳定

第五,操作方便,经济,能达到最佳的保护效果。

（二）陶瓷砖瓦类文物常用的加固剂及其特点

1. 陶瓷砖瓦类文物常用的聚醋酸乙烯酯加固剂

聚醋酸乙烯酯，分子式为$(C_4H_6O_2)_n$，呈无色黏稠液体或无色至微黄色透明玻璃状颗粒。无臭，有韧性和塑性。不会因光照、加热而变色或老化，在30℃左右软化，可溶于乙醇，丙醇，不溶于水和脂肪。

2. 聚醋酸乙烯酯加固剂的特点

第一，黏合力强，黏合强度高。

第二，耐老化、耐气候性极为稳定，即使加热到180℃也不会变黄。

第三，与填料、增塑剂相容性好。凡添加到聚合物中能使塑性增加的物质都叫增塑剂。可增强聚合物的塑性，其表现为聚合物的硬度、模量、软化温度和脆化温度下降，而伸长率、曲挠性和柔韧性提高。

第四，可以自由调节黏度，具有良好的早期黏合强度，是较为理想的陶瓷砖瓦类文物的加固剂。

3. 渗透加固陶瓷类文物

由于陶瓷类文物具有多孔或网状结构，所以加固溶液易渗透到其内部，经固化后起到加固作用。而陶瓷文物因保存完好程度不一，所采取的具体加固方法也不同。

（1）质地、强度较好的陶瓷类文物的加固

用聚醋酸乙烯酯乳液进行加固。先在木箱内铺一层塑料布，倒入蒸馏水，浸没瓷器，然后视文物情况加入聚醋酸乙烯酯乳液作为加固剂，浓度由稀到浓，隔日增加，待数日浸渗完毕后取出，小心擦去多余的加固剂，晾干即可。

（2）脆弱陶器的加固

因为陶胎多孔隙、疏松、脆弱，可用含浓度为5%～15%聚乙烯酯的酒精或丙酮溶液做渗透加固，最好采取减压渗透。可具体操作包括：将脆弱陶器放在一个可以减压的容器中，加入含浓度为5%～15%聚乙烯酯的酒精或丙酮溶液，浸没陶器，减压渗透，将陶器事先置于40℃的烘箱内进行干燥处理，使渗透加快，以减少浸泡时间。取出陶器后，由于溶剂酒精挥发较快，聚醋酸乙烯酯会快速固化。

(3)潮湿又不便干燥的陶器的加固

对潮湿不便于干燥的陶器可采用聚醋酸乙烯酯乳液进行渗透加固。由于乳液浓度高,可完全渗透,且固化快,渗透完毕后取出,擦除表面多余的聚醋酸乙烯酯乳液,晾干。

(4)表面酥粉陶器的加固

修复表面酥粉的陶器不宜采取渗透加固,可用浓度为5%的酒精溶液轻轻多次喷涂(喷时以不吹起粉末为原则),若需进一步加固,则用聚醋酸乙烯酯酒精或丙酮溶液渗透加固。

(5)带釉面而表面酥粉陶器的加固

针对带釉面而表面酥粉的陶器,若剥落层较厚,则用浓度为10%的聚醋酸乙烯酯丙酮溶液粘贴加固。

(6)砖瓦类文物的加固

由于陶器和砖瓦都是以土做坯烧制而成的,所以砖瓦所含的化学元素和构造都与陶器相似,因此出土砖瓦类文物的加固可参照陶器的加固方法进行。少量质地、强度均较好的砖瓦类文物则采用聚醋酸乙烯酯乳液进行渗透加固;而对于大量的、较脆弱的砖瓦类文物,可用浓度为5%~15%的聚醋酸乙烯酯溶液喷涂加固。

(三)陶瓷砖瓦类文物常用的聚甲基丙烯酸甲酯加固剂

第一,对于质地强度较好的陶瓷砖瓦类文物,可将器物置于一个可减压的密闭容器中(小件可放入真空干燥器内,稍大者可置于一个密闭且可抽气减压的容器内),加入浓度为5%的聚甲基丙烯酸甲酯丙酮溶液浸泡,并减压加速渗透,待渗透完毕,停止减压,缓慢打开容器上的活塞,使容器内的压力慢慢和外界大气压平衡。打开容器,取出器物,擦去器物表面多余的聚甲基丙烯酸甲酯溶液。

第二,回固脆弱的陶瓷砖瓦类文物可用浓度为5%~8%的聚甲基丙烯酸甲酯丙酮或氯仿溶液减压渗透加固,也可用浓度为5%的聚甲基丙烯酸甲酯丙酮溶液喷涂或接触渗吸加固。

第三,加固表面酥粉的陶瓷类文物可用浓度为5%~8%的聚甲基丙烯酸甲酯氯仿溶液喷涂或接触渗吸。

（四）改性硅溶胶

1.特点

分散性好，渗透性强，渗透深度可达25cm，可渗透至任何水能渗透的地方；加固剂中含有羧基、酯基、烃基、缩醛基等，因而胶结强度好，附着力强；抗压抗折性能好；硅溶胶本身耐老化性能好，而加入的聚醋酸乙烯酯和聚乙烯醇缩丁醛的耐老化性能也很好，故改性硅溶胶既不怕光照，也不易发黄。因改性硅溶胶以硅溶胶为主体，即使老化，其最终产物也主要是二氧化硅，不但化学稳定性好，耐水性、耐酸碱性也很好，处理后可大大提高陶器的耐水性。

2.改性硅溶胶在文物加固中的运用

用改性硅溶胶溶液渗透或涂刷加固砖瓦类文物，不仅可以增加文物本体的强度，同时还能提高其稳定性、抗水性和抗风化能力。

（五）陶瓷砖瓦类文物修补的基本要求

第一，必须能保留文物的一切特点。

第二，修复必须尊重历史、尊重原作。

第三，修补残缺部分时，必须经过周密的调查、分析、研究，仅对残缺部分进行补缺，不能影响到完好部位。

第四，修补者不能把自己的臆测加入文物中。

（六）陶瓷砖瓦类文物的表面保护

病害的主要原因包括以下几方面。

第一，空气中的有害气体及其形成的酸雨等对陶瓷类文物，特别是对露天砖瓦类文物损害极大，会引起严重的化学风化，致使古建筑漏水或坍塌。

第二，在潮湿的地方，空气中的尘埃、菌类附着于砖瓦类文物上会滋生霉菌、苔藓、藻类。这些微生物及其代谢产物会侵蚀砖瓦类文物，加速风化，特别是加速生物风化。

陶瓷砖瓦类文物的表面保护一般采取无机或有机高分子材料进行涂刷或喷涂，形成保护层。

有机硅树脂陶瓷砖瓦类文物表面保护剂包括以下几种。

第一，有机硅树脂表面保护剂的特点：表面黏结力强；无色透明，不产生眩光；具有防水、防污染、防盐蚀的性能；耐酸性、耐久性好。

第二，表面保护操作方法：将有机硅树脂涂刷或喷涂于陶瓷砖瓦类文物表面，形成一层肉眼不可见的无色透明保护膜。因陶器、砖瓦类文物均结构疏松且多孔，因而在进行涂刷、喷涂表面保护剂时，表面保护剂会渗入器物表层以下一定的深度，这样不仅可以保护器物表面，还可以起到一定的加固作用。

聚丙烯酸酯类溶液表面保护剂特点：耐老化性能好；无色透明；抗酸耐碱；耐风沙磨损；具有防水、防霉、防苔藓、藻类的性能，即防生物风化效果尤为显著；渗透性好，可起到加固和封护的作用；价格便宜；使用简便，可涂刷或喷涂。

第六节 饱水竹木漆器的脱水保护管理

一、清洗

饱水竹木漆器的清洗不仅要根据文物的不同材质、埋藏环境和发掘方式选取适合的方法，同时还要避免可能对今后的脱色、脱水等处理造成干扰和影响。饱水竹木漆器文物的污染物主要来自墓葬内及周边土壤，反映了埋藏环境中的基本信息。因此，清洗前要仔细观察辨识，确定是否有需要留存的重要信息。一般情况下，应在采集取样后，再进行清洗处理。若选用溶剂清洗，应在进行大面积清洗前选择隐蔽部位做清洗试验，确认该溶剂对文物无害后方可使用。

在清洗前首先应对污染物进行分类，以筛选出适合的清洗材料和方法。饱水竹木漆器长期埋藏于地下复杂的环境中，所含污染物较多。从成分上，可分为无机污染物和有机污染物。无机污染物主要是由地下水和土壤造成的，以及金属锈、盐类等；有机污染物从化学组分上可分为脂肪、淀粉、蛋白、纤维素等。以所处部位来分类，可分为表面污染物和内部污染物，表面污染物主要来自墓葬中尸体的分解物、微生物的代谢物以及金属器物的锈斑等。

常用的清洗材料为蒸馏水、表面活性剂（阳离子、阴离子、非离子等）、络合剂、软化剂、常用无机酸、常用有机酸、纱布、宣纸、保鲜膜等。

二、浸泡

饱水竹木漆器在清洗完成后，如不能及时进行脱水，需采用浸泡的方法保存，以防止干缩变形以及灰尘、细菌、有害气体、有害光线的伤害。[①]

三、脱色

饱水竹木漆器类文物特别是竹木简牍，出土与空气接触后，在氧气及光照等的共同作用下，颜色从米黄色迅速变为棕褐色。对饱水竹木漆器类文物进行脱色处理可恢复竹木本身的部分颜色，以便通过肉眼清晰识读所写文字，有助于竹木简牍的研究。因此，对竹木简牍进行脱色，是目前普遍采用的有效方法。

常用的脱色方法有以下几种。

（一）草酸脱色法

脱色液：草酸，又名乙二酸，分子式为 $C_2H_2O_4 \cdot 2H_2O$，分子量为126.07，呈无色透明单斜晶系结晶；通常以含两个结晶水的形式存在；熔点为101～102℃；相对密度为1.65（19℃）；可溶于水，且可稍溶于乙醚和乙醇；易风化失水而形成无水草酸。

脱色操作：制备浓度为3%～5%的草酸水溶液，将待脱色的饱水竹木漆器放入草酸溶液中；对于大型器物，一般是将配制好的草酸溶液缓慢倒入装有器物的容器内，草酸溶液的用量至少应为器物体积的5倍，在常温下需脱色5～30分钟。

残留溶液的清除：取出器物，没泡于蒸馏水中30分钟；换蒸馏水，再浸泡30分钟；再次更换蒸馏水。对于大型器物，在蒸馏水浸泡的时间需相应延长。

①华佳晨．考古出土饱水木质文物的加固脱水比较研究[D]．南京：南京大学，2018.

(二)EDTA二钠脱色法

脱色液:EDTA二钠,分子式为$C_{10}H_{14}N_2Na_2O_8 \cdot 2H_2O$,分子量为336.21;呈白色结晶性颗粒和粉末;无臭无味;易溶于水,微溶于乙醇,不溶于乙醚;浓度为2%的水溶液pH为4.7,常温下较稳定。

脱色操作:制备浓度为1%~2%的EDTA二钠水溶液,将待脱色的饱水竹木漆器放入EDTA二钠溶液中。对于大型器物,一般是将配制好的EDTA二钠溶液缓慢倒入装有器物的容器内。EDTA二钠溶液的用量至少应为器物体积的5倍,在常温下需脱色1~24小时。

残留溶液的清除:取出器物,浸泡于蒸馏水中30分钟;换蒸馏水,再浸泡30分钟;再次更换蒸馏水。对于大型器物,蒸馏水的浸泡时间需相应延长。

(三)连二亚硫酸钠脱色法

脱色液:连二亚硫酸钠,分子式为$Na_2S_2O_4 \cdot H_2O$,分子量为174.11,呈白色结晶粉末;极易溶于水,不溶于醇;相对密度为2.3~2.4,在水溶液中不稳定,受潮会分解发热且易燃;加热至75℃以上会分解、放热,并释放出二氧化硫;具有强还原性。在空气中能氧化成亚硫酸氢钠和硫酸氢钠。

脱色操作:制备浓度为1%~2%的连二亚硫酸钠水溶液,将待脱色的饱水竹木漆器放入配制好的溶液中。对于大型器物,一般是将配制好的脱色溶液缓慢倒入装有器物的容器中。脱色溶液的用量至少应为器物体积的5倍,在40~50℃下需脱色10~60分钟。

残留溶液的清除:取出器物,浸泡于蒸馏水中30分钟;换蒸馏水,再浸泡30分钟;再次更换蒸馏水。对于大型器物,蒸馏水的浸泡时间需相应延长。

四、脱水

饱水竹木漆器发掘出土时往往饱含大量水分,状如海绵,且质地糟朽。若长期浸泡,则会加速腐蚀。因此,对饱水竹木漆器进行脱水,是目前普遍采用的有效保护方法。但是,若在自然环境条件下任其干燥,将有可能使文物各部位出现不同程度的收缩、变形或开裂,因此,需针对具体情况选择与之相适宜的应对方法。在脱水过程中,应遵循以下几个原则:保持文物的外形与外观;使处理后的文物能够长久稳定地保存下来;具有可再处理性,不影响信息资料的提取。

目前,国内外对于饱水竹木漆器脱水方法的研究,从最原始的自然干燥法,发展到了使用各种化学、物理技术的脱水方法。国外对于饱水木器的研究较多,而国内对于饱水竹木漆器的研究较多,主要方法有以下几种。

(一)自然干燥法

自然干燥法是利用水在常温状态下可蒸发的特性,在不使用化学试剂和不改变水的物理状态的条件下,让其自然蒸发,这也是饱水竹木漆器脱水所使用的最原始的方法。沙埋法,麻布或塑料薄膜包裹法,硅胶或无机盐湿度调节法等都是由该方法衍生而来的。

沙埋法是用沙子将饱水竹木漆器掩埋起来,让水分透过沙子缓慢渗出,使饱水竹木漆器逐步干燥。需注意的是,要选择细而干净的沙子;沙子掩埋的深度应以不会压垮器物为度;针对内空的器物,为防止因沙子的压力而造成塌陷,需在器物内部也灌入沙子。

用硅胶或无机盐调节湿度是将器物置于一密封容器内,使用硅胶或无机盐水溶液逐渐降低环境湿度,以达到使器物内水分缓慢挥发而脱水的目的。

自然干燥法适用范围有限,从目前的饱水竹木漆器脱水经验来看,仅有少量机械强度较佳的饱水竹木漆器、脱胎漆器、陶胎和金属胎以及杉木质地的漆器可采用此法。

(二)乙二醛填充法

乙二醛填充脱水法是使用一定浓度的乙二醛(一般为30%或40%)直接浸泡饱水竹木漆器,待渗透充分后,让水分自然挥发,留存于器物中的乙二醛与饱水竹木漆器胎体内物质发生一定程度的化学反应,起到填充和加固器物的作用。

乙二醛的分子式为$C_2H_2O_2$,为无色或淡黄色棱状结晶或液体,结晶易潮解。相对分子量为58.04;密度为$1.14g/cm^3$;熔点为15℃;沸点为51℃;

可溶于水，易溶于常用有机溶剂。一般商品级别乙二醛是浓度为40%的乙二醛溶液，为无色或微黄色液体，久置易产生白色树脂状固体聚合物，遇热聚合物又会转变为液体。

脱水过程中所使用的化学试剂纯度应为化学纯级别或以上。若需缩短工期，可使用恒温热浸槽脱水专用设备。该方法适用于绝大多数饱水竹木漆器的脱水加固。

（三）高级醇填充脱水法

先用乙醇完全置换饱水竹木漆器内的水分，再用高级醇完全置换乙醇，使高级醇保存在器物内部而达到脱水定型的目的。

高级醇不溶于水而易溶于乙醇，常温下化学性质稳定，不挥发，颜色为纯白色，毒性极低，这是高级醇可用于饱水竹木漆器脱水的重要原因。用于饱水竹木漆器脱水的高级醇一般为十六醇或十八醇。脱水过程中所使用的化学试剂纯度应为化学纯级别或以上。高级醇填充脱水法所需主要设备是密封良好的恒温烘箱。该方法适用于小型饱水竹木漆器的脱水，对大多数饱水竹木漆器而言，有机溶剂会对漆膜产生副作用，因而不适用于高级醇填充脱水法。

（四）聚乙二醇填充脱水法

聚乙二醇（PEG）填充脱水法是利用PEG材料的水溶性、相对稳定性、常温下为固体等特性，通过PEG置换饱水竹木漆器内的水分，从而达到固定饱水竹木漆器形体、脱除饱水竹木漆器水分的目的。

脱水过程中所使用的化学试剂纯度应为化学纯级别或以上。聚乙二醇填充脱水法的主要设备为恒温热浸槽。另外，还需配置测量浸渍液浓度（重量法）和器物质量的基本仪器，主要包括旋转蒸发器及恒温干燥箱等（以真空干燥箱最为适用）。该方法适用于大部分饱水竹木漆器和少量残破漆器的脱水。

（五）真空冷冻干燥脱水法

该方法是使饱水器物在冷冻结冰的情况下干燥。过程中，冰不融化，这个从固态直接汽化使器物得以干燥的过程叫作冷冻干燥脱水。若升华时环境气压很低且接近真空状态，则这一过程就称为真空冷冻干燥。

真空冷冻干燥的原理是，器物失去水分时，木材的表面张力会降为很小，这样饱水竹木漆器干燥后的形状就能保持基本不变。

采用该法的必需条件：①器物必须充分冻结，温度需保持在脱水溶液的共晶点以下；②器物中的冰是以升华方式进行脱水的，升华过程中必须严格控制环境温度，不允许出现冰结溶化的现象；③脱水环境气压应控制在真空状态，以利于水分更快地升华。该方法适用于饱水竹木漆器的脱水。

（六）乙醇－乙醚连浸法

物质的不同形态被称为不同的“相”，两相界面上的分子所受到的周围分子的作用力与某一相内部的分子受到的分子间的作用力是不同的。在气液界面，所有液面的分子都有一个垂直指向液体内部的力，它们相对液体内部的分子来说处于不平衡的状态，有向液体内部移动的趋势，即缩小外表面积，抱成球，从而成为液珠。我们将这种使界面缩小的作用力称为表面张力。

在饱水竹木漆器失水干燥的过程中，水的表面张力很大（20℃时可达到72.8mN/m），随着水分的失去，因器物过度糟朽，在表面张力的诱导下，器物表面会发生严重的收缩。因此，与真空冷冻干燥类似，乙醇－乙醚连浸法也是考虑到降低器物干燥时表面张力的破坏作用，而采用液体挥发时表面张力小的乙醇、乙醚相继置换水分，使得器物干燥时可以保持其外形不改变。

在乙醇－乙醚置换脱水的基础上，向乙醚中添加适当的化学材料，作为脱水后保存于饱水竹木漆器中的填充材料，这也就是所谓的乙醇-乙醚-树脂填充脱水法，能够更好地降低乙醚挥发时器物的各向收缩率。该方法适用于小型饱水竹木漆器的脱水。对大多数饱水竹木漆器而言，有机溶剂会对漆膜产生副作用，所以乙醇－乙醚连浸法并不适用。

（七）蔗糖填充脱水法

蔗糖填充脱水法是利用蔗糖的水溶性、相对稳定性以及常温下为固体等特性，通过用蔗糖置换饱水竹木漆器内的水分而实现填充、固定形体的效果，从而达到脱水的目的。该方法适用于小型饱水竹木漆器。

(八)乳糖醇填充脱水法

乳糖醇填充脱水法是利用乳糖醇的水溶性、相对稳定性,以及常温下为固体等特性,通过用乳糖醇置换饱水竹木漆器内的水分而实现填充、固定竹木漆器形体的效果,以达到脱水的目的。该方法适用于大多数饱水竹木漆器。

第七节 油画文物的保护管理

一、清洗

油画的清洗主要分为两部分:画面的清洗和画背的清洗。油画的清洗除了要注意使用何种清洗剂外,还须注意画背灰尘的堆积与来源。以潘玉良油画(属于现代油画)为例,其颜料结构和古典油画不同,颜料层的结构比较松散,清洗时不能像清洗古典油画一样使用较强的清洗剂。而在画背的污染物中,灰尘是主要的污染物,易吸收空气中的水分致使画面的颜料受潮而鼓裂,严重影响油画的保存,因而需要清除干净。

(一)画面污染物的清洗

画面清洗是将常年沾染的污垢清除干净,此外,凡尼斯的清洗也是必需的。在清洗画面之前,应先检查有无浮起的颜料层,若没有,可以直接进行清洗;若有,则必须先将浮起的颜料加固后,再进行清洗,以免造成颜料层的脱落。

画面的清洗主要包括以下两个方面。

第一,凡尼斯变黄。凡尼斯长期与空气接触易发生质变,通常会变黄或变蓝,称为凡尼斯老化。清洗这类病害一般会使用酒精,但在使用这种挥发性较强的溶剂时必须注意,酒精不可以在画面上停留太久,以免损伤颜料层。

第二,附着的灰尘。若灰尘附着的情形较为严重,就会造成颜料层的龟裂,这是由于灰尘会随水分子四处飘散,而画面颜料层含有油脂,易吸附灰尘。清洗灰尘时,可以使用较柔和的清洗剂——松节油来清洗。清洗时要顺着油画颜料的肌理纹路清洗。对于灰尘附着较厚的地方,一般采取多次清洗的方法进行处理。

(二)画背污染物的清洗

灰尘是画背最主要的污染物,也是最主要的破坏物。画背会在长时间内积累较厚的灰尘,易受潮,若不立即清除,画面的颜料层会因为画布受潮而鼓裂。并且画布的底部是有机物,若受潮,会引起大量微生物和昆虫的寄生与繁殖。

(三)清洗材料及清洗方法

清洗凡尼斯时,采用的清洗材料通常为白石油精、二甲苯、甲苯、丙酮、乙醚、乙醇等。清洗时,一般先使用最弱的清洗剂进行测试,选取颜色较淡的部位用棉签蘸取清洗剂进行擦拭,层层清洗,清洗到表面没有光泽为止。且清洗时必须顺着肌理的纹路,确保不会伤害到颜料层,否则颜料层会面临被刮落的危险。①

清洗灰尘常用的清洗剂有蒸馏水、氨水、松节油、白石油精等。清洗时,首先从颜色亮的部位和边缘开始测试清洗剂的强度,避免从画面开始清洗,以确保文物的安全。用棉签蘸取少量清洗剂在油画表面较亮的部位和边缘做斑点试验。若边缘的颜料沾染到棉花上,必须立刻停止清洗,并减弱清洗剂的强度再继续清洗。有裂纹的地方较易嵌入污染物,因此需要特别注意,若仅使用棉签无法清除干净,可借助硬笔刷来清理细缝处,但一定要确保文物的安全。

二、修复毁损的油画颜料层

(一)加固浮起的颜料层

加固材料应根据油画所处的环境进行选择,若油画所处的环境比较潮湿,则应选择抗潮性能较好的黏结剂。通常选用的黏合剂有蜡黏合剂、动物胶合结剂等。

蜡黏合剂的使用方法:将制作好的蜡平涂于玻璃纸上,冷却后,剪成

①孙红燕. 油画保护与修复专业技术人才培养模式与方案探析[J]. 管理观察,2019(19):114-115.

适合的大小，放置在浮起的地方，然后用熨斗轻敷于上，蜡会自然溶解，渗透进颜料层与画布之间，待冷却后用松节油清除多余的即可。

动物胶黏合剂的使用方法：将调好的动物胶用针筒吸取后，注射到浮起处，再用熨斗烫平。操作时须特别注意温度的控制，温度不宜过高，以免溶解颜料。另一种方法是使用毛笔蘸取动物胶轻涂于颜料浮起处，然后垫上一层纸，再用熨斗烫平，用水沾在敷平处，静置一段时间，即可揭去纸张。

黏合的技法，通常以正面黏合、背面黏合的方式加固起甲的颜料层。需要注意的是，若采用正面黏合的方法，使用的胶黏剂不可过厚、过浓，因为颜料层加固所需要黏合剂的量不多，若使用过量，则会难以清除。背面黏合是以透过画布渗透到颜料层的方式黏合颜料与画布，此种方式较为安全，但是无法看到黏合时的状况，一般是在颜料层尚未干硬或肌理过厚不便加热时采用此法，以避免因温度过高而烫平颜料层。

（二）颜料层缺损的填补

颜料层的剥落，除了会影响画面的美观和整体的协调感以外，还会造成边缘区域颜料层的剥落。因此，颜料层剥落处填补的好坏，关系着颜料层的整体保存。通常所选的填补材料的材质应和其他修复材料相近。在填补填料之前，须先将起甲但未剥落的颜料层黏合回去，如此一来填料层才会更加牢固。

填料的用途是填平油画缺损处，如缺少这一层填料而直接上颜料，会出现凸凹不平的现象。所填材料必须易于去除。填料的种类与制作方法有以下几种。

碳酸钙填料：碳酸钙填料是将60g的动物胶放入1L的水中，放置一夜后，隔水加热并和碳酸钙一起搅拌至糊状，冷却后再加上铅白，用画刀搅匀。

蜡质填料：采用蜡、树脂以及碳酸钙所制作而成的填料，方法是将树脂溶解，然后放入蜡，再加入碳酸钙后，即可使用。此种填料适用于肌理较厚重的油画，把填料溶解后填入缺损处，溢出的部分可用手术刀剔除。

对含有旧填料的油画，在去除旧填料之前，应先将旧的修补颜料去除,然后再对其进行填补处理。

三、油画画布裱褙的技术与材料

油画裱褙与传统水墨画托裱一样,需托上一层新的托布。油画裱褙需要考虑到油画本身是否需要裱褙、裱褙材料的选择和裱褙后的放置环境等问题。

油画画面的保护有两种方式:一是直接在裱画桌上裱褙,二是悬浮式裱褙。这两种方法最主要的功能是将画面保护起来。保护画面的纸最好选用手工纸,在裱褙时需将纸裁成约30cm见方,若未经裁剪而采用整张贴合,易引起西的变形。在完全干燥之后即可进行下一阶段的处理。

裱褙在油画修复工作中属于较复杂且精密的工作,判断一张画是否需要裱褙是一件非常重要的事,因为过度的修复与不足的修复对于作品都是相当不利的。一幅油画若出现了以下几种状况,则需要进行裱褙,包括画背布存在腐烂、破损处超过5cm以上、画布酸化等。

裱褙的流程主要包含以下几步。

(一)保护画面

在修复之前,为了防止画面因操作不当而受损,需要先将画面保护起来。画面的保护需要一个大于油画尺寸的木框,然后将胶带绷裱成十字交叉状,报纸置中,画作置于其上。报纸的作用在于吸取多余的胶水。

(二)裱接牛皮纸

当画作安置完毕后,将牛皮纸切成条状,幅宽视画和木框的距离而定,然后糊至画下,接着将画面贴上保护纸。

(三)清洗画背上的附着物

当保护画面的糨糊完全干燥后,将木框翻背,并将胶带剪下,除去报纸,使画面完整呈现。如果出现了任何凸出物,可借助砂纸、手术刀剔除,若有灰尘,可采用吸尘器吸除。

(四)准备新画布

画布的选择以纯麻布为佳,并需依据修复品支撑物的粗细程度来决定。首先将画布的纤维用火烧除,或使用细砂纸磨除。麻布上也可能出现结瘤现象,若结瘤非常明显,则会影响画作裱褙后的平整性,因此可以使用较尖锐的器物将其刺翻到背面。

(五)裱褙糨糊的制作

裱褙用的糨糊可分为三种:一是蜡质糨糊,成分为树脂、蜜蜡、硬蜡;二是面粉糨糊,成分为动物胶、面粉、防腐剂;三是亚克力黏合剂,由石化类成分组成。

(六)烫平

画面出现任何不平整的现象,都可以用熨斗熨平。烫画时需注意温度的控制,温度过高容易使颜料层过度软化。

第八节 壁画文物的保护管理

基葬壁画的保护主要包括两部分,一是考古发掘现场的保护性揭取,二是实验室内的保护修复。

一、考古发掘现场的保护性揭取

保护壁画,不仅需要保护画面或颜料层,还应尽可能揭示并保留其所承载的所有考古信息。因此,在揭取前,首先要对壁画进行细致的清理和画面的保护,这一工作非常必要且意义重大。考古现场壁画揭取的一般工艺流程为:考古现场原始记录—画面预处理—确定分割线、制作壁画夹板—烘干—加固、封护—涂胶—贴纸—贴布—烘干—切割画面—揭取—包装运输—暂存。

(一)考古现场的原始记录

主要是指记录壁画的保存状况,如壁画的分布、面积、结构、制作材料、病害形式及病害程度等。

(二)画面的预处理

壁画是材质极脆弱的一类文物,在揭取之前对其结构性病害的治理是减少考古信息流失的一个重要环节。壁画出土时往往会出现开裂、空鼓、酥碱或脱落，颜料层起翘、粉化等问题，因此揭取前需对酥碱、粉化处进行加固；对脱落残缺部位进行修补；对空鼓部位进行临时加固等，以确保原始信息不流失。

（三）确定分割线、制作壁画夹板

墓葬壁画分割线的确定既要考虑到墓葬的结构，壁画的分布、尺寸以及存放空间，又要考虑到画面的完整性和壁画画面的对接问题。

（四）烘干

壁画保护工作中，通常选用国内外普遍认可的B－72作为保护材料，因此需要先对壁画进行烘干。[①]

（五）加固、封护

加固和封护的目的是增加画面颜料层与地仗层的强度，以避免或减少揭取过程中造成的再次损伤。

（六）涂胶

涂胶应在壁画封护后进行，贴纸、贴布所用的胶相同，一般选用桃胶、明胶、皮胶或骨胶。

（七）贴纸、贴布

贴纸的目的是避免贴布时在壁画表面留下布纹。此外，贴纸本身可增加壁画的强度，也便于后续修复壁画时的清除和清理工作。常用的纸为皮纸。贴纸结束后，需再贴一层布，以增加壁画强度，之后用炭火或红外灯将其烘干，通过切割来揭取画面。壁画揭取完成后，采用海绵及其夹板对揭取后的壁画进行包装，并转移至修复实验室或库房。建议存放条件为：温度应控制在20℃±5℃；相对湿度应控制在45%～60%；光照度≤50勒克斯；空气质量参照大气环境质量一级标准。

二、壁画的实验室修复

壁画的实验室修复包括包装物去除、地仗减薄加固、蜂窝铝板安装等工作。

---

①顾文婷．壁画加固材料的研究进展[J]．草原文物，2021(01)：120-124．

(一)地仗层修整及其加固

壁画被揭取后其地仗层可能出现厚薄不均匀的情况,为便于背部支撑体的安装,需要对地仗层进行修整,修整的同时对脆弱区域进行加固处理,采用浓度为5%的丙烯酸乳液AC-33渗透加固疏松的壁画地仗层。为了保证壁画整体的稳定性,修整后的壁画地仗层厚度应不少于1cm。

(二)蜂窝铝板背衬的安装

地仗层修整、加固后,采用弹性硅橡胶作为壁画与支撑体之间的过渡层,以及环氧树脂将壁画固定于铝蜂窝背板之上。

(三)画面的保护清理

支撑体安装完成后,将毛巾在70℃~90℃水中浸湿后敷在壁画表面纱布上,10分钟左右,待桃胶溶化后掀开毛巾,用手术刀一点点割除纱布,然后再用棉签、手术刀、镊子等清除下面的宣纸、胶液和泥土,直到手感不沾为止。

表面清洁是壁画修复中风险最大的工作,因为清洗是一个不可逆的过程,表面附着物一旦去除,就不可能再恢复,所以必须慎重对待。应根据检测分析结果,选择合适的清洗剂。清洗时要轻轻擦拭,以防擦掉绘画层下的地仗层;有颜料的地方要特别注意,原则是留土不去色,以免难以挽回损失掉的颜色;最后,将壁画竖直放好,观察清洁的效果、色调,并将壁画的细节清洗干净。

(四)画面的加固处理

首先去除破裂、缺失处较粗糙的临时加固材料,临时加固材料通常强度较低,可以轻易去除,并在去除之后进行重新加固、填补处理。一般会采用1∶2的石灰、沙子并添加适量的Primal SF-016(丙烯酸乳液)胶液调制成砂浆作为壁画边缘和中间较深缺失处的底部填补材料;以3∶1∶1=石灰∶沙子∶大理石粉加适量的Primal SF-016胶液调制成砂浆作为壁画中间和周边缺失处表面的填补材料。填补前,对于周边无壁画的支撑体表面,可以先用隔离层材料制作较薄的表面,以增加其和填补材料的黏结力。壁画周边开放性缺失处的修补面,要略低于原壁画面1mm左右,修补后可用海绵轻轻打磨一遍,以凸显砂砾的粗糙感,给人以边框,背景的感觉。中间闭合性缺失处的填补,则需压实、压平整,而周围结合处则需仔细处理,以确保和壁画画面的协调性。

(五)表面封护

为避免墙体毛细水等侵蚀揭取壁画,前期在揭取时应采用低浓度的Paraloid B72进行预加固处理。在画面修整完成后,应再次采用浓度为1%的Paraloid B72丙酮溶液进行表面封护处理,以避免损坏颜料。

第九节 考古发掘现场的文物保护管理

考古发掘是揭开历史之谜、探索人类文明发展进程的重要途径。成功的考古发掘离不开文物保护专业人员的参与,而考古现场的文物保护情况复杂,常会出现各种意想不到的情况。与实验室相比,考古现场无论是材料,还是器材等,各方面的条件都不完备,这就决定了现场保护工作只能是抢救性的、临时性的。无论何种性质的考古现场,现场保护工作都必须明确三个问题:一是现场保护的目的(aim)是什么,二是如何掌握现场保护的原则(principle),三是现场保护的技术(technology)有哪些。这三大问题是考古现场保护工作中必须面对和解决的主要问题。

考古现场保护的主要任务,是在保留出土文物资料的完整性和保证现场保护技术措施不影响实验室后续保护处理和考古研究的两大前提下,使得发掘出土的文物从考古现场到实验室的这一特定时间段内,得到妥善维护。若考古现场的保护工作做得比较完善,就可以减少许多损失(资料性的和实物性的)。将文物的物质实体和人文信息及历史遗迹保存下来是现场保护的主要目的。因此,必须尽可能保留出土文物资料的完整性,任何有损出土文物的形状、纹饰、文字、色泽和表面装饰物等的保护技术和措施都不宜使用。另一方面,考古现场保护是整个文物保护处理工作的第一步,它的成功与否也会直接影响到实验室的保护工作。由此得出,现场保护的原则就是采用的技术手段和材料不应对后续的实验室保护处理及考古研究产生负面影响。

考古现场保护经常遇到的问题大致有以下几类。

第一,有机物的炭化。例如,粮食颗粒、木器、纺织品等。古墓葬环境基本是贫氧状态,墓葬形成初期,墓室中含有一定浓度的氧气,随着墓葬中物质的氧化分解,氧气逐步消耗殆尽,形成了密闭的贫氧环境,这是埋藏文物得以长期保存的重要因素之一。相对来说,墓室环境是比较稳定的,一经发掘,空气迅速渗入,环境条件随即发生剧烈改变,氧化反应急速加快,自由基类的炭化反应随之出现,使得有机物的炭化在所难免。

第二,有机物的脱水皱缩形变。尤其是出土的饱水木漆器,如不及时采取保湿措施,器物会出现脱水变形现象。

第三,冻损。冬季的考古发掘,现场气温低,有时达零下十几度,出土的饱水器物会迅速出现冰冻现象,由于水结成冰后体积增大,易导致文物冻裂。

第四,微生物腐蚀。埋藏于成百上千年墓葬中的物品,结构比较酥松,加之富含大量微生物营养源,微生物滋生代谢十分常见,极易发生微生物侵蚀。

因此,针对以上问题,现场保护所采取的技术步骤大致可以分为取样、保护处理和运输三部分。①

从考古现场环境获取的土壤、地下水、墓室内气体等样品,称为环境样品。从文物上采集的颜料、漆片、纺织品、金属饰件、粮食颗粒、器物中的残留物等,称为文物样品。对所获取的样品进行科学的分析检测,是考古和实验室保护研究的重要依据。

考古现场所采用的保护处理主要包括:①简单清洗,对出土器物可以采用轻度喷淋和软毛刷清洗的方法,使用中性表面活性剂酥松污物;②加固,对于脱落的部分,如漆皮等,采用可剥离性胶粘剂进行加固。

而文物从考古现场到实验室的运输过程中,不可避免的震动会使文物受力,易造成运输损伤,因此所采用的保护与缓冲包装技术也十分重要。文物包装箱内应填加适当的缓冲材料,包装箱在车辆上摆放的位置,应与易损坏的方向即车辆行驶的方向呈90°,这样可以最大限度减少

①刘文庆.考古发掘现场文物保护中的整体提取技术[J].东方收藏,2020(23):98-99.

文物的受力，以确保运输过程中文物的安全。

此外，考古现场的保护还必须做好充分的准备工作，大致包括设备和材料两大类。设备：照相机、CCD视频放大镜（可以将样品细部放大后的图像直接输入电脑）、取样袋（瓶）、工具（牛角刀、毛刷、毛笔、喷壶）、托板（架）；材料：化学材料（防冻剂、保湿剂、防腐剂、胶粘剂等）、包装材料（宣纸、塑料薄膜、海绵等）、包装箱。

第三章 文物的智慧化保护管理

随着新兴技术的发展和智慧博物馆的建设，博物馆藏品管理与保护工作又将迎来新的变革，博物馆将突破传统的藏品管理理念与管理模式，在完善信息化管理方式的同时探寻更加智能化的管理方案。社会公众对文化需求层次的提高、全球信息技术的进步与变革、社会经济文化的高水平发展等共同推动了智慧博物馆的发展，而博物馆与日俱增的藏品数量与低效率的藏品管理模式和保管监测手段促进了藏品管理的智能化转变，相较传统博物馆，智慧博物馆将在博物馆的职能与义务的方方面面完成一次升级与转型，从而使得博物馆藏品管理工作更加科学有效。智慧化管理理念在其他领域已展开应用，而作为智慧城市中最重要的文化服务机构，智慧博物馆的建设势在必行。智慧博物馆的建设有望改变以往的管理理念，拓宽服务的受众群体，加强藏品信息的展示、利用和共享，通过建立智能数据库、智能检索系统，深度挖掘藏品内涵信息、促进信息资源共享。

第一节 文物实物的智慧化保护管理

一、文物实物智慧化管理的基础

智慧博物馆是当今社会发展环境和技术改革环境下博物馆向前发展的新趋势，基础依然离不开实体博物馆和数字博物馆的建设与发展，文物的智慧化管理更是以充分全面的数据采集、功能完善的系统建设、成熟的软硬件设备和技术手段作为基础前提。

(一)充分全面的数据采集

充分全面的数据采集是智慧博物馆建设的基础,是科学管理的依据,更是构建知识图谱和进行大数据分析研究的前提。

首先,数据采集内容要全面,应包括但不限于对文物基本信息和背景信息的采集,高精度的二维、三维数据信息的采集,与文物相关的各种音频、视频数据信息的采集,文物相关研究成果信息的采集以及开发利用信息的采集。数据采集要以物(文物)为中心,做到对文物相关信息"应采尽采",同时做好资源分类与管理,让采集到的数据能有效、有序地存储在数据库系统中,而不是凌乱的数据堆积。全面的数据采集形成容纳海量数据的资源池,为之后智慧博物馆建设中大数据的分析利用积累足够的数据量。

其次,数据采集标准要规范,自20世纪90年代以来,随着资源共享需求的增长和信息技术的发展,欧美国家的一些组织机构先后制定了适用于博物馆文物描述的元数据标准(如:CDWA、VRA、CIDOC、CIMI、SPECTURE、ARCO等),并逐步形成较为完善的规范体系,我国也在2001年由国家文物局颁布了《博物馆文物信息指标体系规范(试行)》和《博物馆文物二维影像技术规范(试行)》,2008年又颁布了《博物馆文物声像信息指标规范(试行)》。但目前来看,我国现行的这些标准面对智慧博物馆建设中数据资源的标准化采集与管理仍有不足,"在体系结构上还不完整,缺乏对文物对象之间的关联关系,文物数字资源实体、文物主题等特征的揭示,在著录规范、元素取值规范等方面都有待完善,与CDWA、DC等国际元数据标准的共享交换体系也尚未建立。"所以,文物数据采集标准的规范问题还需继续完善。

最后,加强文物全生命周期信息的采集与管理。文物是博物馆的立身之本,文物实物更是人类活动及其环境变化的重要见证物,历经时间的洗涤而留存至今,具有不可替代性和不可再生性,所以,对文物全生命周期的信息采集与管理就显得尤为重要。对文物全生命周期信息的采集可以分两部分——入藏前和入藏后,对于入藏后信息的采集与管理在前文已有论述,即要完成文物本体信息的全面采集和以文物或文物信息为基础的各种研究、展览、活动、知识创造等一切文物相关信息的采集与管理，而对于文物入藏前的信息采集包括文物诞生前后的相关信息(如：传世作品清晰的流传脉络，博物馆收藏的现当代艺术作品的作者对该作品的创作描述或与作品相关的创作故事)、馆藏考古出土物的考古发掘过程相关的资料、流失文物回归前的各类信息及凭证资料的搜集整理、博物馆通过接受捐赠、调拨文物或其他来源途径的文物的各种来源信息等。总而言之，如果以文物入藏为时间坐标的原点，那向前则尽可能追踪溯源，一直向文物诞生的那一刻追寻而去，寻找其相关的信息，向后，完整记录和采集文物入藏后的一切信息，这两部分共同构成一件文物完整地全生命周期的信息库。一个个独立的文物信息库又构成博物馆馆文物的全数据库，它们和实体文物一样，都是博物馆保存的十分珍贵的文化遗产，而通过对这些遗产的科学管理与利用，筑建起中华文明乃至世界文明最坚实的文化墙①。

数据采集工作应该作为博物馆文物信息管理中的一个常规动作，对信息进行实时抓取，并根据技术进步和业务需求不断跟进更高精度的数据采集，当数据采集量达到一定程度时，通过大数据分析，就可以实现“让数据自己说话”。

(二)功能完善的系统建设

功能完善的系统建设是数据存储利用的重要平台，诸如上文所述的文物管理系统、数字资源管理系统、环境监测系统、综合管理系统等都是为更高效的业务工作服务，系统能实现怎样的功能决定着系统构建的价值。系统建设首先应该从功能主义出发遵循“调研—开发—创建系统—试用—再调研—修改系统—应用”的流程，通过构建者与使用者的沟通交流，逐步达成完善的功能构建。在这些环节中，最重要的是前期调研，调研内容应包括：具体想实现的功能、该功能下包含哪些子功能、子功能的用途。从初步的功能调研到系统的设计构建到再次对业务需求的调研，然后对系统再进行功能的补充或修改，需要循环多次进行，既是对系

①孙晓艳．智慧博物馆背景下藏品管理工作的研究[J]．科技传播，2020，12(10)：74-75.

统功能完善的过程,也是系统功能与业务需求之间不断磨合互相适应并让业务执行者接受系统操作的一个过程。所有功能设计完善后,就是系统软件的正式开发与应用。

系统框架的搭建比较容易,但如何满足使用者需求,如何保证数据的完整、可靠往往是系统构建需要认真思考的地方,否则该数据库可能除了部分检索功能,也没有其他的价值意义。从数字化管理的经验来看,数据库系统最致命的问题在于其不可确定性的系统故障,降低了其可靠性,系统的逻辑性太强,在人们操作系统、利用系统时很容易出现系统识别不全面的情况。所以作为智慧化的管理系统,首先要建立足够精确与完整地数据库系统,其次系统应具有智能判断的能力,可识别和处理各种可预见性的失误操作,并提醒操作者,如果系统自己没有监督、验证、查错的机制,短时间内管者(人)无法迅速反应查验的错误在将来可能产生长久的不良影响。

博物馆系统的构建目前多由第三方技术公司承担,但对软件系统开发过程中相关的标准应由博物馆根据业务需求提出统一规范,如数据端口的开放与对接,以避免日后设备升级或系统升级时因标准不统一造成的数据端口无法对接问题。技术的发展应是助力博物馆发展,而博物馆发展不应受限于技术进步带来的数据迁移与系统升级的不便。

(三)成熟的软硬件设备和技术手段

智慧博物馆以及数字博物馆建设过程中对技术的使用在一定程度上是追求新颖,并勇于尝试探索多样的、前沿的技术手段,导致形式上过于依赖技术,但在具体内容设置、业务开展上未能体现出技术优势,缺乏特色。如今博物馆建设必然离不开当下正在发展革新的各种技术手段,必须清楚地知道技术手段应用于博物馆建设的目的和价值,在勇于尝试和接受新技术手段的同时也要时刻保持清醒,不可过高地估计技术的意义,更要避免“技术崇拜”和“技术膨胀”,正如苏东海先生在《博物馆、博物馆学:警惕技术主义》一文中所指出的那样,“技术膨胀最直接的危害就是文化的边缘化、文化价值的旁落,所以必须警惕技术主义的泛滥”。技术是博物馆发展进步的工具,但绝非博物馆研究、利用、传播的主体,博物馆的一切工作终究离不开“物”，即文物。

成熟的软硬件设备是进行数据的规范有效采集和系统的完善建设的基础，而成熟的技术手段是促进博物馆文物及文物信息科学管理的助推器。随着新兴技术的发展，诸如大数据、云计算、物联网、人工智能等技术应用于博物馆文物信息管理等业务活动中，博物馆要勇于接受新技术的运用，但同时在技术的选择上要谨慎考虑，对技术存有一定的警惕性，通过新的技术去解决一些传统博物馆中出现的问题，但同时需要警惕使用新兴技术可能带来的风险，权衡新兴技术应用于博物馆智慧化建设中的利弊。相较于智慧保护、智慧服务、智慧展览，智慧管理对于技术的要求更高，尤其对技术的可信赖程度的要求，必须能够100%保证不出错，博物馆不是技术的试验田，没有试错机会，技术的应用需要考虑文物安全、人身安全和公共安全，否则以智慧博物馆系统构建的理念，牵一发而动全身，管理过程中技术上出现一个小小的漏洞都可能为相关工作和信息的处理带来极大的影响。

二、文物实物动态保护管理的智慧化

文物实物动态管理的智慧化首先是对文物一般管理的流程能够进行优化，进而通过传感设备、管理系统和物联网技术达到对文物动态管理的智慧化。

（一）文物征集的智慧化

首先系统通过对博物馆展陈、研究职能定位的分析和馆藏现状的分析为决策者提供征集文物的类别范围，并能根据互联网大数据分析提供征集线索及征集方案。

（二）文物鉴定的智慧化

在文物数据信息采集充分完整、文物数字化建设完善、文物信息分析全面透彻的基础上，对新征集的文物进行鉴定或博物馆因其他原因对文物进行鉴定时，完全可以依靠大量的数据信息完成智能鉴定，此外，人工智能技术的发展进步，使得AI鉴定在未来也可能代替专家鉴定的部分或全部工作内容，助力文物智慧化管理建设。

（三）文物编目的智慧化

文物入藏时首先将文物基本描述信息输入数据库中，文物管理系统根据规定的算法对新的信息和已有的数据信息进行比对，智能生成新入藏文物的分类编号等具体的编目信息，并科学规划与管理文物的分类入库，合理安排库房排架的使用。

（四）文物展陈的动态跟踪管理

随着博物馆事业的蓬勃发展，借展、巡展等展览方式已经成为博物馆举办临展的主要方式之一，文物动态跟踪管理成为近年来博物馆文物管理工作中最值得关注与思考的问题。文物展陈的动态管理应该考虑对文物点交运输过程的跟踪管理、对外借文物各相关数据的动态获取与管理、对借展文物在展出前后及展览期间的管理。一般地，国内博物馆对借展文物的管理是在合同书上写清职权，对于展柜的微环境、密封性、安全性作出规定要求，展出期间的情况只能依靠展出方自觉履行相关的义务，但此类数据展品借出方一般无法获得。动态管理不仅仅是空间位移变化的动态管理，对文物保存与展示空间环境的变化情况以及文物受环境影响而发生的自身变化也应能够得到智能管控。

三、基于RFID技术的文物库房管理和展厅管理

RFID技术近年来已广泛应用于博物馆文物的非接触管理，其技术原理可概括为：RFID电子标签用以著录存储文物身份信息，阅读器发射特定频率的信号给电子标签，从而驱动电子标签内部数据的输出，阅读器再接受这些数据信息，并传输在相关联的系统中，系统则负责对所有数据进行分类有序化的汇总呈现，管理者通过系统数据则可掌握文物基本信息，并指导相关决策。

目前电子标签的种类主要有三种：被动型无源电子标签、主动性有源电子标签和半有源电子标签，博物馆常用的为无源电子标签，这主要是因为其技术相对成熟、成本低、体积相对较小等便于利用的优点，如首都博物馆、南京博物院、秦始皇帝陵博物院、大同市博物馆等都有自己相对成熟的基于RFID技术的文物管理系统，该技术的应用集中在以下几个方面。

（一）库房盘查工作

传统的藏品文物盘查工作主要依靠藏品保管部的工作人员人工手动对文物进行逐一盘查，这对于文物数量庞杂的大型博物馆来说无疑是一件耗时耗力的大工程，而利用电子标签技术，文物管理者可以快速高效地完成文物盘查工作，南京博物院曾在其金属一库文物库房中实验利用RFID技术对其保存的4322件（套）文物进行智慧盘查，结果显示：利用手持阅读器，控制盘查距离可在2~3米之内，则盘查实际库藏文物共花费193分钟，平均每一件文物的盘查时间为2.72秒；文物最多的70号器物柜共447件（套），耗时11分钟，每件盘查时间约1.48秒；理论识别率为99.99%。以上实验结果证明了该技术应用于文物盘查工作的可操作性、高效性及准确性。RFID技术在实际应用于文物库房盘查工作时中，也存在一些问题，如：标签与文物的黏结问题、射频识别信息的有效性问题、电子标签生命周期短、利用电子标签无法查验文物保管现状等问题，对于文物数量高达数十万的省级、国家级博物馆来说，给文物制作电子标签本就是一项耗时耗力的工程，其为博物馆文物管理带来便利的同时，技术本身需要投入的运营维护成本及将来所面临的技术升级问题也让很多博物馆在利用该技术时不得不谨慎考虑。对于文物盘查工作而言，利用电子标签技术确实可以在一定程度上提高工作效率，减少人力资源的投入、缩短盘查周期，利用RFID技术进行文物库房盘查对于小馆而言更实用，因为其文物体量较小，实现起来更方便，大馆的文物体量太大，从成本投入及最终可实现的效果来看，整体可行性有待商榷。针对目前出现的这些问题，从提升技术水平和改革技术手段上入手，以解决上述问题为目标，探寻更加适用于大型博物馆文物库房盘查的技术，以提升库房盘查工作的智能化水平。

（二）文物出入库管理

相较于文物库房盘查工作，RFID技术盘点速度快的特点用于文物出入库管理倒是一种提升文物管理工作智能化水平的有效手段。文物出入库管理需要对文物数量和具体信息及出入库前后的状态进行清点盘查，除了对文物现状的盘查无法识别外，文物的数量清点和信息盘查均可通过电子标签和阅读器进行快速准确的识别,从而缩短文物出入库盘点的时间。在出入库盘查时还可以通过系统连接,自动生成点交清单的确认信息,最后管理员确认签字即可。

(三)文物展厅管理

RFID与GIS技术和各种传感技术结合,定位文物具体的展陈位置,检测文物展陈环境的变化情况,完成数据采集,并与RFID电子标签中文物信息结合,既能实现对展厅中文物的日常盘查,又能实现对展示过程中文物相关数据的采集存储,并通过对以上数据的分析,实现对展厅中文物的科学管理。

RFID电子芯片技术的基础依然是数据库,没有数据库的支持,芯片也无法起到相应作用,数据库如果不完整、不准确也没用,给馆藏文物贴电子标签实际相当于将文物信息数据库要重新校对一遍,无疑是一个相当大的工程,需要投入大量人力、物力、财力;其二,芯片的物理黏合问题一直没有解决,如果贴在盒子或囊匣,文物从盒中取出后标签的存在也就没有了意义,如果要与文物紧密接触,通过何种方式保证这种结合的有效性(不可分离的效果)同时保证不对文物本体产生影响,这些问题都还没有一个很好的解决方案。文物的智慧化管理需要分步骤慢慢推进,RFID技术用于文物库房管理存在一定弊端,但用于文物出入库盘查和文物展厅现状的监测管理等工作,能在一定程度上实现智慧管理的要求。

四、基于物联网和环境监控系统的文物预防性保护管理

物联网技术可以实现“万物互联”,其实质上是“利用传感技术,按约定的协议,把所有物品与互联网相连接,达到信息交换和通信的目的,以实现对物品的智能化识别、定位、跟踪、监控和管理的一种网络。”物联网的发展从根本上提高了博物馆对信息进行实时采集和整合管理的能力,也将促进博物馆在宏观与微观的调控能力,最终实现“以人为中心”的博物馆智能化建设。

文物管理包括“管”与“理”两个层面的含义,对文物的“管”又包含“保管”之意,这也是文物管理工作中保证文物安全与保持文物原状的工作职责之一,为此博物馆需要在文物管理的过程中对文物采取预防性保

护的相关措施。预防性保护的管理,就是能在入藏之处的文物及现有的文物保管状态做出合理的分析,并对其在将来的保存过程中可能遇到的风险进行预测,提前做出应对风险的保管措施,如:对纸质文物的保护,考虑其会受到温湿度、虫蠹、微生物、酸碱物质、光照中的紫外线等因素的影响,在保存过程中注意对此类影响因素的控制与检测,并制定特殊囊匣和存储柜、展柜进行存储和展示。这体现了文物管理过程中让文物尽可能长久保存的意识。对于文物的预防性保护来说,首先是对文物进行分类、分库、分架管理,并针对不同材质、不同保管需求的文物配备专门的保存囊匣或定制专门的展架展柜,其次是通过环境检测系统实现对环境的实时监控和数据采集,最后在监测的基础上实现对文物保管环境的人为调控甚至智能调控。预防性保护的理念主要是通过有效的监测、评估、调整、管理,抑制各种环境因素对文物的危害作用,使文物处于一个"洁净、稳定"的安全保存环境,尽可能阻止或延缓文物的物理和化学性质发生改变,达到长久保存文物的目的。通过预防性保护的手段可以实现从对文物抢救性的被动修复到预防性的主动保护的一个转变,从而有效防护文物保存环境对文物可能带来的损伤,最大限度地保持文物的原有状态,延长文物寿命。

从智慧博物馆建设的角度出发探索文物的预防性保护管理在国内多家博物馆已开展相关研究与应用。广东省博物馆的预防性保护措施首先是对文物进行分类分库管理,并保证库房的恒温恒湿,一般由库房中央空调控制温度变化,湿度由调湿剂、除湿器、加湿器等试剂和设备调节,对于容易受环境影响而发生改变的文物配置专门的储存柜,对于展厅内的文物,在展柜中添加试剂调节微环境。同时,利用环境监控系统和保护信息管理系统实现对文物环境的实时监控。成都博物馆的预防性保护首先是针对其所处地理位置容易发生地震灾害的情况对库房建筑及展柜等做了防震处理,其次建立了馆藏文物保存环境监测系统,并安装检测终端设备—温湿度监测终端、二氧化碳(CO_2)—温湿度合—监测终端、有机挥发总量(VoC)—温湿度合—监测终端、光照度—紫外线—温湿度合—监测终端等,通过将所有的监测终端和数据接入系统中,管理员登录管理系统就可以进行监控。从目前预防性保护的实践来看,其智能监测水平已初步满足智慧博物馆建设的要求,但对于检测数据的分析、利用以及针对检测结果做出智能调控的水平还有待提升。

五、文物现状的可视化管理

文物现状可视化管理的实质是对各种数据的统计、分析与展示,其内容可分为宏观和微观两个方面。宏观的可视化管理就是通过综合的管理系统和可视化平台,为管理员展示博物馆文物管理的整体现状,包括馆藏总量,各分类体系下的文物数量,文物库房保管现状,文物展厅展示现状等;微观的可视化管理是通过聚焦到一件文物上,并以类似思维导图的形式展示文物相关的所有信息,还能对文物保管现状的变化进行实时监测与动态跟踪,让人眼无法轻易识别的文物微观变化通过技术手段的检测和数据分析展现在可视化管理平台中,从而为更加科学合理的管理与保护提供依据甚至是相应的问题解决方案。

可视化管理的实现也需要应用物联网、云计算、大数据等技术手段,其核心在于对数据的统计分析,并以图表、模型图示、动画、视频、音频等方式展示于可视化中心平台。如:上海博物馆目前已构建了可视化数据中心,其所展示的内容包括:客流参观、观众服务、馆藏文物、传播教育、文创成果、基础信息六个板块,并对以上板块的信息可做到实时更新。

第二节 文物信息的智慧化保护管理

对于文物基本信息的管理,各博物馆都建有文物管理系统,对文物基本的档案信息进行存储与管理,但总体上,文物管理系统目前的功能建设依然存在不足,各个馆应该根据自身情况及各部门的需求对系统的功能建设再次完善,国家标准只能作为一个参考标准,而博物馆应该在此基础上充分考虑自身条件和业务需求,建设更高标准的文物管理系统。同时,应加强标准化建设与个性化建设的结合,探索更多的模式和方法,创建满足本馆管理需求的文物管理系统。

一、文物基本信息的智慧化保护管理

文物基本信息主要是用以描述文物本体特征、现状及流传经历等要素的信息，其就像文物的基因，如果能在文物入藏前对其所包含的各种信息（包括人眼可见的外形、大小、颜色、质地等和人眼不可见的内含物、微量元素或成分、内部结构等）进行“基因测试”并生成专属的“基因报告”，存储在文物信息数据库中，就可以对文物信息实现更科学的管理与利用。管理过程生成的各类文物信息作为“藏品基因”，对于文物的预防性保护与监控、文物的修复复原都具有重要意义。

文物基本信息的智慧化管理首先应该实现信息的智能采集，传统博物馆在数字化建设中的数据采集基本靠人工操作完成，这个过程包括专家对文物的鉴定过程、管理员对文物尺寸的测量和基本信息表格的填写制作过程、对文物进行二维图像拍摄和三维扫描的过程，整个流程对人力、物理、财力的消耗非常大，且各种流程下来需要对文物进行多次的出入库管理。智慧采集能够依靠传感技术和数据分析系统，合并重复的数据采集动作，缩短数据采集消耗的时间成本，并在一定程度上避免在复杂的数据采集流程中对文物安全保管产生的威胁。完成数据的智能采集后，还要实现对数据资源的智能分类，分类标准由管理部门根据博物馆业务工作的需求制定，在数据采集时对数据进行规范与标记，这些标记也将作为系统进行智慧分类的依据。对于数据信息的日常管理，在保证数据信息安全存储的前提下，尽可能提高其开放度，加强数据内部的关联互通。对内部实现文物信息的公开透明，一来方便研究利用，二来在进行换岗交接时减少烦琐的文物盘查流程，通过文物信息系统对文物现状的可视化展示，让文物账目清晰明确。

从智慧管理的角度出发，对基本信息的数字化管理首先需要规定数据采集内容、规范数据采集标准，其次，对数据管理系统的建设要做到功能全面、便于操作，且系统的稳定性要能长期适应技术升级更新的变化。随着数据存储与处理技术的进步与发展，博物馆数字资源管理系统，应有意识地采集存储更高清、更丰富的文物数字信息资源，这些信息对于文物的研究、文创开发利用、社教宣传会有更大的用途。数据的采集是基础，更重要的是数据库的管理、维护，最终的目的是保护和利用，并实现数据共享，要求加强各数据库系统之间的互相关联。理想的关联性强的数据库系统，在进行数据的后期维护时，使用者和数据库建设者（信息中心）可以是从两个不同的角度进行维护，信息中心通过后台进行数据管理，使用者在使用过程中发现系统存在的问题时也可以进行数据的上传更新或者清理、整理。数据库的开放使用权限与数据库的维护工作也应该是一体的，即负责该工作的人员还需掌握判断数据库中信息的有效性、准确性、全面性的能力，能读懂这些数据信息所表达的深层次内容，这样才能掌握对数据开放的决定权。对于文物数据信息全面统一的管理维护，也能实现文物的数字化保护，并为文物修复、博物馆灾后重建等提供可靠的依据①。

二、文物综合信息的智慧化保护管理

文物综合信息包括文物基本信息及与文物相关的业务活动开展时产生的各类信息，即更加全面、系统的文物信息。文物信息的智慧化管理是建立在文物信息数字化的基础之上的，但相较之下，智慧化管理就应该收集管理更加全面的文物信息，并能完成信息的智能化分类、关联与管理，文物信息的综合管理系统是对文物信息系统、数字资源管理系统、文物保管环境监测系统等文物相关管理系统进行综合管理的平台。

广东省博物馆的“项目管理系统”就是对文物信息综合管理系统建设与应用的尝试，其“项目管理”式的信息管理机制是针对某一项目的综合管理，“基于共享式的业务框架，汇聚平台上关于人、物、财、数据等资源，以项目的目标管理，里程碑设定、信息管理的新型组织模式，以期建立起一套适用于博物馆自身特点的标准化、流程化、一体化的业务管理机制。”这种基于共享型的业务框架的优势在于：业务可以不断开展，而系统不用无限扩张。该系统实现了项目内所有信息的关联互通，也在一定程度上打破了不同部门间信息管理的壁垒。系统中储存的数据来源涵

①程春艳．浅谈如何做好文物档案管理工作[J]．中国管理信息化，2017，20(24)：179-180.

盖展览、社教活动、文物研究、文物保护、信息化、工程建设、人员培训等博物馆业务的各个方面,数据内容包括预算、文物信息、图片、视频、音频等各种各样的数据以及项目各个阶段的总结等信息,并在同一项目中可以进行分类查看与管理,但同时,这些数据也会构成这个系统资源池中的元数据,可以进行数据的再分配、再利用。项目相关的数据均可以录入系统,项目之间也可以进行互相关联,系统就相当于一个资源池。

文物综合信息的智慧化管理重点在于对除文物基本信息外的其他相关信息的获取与管理,这需要不同业务部门之间的相互配合,做到对信息资源的随时上传,其最终目的依然是实现信息的互联互通与综合利用。对于管理者来说,构建多维度的文物信息数据库管理系统和多端口的文物信息查询系统,可以登录管理系统,构建"展览相关文物信息"和"文物相关展览信息"维度的数据库内容。同样,用户登录查询界面,也可以从这两个维度查询自己需要的相关信息。以上两个维度的区别在于,"展览相关文物信息"针对本馆历来举办的各种展览而言,其可能包含本馆文物信息,也可能包含借展文物(非本馆文物)的信息(当然,对于借展文物信息的开放乃至开发权利,需要双方达成一定的协议共识,或从国家层面得到相关法律的支持);"文物相关展览信息"则主要针对本馆文物参展信息的著录与开放,即该系统可查询本馆任意一件文物被展出的展览全信息,包括本馆展览与文物被借展展出的其他展览(非本馆展览)信息。同时,这两个维度也是互通互联的,即通过"展览相关文物信息"找到目标文物信息后,也可以点击链接查询目标文物的"文物相关展览信息",反之亦然。文物信息的科学管理可以为博物馆的科学研究、展教活动、文创开发等业务工作服务,对文物的科学管理也离不开这些数据信息的采集、分析与管理。综合管理系统可以实现实物管理与信息管理的互联互通,并在管理中互相作为各自科学管理的参考依据进而优化管理。

第四章 博物馆展览的创新

新时代博物馆展览设计的创新,不但体现了博物馆服务公众文化教育的属性,也体现着博物馆的文化价值和服务水平,是博物馆文化创新性和包容性的体现。只有不断发挥博物馆展览设计的创新力,才能让博物馆拓展更多的资源,实现自身文物展览设计水平的增进,将传统文化更为广泛地传播和推广,满足观众的文化消费需求,引领社会文化的发展和审美。作为博物馆工作的重要环节,陈列展览的模式随着博物馆社会服务的职能不断发生着创新和改变,在新时期"以人为本"博物馆公众服务理念的指引下,博物馆的陈列展览也不断创新发展,在顺应时代发展需求的同时,不断创新传统陈列展览的方式,运用新发展的理念和现代科学技术手段,适应新时代文物、展品陈列展览的方式的创新是博物馆发展的必由之路。

第一节 博物馆展览设计的特征

博物馆的陈列展览是一个以形象传播为基础,以形式艺术为表现手段的科学、艺术和技术的综合体,其任务是为参观者创造一个有别于正式的或者纯学术的学校课堂教育、提升和培养某方面技能的培训项目以及图书馆这类学习空间的特色鲜明的终身学习与欣赏的空间。博物馆陈列展览特殊属性决定陈列展览的设计,虽与其他文化展示活动的设计有相似之处,但又具备独特的设计特征。徐乃湘先生主编的《博物馆陈列艺术总体设计》一书中,将其归纳为以下四个方面:①博物馆陈列展览设计是在特定的空间——展厅中进行的,是一门多学科的综合艺术设计;②博物馆陈列展览设计师的设计思维包括:空间布局、艺术风格与形式、色彩、照明、材料、工艺、结构等的筹划与设计;③博物馆陈列展览设计虽然与艺术设计专业有关联,但不属于“纯艺术”范畴。博物馆陈列展览设计的形象思维活动自始至终要受理性思维的制约,必须服务于博物馆文物与展品的陈列展示,并向公众传播信息、知识和提供审美鉴赏。因此它具有双重思维、综合多种艺术表现的特点;④在博物馆展厅内,观众的信息、知识和趣味是通过在展厅中不断移动获得的,是在四度空间里实现的综合视觉艺术。参观者随着位置与时间的改变,能够获得变化、深化的更多信息①,因此,博物馆界也将博物馆陈列展览设计称为四度空间艺术 。

从以上四点可以看出,博物馆的陈列展览设计能够在一定程度上折射出一个时代并渗透着一个国家和地区的历史、文化、经济、科学技术水平以及社会意识形态等诸多方面。

第二节 博物馆展览设计理念的发展及演变

一、博物馆展览策划的理念

(一)现代博物馆的主要使命

1.现代博物馆的功能学说

关于博物馆的功能,1956年全国博物馆工作会议第一次明确规定了博物馆的社会地位和作用:博物馆是“科学研究机关”“文化教育机关”“物质文化和精神文化遗存和自然标本的收藏所”。由于没有明确博物馆的机构性质和主要使命,长期以来,我国博物馆主要扮演文物标本收藏和研究机构的角色,主要职责和经营目标就是为国家收藏、保管和研究文物藏品。因此,在实践中,其工作的重心主要是文物标本的收藏和研究,而对于博物馆的教育功能和公共服务功能通常认识不足,没有将

①李琦．试分析博物馆展览设计中的陈列展示方式[J]．文物鉴定与鉴赏,2021(12):127-129.

展示教育和公共服务放在博物馆工作的中心位置。这一落后的博物馆经营理念直接影响了博物馆社会作用的发挥。

事实上,从国际博物馆事业发展的现状和趋势来看,现代博物馆主要是非正规教育机构,知识传播和公共教育是博物馆的主要使命和经营目标。现代博物馆是一个出于公共教育和利用的目的,对人类及其环境的物质遗产和非物质遗产进行搜集、整理、保管、研究和展出,最终实现知识传播的非正规教育机构。

一般认为,博物馆的基本功能有收藏、整理、保管、研究、展览和教育普及。上述功能可以进一步概括为内部职能(收藏、整理、保管、研究)和外部职能(展览和教育普及),二者之和构成博物馆的综合职能。显然,仅仅进行文物标本的收藏、整理、保管、研究工作的机构不是完整的博物馆,而只能称之为保管所、资料馆、考古或文化研究所。若想使博物馆不成为上述机构,而成为真正意义上的、完整的博物馆,就必须进一步对外开展展览活动、教育普及和观众服务,即将博物馆从内部职能扩展到外部职能。博物馆的工作才是完整的。

根据以上观点,笔者认为博物馆的职能和社会使命有如下特点:①博物馆的内部职能是围绕着“物”(藏品)展开的,而博物馆的外部职能是围绕“物”和“人”的对话和交流展开的。②博物馆的内部职能主要是收藏、整理、研究和阐释,实质上是博物馆组织、加工和生产公共知识的过程;博物馆的外部职能主要是展示和传播(展示教育),实质上是博物馆传播公共知识的过程。③仅仅做好博物馆的内部职能是不够的,更重要的是要把博物馆工作从内部职能扩展到外部职能,即要实现博物馆的最终使命——知识传播和公共教育。④博物馆的内部职能是实现外部职能的前提和基础,而外部职能则是内部职能的目的和结果。做好博物馆的内部职能固然重要,但更重要的是在做好博物馆内部职能的基础上,发挥博物馆外部职能的作用。⑤博物馆内部职能的业绩和价值主要通过博物馆的外部职能加以实现和体现。一个博物馆即便收藏丰富、研究水平很高,但如果将工作仅仅局限在内部职能上,那么它也不能充分实现自己的使命和价值,就不是一个合格的博物馆。

上述现代博物馆职能理论表明,现代博物馆出于公共教育和利用的目的,对人类及其环境的物质遗产和非物质遗产进行搜集、整理、保管、研究和展出,最终实现知识传播的非正规教育机构。现代博物馆已不再单纯是文物标本的收藏、保管和研究机构,而更应该是一个具有更广泛意义的、为公众和社会服务的文化教育机构、休闲游览的场所,“教育和知识传播”是现代博物馆公共服务的主要使命。

已故日本著名博物馆学家鹤田总一郎曾讲过:观众,同博物馆藏品一样,是构成博物馆不可或缺的基本要素。观众既是博物馆的服务对象,也是博物馆赖以生存的基础。博物馆应该像爱护珍贵文物一样爱护和对待观众。如果不考虑观众;或者没有观众来参观博物馆,那么,可以说该博物馆不成为一个博物馆,或者至少是一个不合格的博物馆。

美国史密森博物学院的玛丽·格拉斯·波特尔认为:评价一个博物馆的价值,不仅要看其收藏的丰富和精优程度,更要看它在鼓励观众参与和学习方面所取得的成绩。博物馆的职责主要是要尽最大的努力扩大每个公众积极、有益地参观博物馆的机会。

因此,现代博物馆应该确立以展示教育和开放服务为核心的博物馆经营新理念,增强为观众和社会服务的意识。为了强调和突出现代博物馆的教育使命,2007年国际博物馆协会(ICOM)对博物馆定义进行了修改,将“教育”置于博物馆目的之首。博物馆是个为社会及其发展服务的,为了教育、研究和欣赏的目的,对有关人类及其环境的物质遗产和非物质遗产进行搜集、保管、研究、传播和展出的非营利的永久开放机构[①]。

2.现代博物馆的教育使命

随着社会的发展和博物馆的进步,现代博物馆的角色和功能日益多元化,特别是越来越结合人们的现实生活,以达到教育、学习、休闲的功能。其中,“教育”不仅是博物馆对社会的责任,也是其首要目的和功能。在博物馆事业发达的国家,都将教育视为博物馆的主要目的和功能,将博物馆作为国民教育的特殊资源和阵地,作为非正规教育机构,这主要

①唐琳. 现代博物馆讲解艺术[M]. 上海:中西书局,2014.

表现在以下几个方面。

第一，博物馆将“教育”置于公共服务角色的中心。作为现代社会标志之一的博物馆，虽然承担多元功能，但首先是作为教育和文化机构而存在的。1984年，美国博物馆协会发布了《新世纪的博物馆》(Museums for a New Century)报告，将“教育”认定为博物馆的首要目标，并指出：若典藏品是博物馆的心脏，教育则是博物馆的灵魂。1990年，时任该协会首席执行官的爱德华·埃博(Edward H.Able,Jr)明确提出：博物馆第一重要的是教育，事实上教育已经成为博物馆服务的基石。1992年，美国博物馆协会继续致力于强化博物馆的教育角色，推出了《卓越与平等：博物馆教育与公共面相》，该报告鼓励博物馆将“教育”放在公共服务(角色)的中心，而且博物馆是“公共服务与教育机构，而‘教育’这个字眼包括了探索、研究、观察、理性思考、沉思与对话之意涵”。

第二，博物馆理应成为普通人的教育场所。早在1880年，美国学者詹金斯(Jenkins)在其《博物馆之功能》一书中即如此明确指出。1906年，美国博物馆协会成立时也宣称“博物馆应成为民众的大学”。1990年，该协会在解释博物馆的定义时，将“教育”与“为公众服务”并列视为博物馆的核心要素。以全世界最大也最具影响力的博物馆群——史密森博物学院为例，其定位为全民的博物馆。只让他们感觉舒服，这是不够的。作为国家的博物馆，它努力通过呈现多样化的文化产品和服务来吸引多样化的观众。

第三，博物馆是非正规学习的绝佳场所，其“第二课堂”的角色地位已为全社会所认可。美国国家科学基金会将非正规学习定义为“自愿且主动引导的终身学习，主要因本身兴趣、好奇心、探索、操作、幻想、任务达成、与社群互动等受到激发”。非正规学习通常会牵涉到社群互动，尤其是与家庭成员和同伴团体的互动，其中包含了玩要这个因子。在博物馆中，非正规学习的发生主要通过计划性教育活动和展示导览等方式。

第四，博物馆成为民众接受终身教育的大学堂。博物馆教育是一种社会教育，属于终身教育的一部分。从幼童到退休老人，大家都可在馆内得到持续的教育。而博物馆作为“再教育”或“继续教育”的重要基地也已为西方公众所广泛接受。J·奈斯比特(J.Naisbitt)就曾经断言:“终身教育将成为第二次文艺复兴,而博物馆将成为第二次文艺复兴的重要阵地。”事实上,单一的、阶段性的学校教育如今已不能满足社会就业的需要,相反“活到老,学到老”却成为当下潮流,同时社会也呈现出学习型的发展趋势。终身教育的兴起,必然要求有相应的机构来满足这种需求,作为公共文化设施并拥有大量教育资源的博物馆成了全面提高公众科学素质的重要场所。

既然“教育”是博物馆的首要目的和功能,那么每个博物馆应该认真思考和定位自己的教育使命。例如,1753年建立的大英博物馆一直秉持的教育使命是“对人类文明中所有艺术和知识,进行系统的整理和研究,并让人人有机会接触人类的历史文物,从中获得知识和快乐”。1852年建立的英国维多利亚·艾尔伯特博物馆的教育使命是“让每一个人享受博物馆的藏品,展示创造这些物品的文化,鼓舞现代设计的成长”。1846年建立的、全球公认最具影响力的美国史密森博物学院(旗下有19座大型博物馆),一直秉持“增进和传播知识”的教育使命。巴黎发现宫博物馆的教育使命是“唤起社会大众对科技发展的关心:发扬科学精神,培养严谨、精密、真实、批评和自由思考的科学态度,引导青少年发展科学能力和兴趣,协助民众以健全的态度去适应现代科技新世界”。美国纽约大都会博物馆教育使命是“以服务广大公众为目的,遵照最高专业标准,收藏、保护、研究和展示代表了人类最高成就的各类优秀艺术作品,并促进对于这些作品的理解、重视和欣赏”。伦敦科学博物馆教育使命是“理解影响我们生活的科学”。慕尼黑德意志科技博物馆教育使命是“我们展示科学与技术,使之可见、可感;通过展示特殊珍品,显示科技的文化重要性。我们鼓励人们在塑造未来中发挥积极作用”。芝加哥科学与工业博物馆教育使命是“鼓励和激发儿童实现他们在科学、技术、医药和工程方面的全部潜能”。美国加州科学中心教育使命是“我们希望通过创造有趣且难忘的经历来激发好奇心,鼓励每个人学习科学。这是因为我们珍视科学,认为它是理解世界、提高可及性和包容性以及丰富人们生活必不可少的工具”。日本名古屋市科学馆教育使命是“创造乐趣与兴奋，让观众理解科学的原则与应用；让观众思考科技与人类的关系；运用科技，更好地理解社会面临的问题；通过科学为居民提供一个终身学习的场所”。芝加哥菲尔德自然史博物馆教育使命是“激发对地球生命的好奇，同时探索世界如何形成以及我们如何改善世界。我们邀请全世界的观众、学生、教育者和科学家，踏上科学发现之旅。我们的展览讲述地球生命的故事。我们的藏品解决科学之谜。我们的研究开拓新的领域。我们的科学贡献于地球健康。作为教育者，我们激发好奇与理解”。伦敦自然历史博物馆教育使命是“博物馆的目的是挑战人们思考自然界过去、现在和未来的方式，旨在激发对人性未来的公共讨论，让不同水平的观众都可以理解科学。博物馆集中关注三个主题：①起源与进化，太阳系、地球与生命的45亿年历史。②生命多样性，当今物种、栖息地和生态系统中的自然多样性。③可持续的未来，人类社会所依赖的自然系统的未来”。西澳大利亚博物馆教育使命是“启发人们探索和分享自己的身份、文化、环境和地域感，体验并贡献于世界的多样性和创造性”。

3.陈列展览是博物馆发挥教育功能的主要手段

博物馆是国民教育体系的重要组成部分，是社会教育的重要承担者。作为非正规教育机构，博物馆在发挥国民教育方面的独特优势表现在以下几个方面。

一是以实物为载体，教育手段丰富多彩，强调亲身参与和互动体验，生动直观。博物馆以各类展品为基础，精心组织陈列展览，通过大量运用文物、标本及模型、辅助性艺术作品等实物资料，作用于观众的感官。这种以实物例证向观众表达深刻内涵和传送信息的方式，无论从人的生理机制或者认识过程来说，都会使观众感到亲切，易于接受和理解。博物馆的陈列不仅可以观赏，有些博物馆还可以亲手触摸，亲身体验。这是其他社会教育机构所无法比拟的。

二是博物馆的教育对象具有广泛性，是整个社会的广大成员。无论男女老少，无论何种民族或国籍，无论何种文化背景或受教育程度，从儿童到老年人，从一般群众到特殊人群，从团体观众到外国旅游者，博物馆都向他们敞开大门。人们可以自由地出入各个陈列室，通过参观吸取科学文化知识,获得理想情操和审美情趣的熏陶。

三是博物馆的教育内容具有多样性。从社会历史到自然生态,从艺术到科学,从古老的石器到宇宙飞船,从中国民族文化到世界各民族的风俗,都可以在博物馆里得到反映。博物馆是一部立体的“百科全书”,实物的“图书馆”。它对少年儿童是一个充满新奇和引起幻想的天地,对成年人也是补充新知识、研究问题的好场所。

四是博物馆不仅传播知识,也是对人民群众,特别是广大青少年进行思想道德教育、传播社会主义精神文明的重要课堂。博物馆是国民教育的特殊资源和阵地,而陈列展览则是博物馆发挥教育这一首要功能的主要手段,是博物馆满足公众精神文化需求的最重要途径。陈列展览也是博物馆区别于其他教育机构发挥教育作用的特殊手段。与大、中、小学的正规教育不同,博物馆展览教育是非正规教育,主要通过实物展示形式传播思想、知识和文化,具有生动直观、参与互动、自主轻松、寓教于乐的特点;以自身鲜明的个性魅力和深厚的内涵吸引公众,成为公众特别是青少年感知历史、认识现在、探索未来的重要文化殿堂。

对博物馆来说,做好陈列展览不仅是博物馆经营的主要内容,而且关乎博物馆的教育使命和责任。因此,现代博物馆应该确立以展示教育为核心的博物馆经营新理念,增强为观众和社会服务的意识。

为了充分发挥知识传播和教育的作用,我国博物馆需要大力提升陈列展览的水平。为此,我国博物馆要积极探索和大胆创新,不断创新陈列展览的内容、形式、手段,增加陈列展览的文化知识内涵和科技含量,实现学术性、知识性与趣味性、观赏性的有机统一,实现题材、品种、风格和载体的丰富多样,充分体现博物馆文化的教育性、时代性、科学性,使陈列展览更具吸引力、感染力以吸引观众经常走进博物馆使我国博物馆成为公众流连忘返的文化园地,成为营造学习型社会的重要手段和途径。

(二)现代博物馆的展示理念

1.作为非正规教育的博物馆展示教育理念

博物馆不同于学校,是非正规教育机构。非正规教育是指在正式教育体制之外、针对特定学习对象的有组织、有学习目标的教育活动。必须强调的是,非正规教育绝非无学习目的、无学习计划的学习,只是和传统的普通学校教育相区别而言的。与正规教育相比,学习内容更加多样广泛,学习方式更加灵活,更重视自主学习、自愿学习、体验学习和同伴群体学习。

博物馆参观学习是非正规教育的重要形式之一。美国国家科学基金会将非正规学习定义为:"自愿且主动引导的终身学习,主要因本身兴趣、好奇心、探索、操作、幻想、任务达成、与社群互动等受到激发。非正规学习通常会牵涉到社群互动,尤其是与家庭成员和同伴团体的互动,其中更包含了玩耍这个因子。在博物馆中,非正规学习的发生主要透过计划性展示教育活动等方式。"作为非正规教育机构,博物馆服务国民教育具有独特的优势:一是教育对象具有广泛性,是整个社会的广大成员,无论男女老少,无论何种文化背景或受教育程度。二是以实物为载体,教育手段丰富多彩,强调亲身参与和互动体验,生动直观。博物馆展示教育要有别于应试的、程序化的学校教学。但事实上,我国博物馆展示教育,无论从理念还是方法和手段分析,离非正规教育的要求还很远。为了使博物馆成为名副其实的非正规教育机构,增强观众参观博物馆的兴趣和动力,必须按照如下非正规教育的理念、方式和方法来策划设计博物馆展览。

博物馆展览是学术、文化、思想与技术的集合。只有具有思想知识内涵、文化学术概念并符合现代人审美情趣的展览,才是成功的博物馆展览。用普通老百姓的话来讲,就是博物馆展览首先要看得懂,其次有意思并好看,最后要让观众留下印象和记忆。博物馆展览是为普通大众而设计的(尽管事实上不少展览只为学者、专家和收藏者而设计),是一种面向受众的传媒,因此,要想让观众喜欢展览,展览的策划设计必须服从于受众的兴趣和需要(虽然事实上很多展览难以做到),必须把握住观众真正的关注点。观众期待博物馆展览提供给他们有特别意义的展示和体验。

博物馆展览是一种有关知识信息的传播媒介,必须有明确的传播目的。任何博物馆展览的设计首先必须明确传播目的——或是为了传播一种思想和观念,或是一段历史和一种文化,或是一个人物和事件,或是一种科学原理和知识。知识性和教育性是博物馆展览的核心和目的。博物馆展览是一种知识文化的传播,旨在向受众传达观念和思想、信息和知识、文化和艺术,促进知识和文化的交流和传播。因此,对博物馆展览来说,科学性和真实性是前提,趣味性和娱乐性是手段,而知识性是核心和目的。

博物馆展览是一种视觉和感观艺术。虽然展览传播的信息、知识和思想是理性的,但其表现的形式应该是感性的,要通过观众喜欢的视觉和感官元素与观众进行信息和知识的交流。除了娱乐性外,博物馆展览能给观众提供知识和信息,即要达到“感性进,理性出”的效果让观众在轻松愉悦中接受知识和教育。博物馆展览必须为观众创造愉快的体验,富有娱乐性是观众喜欢的博物馆体验。虽然知识性是博物馆展览的核心和目的,但不排斥博物馆展览的娱乐性。事实上,观众喜欢寓教于乐的博物馆展示,并且娱乐性通常占去观众博物馆体验的很大一部分。对普通观众来说,他们希望参观展览是一种愉快的体验。但博物馆不是游乐场,其娱乐性必须建立在真实性、科学性之上。

观众喜欢故事型的博物馆展览。现在观众获取知识、信息的方式与过去不同,他们已不再有耐心去接受所谓系统的、单调的知识传授,希望从故事和情节中去获得知识和信息。因此,博物馆展览要将“文物和史迹”“知识和信息”融入情节性、故事性之中,用说故事的技术组织展览的内容,进而达到展览与观众之间知识、观点、信息、感觉和价值的沟通。

参与互动是观众喜欢的体验。过去静态的展示通常以教条式的标签与观众对话,参与互动展示则是与观众对话。博物馆展览要从只能“看”的被动学习方式过渡参与互动提供给观众多样的参与互动体验。参与互动展示可以起到启发观众、鼓励观众去实践和探索的作用。为此,博物馆展览要特别安排一系列参与互动设计,旨在为观众塑造一个生动活泼、参与性强的参观学习环境,引导观众“耳听、眼看、手动、心跳”,赋予观众愉快的参观学习经验及更加宽广的想象空间。

观众喜欢从“动手做”中学习，喜欢探索式的展示。有别于学校教授式的教育，博物馆展览教育活动要让观众按照自己的意愿、依自己的方式去探索，要鼓励观众动手触摸、观察、操作，体验探索的乐趣，从而体验人文历史、传统技艺、生活形态、自然现象、科学原理，进而激发其想象与创作的潜力。好的展示是让观众用自己的方式去探索和发现。观众喜欢博物馆的示范表演式展示。博物馆展览要设置示范表演类项目，通过博物馆老师的示范表演，达到为观众解释文化、历史、艺术、工艺的发展或自然现象、科学原理的教育目的。观众喜欢临场逼真的体验。在博物馆展览中，用“真实再现”的手段“有根据地还原、重构”展品的使用环境和背景，如三维空间的实物造景、电脑三维影像虚拟、情景塑造或遗址复原。或让文字记载影像化，让观众有身临其境般的感动和震撼，给观众“进入历史事件的感觉”；或让遥远的人类历史或自然风貌得以重现，使观众有身临其境般的震撼与感动。观众喜欢有高科技辅助手段阐释的博物馆展览。在博物馆展览中，充分利用高科技手段增强展览的表现力度。采用多媒体、3D动画、虚拟现实、影像处理等高科技辅助系统，使展示手段突破传统的文字图片加说明的做法，强化展览信息的传播和交流，增强展览的参与性、交互性和趣味性。

2.博物馆展示阐释模式和方法

博物馆展览策划(展示阐释)有其内在的规律。在长期的博物馆展览策划实践中，美国博物馆探索和总结出一套被认为具有普遍指导意义的展览激励模式和阐释方法，对指导博物馆展览策划具有一定的参考价值。

(1)博物馆展览的激励模式

博物馆展览是一项集知识、文化、观念和情感为一体的大众传播工程。展览传播激励模式的意义如下。

第一，一个优秀的展览对观众要有吸引力。从主题、内容到表现形式都能激发观众对其产生好奇、引起关注、有参观兴趣，且喜欢看。这是通向观众发现展览传播意义的第一步。老一辈博物馆展览专家费钦生先生总结了博物馆展览的规律：一个好的展览要做到“龙头、凤尾、熊肚皮”。所谓“龙头”是说开篇要精彩,要能吸引住观众;“熊肚”是说展览要内容丰满、亮点闪烁;“凤尾”是说结尾要有高潮,要有回味。

第二,一个优秀的展览要能激发并保持观众持续参观的欲望。展览要通过一系列亮点和兴奋点的安排,或好玩有趣的参与体验式活动的设计和安排,调动观众的各种多重感官体验包括视觉、听觉、运动、触觉等,持续保持观众的参观欲望。这是通向观众发现展览传播意义的第二步。

第三,一个优秀的展览要对观众有教育意义。展览应当让观众得到学识与经验、知识与信息、情感与价值上的满足和收获。这是通向观众发现展览传播意义的第三步。

第四,一个优秀的展览要对观众产生观念和行为上的影响。即在吸引力和教育意义的基础上,能进一步引发观众的思考,影响观众的观点和思想,甚至实现超越,转变信念与态度,并且采取行动,最终实现博物馆展览的目的。

如果一个展览遵循以上展览传播激励模式来策划设计,或展览策划设计达到了上述展览传播激励模式的要求,那么,这个展览才可能成为一个优秀的博物馆展览。因此,在博物馆展览策划中,我们要依据这一展览传播激励模式来策划展览。

(2)博物馆展示阐释的四种模式

如果说展览传播激励模式相当于整个展览策划的技术路径,那么,展示阐释模式则是对于展览具体内容阐释和解读的思路。展示阐释是博物馆展览内容策划设计的主要内容。就博物馆展览而言,所谓展示阐释,通俗地讲:展示策划人基于教育学和传播学的目的,根据展览的传播目的,在对展览学术资料进行分析研究的基础上,将学术资料转化为大众传播文化产品,旨在与观众进行观点和思想、知识和信息、感觉和价值的沟通,满足观众的欣赏和知识需求。这是一个将学术问题通俗化、理性问题感性化、知识问题趣味化、复杂问题简单化的改变阐释过程。因此,展览策划者在展示阐释中,必须在阐释对象、阐释方法和观众需求之间找到契合点,建立最有效的阐释模式,这样才能达到预期的效果。

西方博物馆在长期的博物馆展示阐释实践和观众研究方面的成果表

明，根据观众的体验需求，可以将阐释类型大致分为四种模式。

第一种：审美型阐释。这种模式主要用于艺术品展示，阐释方法遵从就简原则，尽量减少其他辅助信息，让观众将注意力集中于展品本身。每件艺术品的说明都有严格规定，为观众提供的信息仅有标题、作者、创作日期、材质、捐赠者等最基本的信息，其目的在于减少信息干扰。

第二种：解析型阐释。这种模式主要用于对展品相关的历史文化背景或自然环境的阐释，包括这件展品的构造、用途、空间位置以及其他相关的文化的、技术的和自然的意义，还包括与之相关的物品之间的关系等。通过一定的历史或自然环境的重构、说明、图示、展品标签等信息载体，向观众解释展品背后的故事以及展品之间的关系。不仅让观众了解这件展品背后的文化或自然意义，而且更重要的是要让观众在众多的展品之间找到其相关性。

第三种：探索型阐释。探索型阐释的最大特点是无序性与自由性，鼓励观众自己去探索、发现。博物馆可以帮助观众根据自身兴趣打造独一无二的探索之旅。这种模式主要建立在观众对展品相关信息有一定了解的基础之上，通过启发、吸引和鼓励，激发观众探索和发现的欲望，鼓励观众动手触摸、观察、操作，达到体验人文历史、传统技艺、生活形态、自然现象、科学原理的目的。其通常通过“展示现象—发现问题—引起思考—探索揭秘”四个步骤实现。探索型阐释能让参观者从被动的信息接受者转向主动探索，激发观众的主观能动性和思考，从而体验探索的快乐。

第四种：交流型阐释。交流型阐释被认为是最有效的博物馆理解模式。除了传统意义上的交互式展示外，现代博物馆展览最注重的核心问题是人与人之间的交流。而这种交流绝不仅限于观众与导览人员之间的对话，而是博物馆致力于搭建一个更为广泛的交流平台。其中，包括观众与专家学者之间的交流、观众与展览策划人员之间的交流以及观众之间的相互交流。通过将大量的示范表演、专家对话、口述历史、视频采访等融入展览活动中，可以轻松实现上述的几种交流。经过人与人之间的对话，观众不仅可以通过一种更具亲和力的途径把握展览主题信息，也可以在交流过程中对相关问题进行更加深入的思考,从而达到知识和思想感情的升华,留下更加深刻的印象。

(3)博物馆展示阐释的方法

展示阐释方法则是在展示阐释模式下对展示内容阐释的具体方法。根据前人的经验,常见的展示阐释方法主要有以下几种。

展品的美学价值展示法。艺术类展览通常强调展品的美学价值,所以展览设计要特别关注的焦点是展品的外貌、形状、颜色、装饰与质感。要思考以下问题:单独展示还是与其他展品一起展示?展品与其他展品及其周围空间如何相关联?展品的位置与光线如何处理?如果强调的是展品的外貌,那么展品应该在合适的光线下被看见,而且要有足够的空间让人舒适地观赏。

展品的结构或功能揭示展示法。要解释展品是怎样制造的、用什么材料做的、各部分是如何组成的、怎么用的,方法一般为解剖其组成部分,模型,绘图辅助,鼓励观众操作,显示隐藏的元素等。此外,功能通常存在于照片、图示、互动与电子媒体、参与活动中,所以功能展示可以采用上述方式实现。

展品的历史关联性展示方法。如果一个展览要展示物品在过去的技术的或设计的发展,一般要有一个时间序列来说明历史关联。观众可以感觉到该物品历史发展的链接和变化的轨迹,比较出更多的不同。

展品的历史背景关联性展示方法。如果想要展示一件展品特定的社会的、文化的、自然的或历史的背景关联,那么环境的安置是最适合、最有诠释性的方法,其方法是通过模拟实景、情景塑造、栖息区群实景等。赋予声光电技术手段,能给观众带来身临其境般的感动和震撼。虽然这样的环境再制造难度大、成本高,占地也大,但可以使静态的展示戏剧化、生动化,对观众的影响力和感染力是很大的,如动物栖息区群、居住环境、作坊等。

自然现象的展示方法。自然或科学博物馆通常要展示各种自然现象,自然现象展示的方法一般为:呈现现象(必须显示出自然现象的效果,例如电力、光线、声音、地心吸引力、波浪等)—文字解释和指导—让观众多角度参与操作互动。为此，设计人员要决定传达的效果—选择传达的技术—设计—实验。

科学发明的展示方法。科技博物馆通常有大量科学原理和科学发明的展示，科学发明的展示方法一般为：展示科学原理—追溯最初的发现或发明—展示一项发明由最初设想到最终实用化的技术发展步骤—说明大规模工业生产的技术—说明其社会效果和影响。

参与互动展示法。静态的展示通常以教条式的标签与观众对话，参与互动展示则是直接与观众对话。所谓参与互动展示是指观众可以对展示做动作，展示也对观众的行为做出反应。参与互动展示的方式有动手做、把东西挪开看有什么东西藏在里面、捉迷藏（藏起来让观众找），复杂的有电脑与复杂的机械操作系统。参与式互动展示的规划原理一般为：显示现象—提供活动—让观众比较或对比，或呈现改变与说明过程。参与互动展示设计要点是：要有明确的沟通或传播目的——希望观众学到什么，要有清楚的沟通或传播概念，例如空气的流动、水的形成与变化，要清楚地阐述现象与原理之间的关系，例如用风车与空气动力的原理，参与式互动展示要容易使用和操作，要给观众提示如何使用和操作。观众通常对不知道或无法预期的事物感兴趣，好的展示是让观众用自己的方式去探索和发现。参与互动展示可以起到吸引观众、启发观众的兴趣、鼓励观众去实践和探索的作用，可以使博物馆展览更加生动活泼起来。目前越来越多的博物馆展览采用参与互动展示。参与互动展示在儿童博物馆和科学博物馆使用广泛，但也可以使用在历史和艺术博物馆中。

（三）博物馆展览的展示媒介

1.博物馆陈列展览的展示媒介

除了文物标本外，博物馆陈列展览集合了各种各样的艺术的、科学的辅助媒介，看似纷繁复杂，但纵观当代各类博物馆的陈列展览，其展示媒介不外乎如下五大类。

（1）文物标本

文物标本是博物馆陈列展览的主要展示媒介，是博物馆陈列展览的主角,是博物馆陈列展览区别于其他大众传媒的特点。任何辅助展品都不能替代文物标本的主导地位。如果离开了文物标本,博物馆陈列展览也就不能称之为博物馆陈列展览。

(2)文物标本复制品

文物标本复制品通常是博物馆陈列展览中的主要展示媒介之一。一般认为,在以审美为导向的文物艺术品展览中,强调用真品,不宜用复制品(如果用,必须注明),但在叙事型主题展览中,复制品作为一种有依据复制、还原和重构的展示媒介,主要起到信息传达媒介的作用,完全可以运用。

(3)图文版面

包括文字说明、照片、图表、图解及图片等。图文版面是博物馆陈列展览信息传达的主要媒介之一。

(4)辅助艺术品

包括灯箱、地图、模型、沙盘、景箱、场景、壁画、油画、漆画、半景画、雕塑、蜡像等。博物馆展示辅助艺术品与纯艺术创作不同,纯艺术创作更多的是艺术家思想、精神和情感的抒发,与艺术设计也不同,艺术设计多为环境设计。而博物馆展示辅助艺术品更多的则是一种知识、信息的传播媒介,因此,它们必须有扎实的学术支撑,是根据客观依据进行的再现、还原和重构。必须遵循"科学性和真实性是前提,知识性是核心和目的,趣味性和娱乐性是手段"的原则。

(5)新媒体和科技装置

包括多媒体、幻影成像、影片、视频、动画、声光电合成技术、仿真复原、观众参与装置等。新媒体和科技装置也是一种知识、信息的传播媒介,其演绎同样必须要有扎实的学术支撑,是有依据的再现、还原和重构;也必须遵循"科学性和真实性是前提,知识性是核心和目的,趣味性和娱乐性是手段"的原则。在博物馆展览策划设计中,策展人必须熟悉各类展示媒介的特点和功能,合理巧妙地应用各类展示媒介,并为各种辅助展品的创作提出要求和提供创作依据。否则,展览内容文本将因其不可操作性而难以作为展览形式设计和制作的蓝本。

2.常用的博物馆展示数字媒体

随着信息技术和数字媒体技术的运用日益普及，数字媒体技术已被广泛地运用到历史博物馆、科技馆、自然历史馆、纪念馆、遗址公园、艺术馆、水族馆、动物园以及游客中心等主题内容阐释机构的展示设计，以营造全新的观众参观体验。所谓数字媒体技术（Multimedia），是指利用计算机以数字化的方式将文本、动画、图形图像、音频和视频等多种媒体的优势集成在一起从而使计算机具有表现、处理、存储多种媒体信息的综合能力，更为直观和快捷且不受时间和空间影响的全新的数字媒体也很快出现在人们面前。

进入21世纪，数字媒体技术在我国博物馆展示中的使用越来越广泛。作为面向参观者的展示媒体技术平台，主要用于展览内容诠释，图片、影视、音响和文字数据处理，互动体验设计，触摸屏信息传播，音效环境，舞台灯光效果，多功能剧院，无线手持式互动装置（PDA），互动游戏，导览系统，远程互动教育和博物馆网络等。目前，应用于博物馆展览展示中的数字媒体技术主要有：音频技术、影像技术、数字媒体触摸屏技术、数字媒体场景合成技术、虚拟现实技术、全周全息幻像数字媒体、复合动态全息数字媒体、情景交互数字媒体、4D动感影院数字媒体、天象动感穹幕数字媒体以及数字媒体网络展示技术等。

（1）音频技术

音频技术是最基本的数字媒体技术，在博物馆中的应用很普遍。利用音效，不仅能为展示环境塑造特定的气氛，而且可以辅助和加强模拟场景的说服力。

（2）影像技术

即数字影像，包括静态和动态影像，作为博物馆展示中的一种辅助手段，可以起到弥补图文陈列中想象力不足的缺憾，加深观众的理解。

（3）数字媒体触摸屏技术

这是最简单、最有效的数字媒体人机交互手段。利用该技术，博物馆不仅可以为某个展项提供补充说明和详尽的资料，而且可以海量存储、集成、展示展览信息，观众可以根据需要进行浏览、查询、欣赏等。

(4)数字媒体场景合成技术

即把影像(动态和静态影像)的数字媒体技术融入展览中,将影像与文物或复原场景合为一体。运用这种技术,可以真实地再现所要表达的环境、细节、人物以及历史事件等无法用文字和图片表达的内容。

(5)虚拟现实技术

英文缩写为VR,就是通过数字三维对展示内容进行建模,制作成数字,媒体动画,通过视频或立体视频的形式进行播放,让早已消逝或难得一见的历史、自然或科学影像得以显现,辅以现代化的投影放映技术,给受众一种身临其境的感觉,VR技术具有强烈的"身临其境"的现场感。例如故宫博物院通过虚拟现实技术(VR),向观众展示了康乾盛世时期紫禁城建筑辉煌的景象。

(6)全周全息幻像数字媒体

通过文物激光三维扫描系统对真实文物进行三维数据扫描采集,数据采集后通过专门计算机系统处理,形成与真实文物完全一模一样的三维实体模型,将形成的文物三维实体模型通过全息幻像展示系统,观众会看到的将是与真实文物一模一样的实体展示,并且全息幻像所特有的神秘感效果将会深深吸引参观者的兴趣。对于博物馆中极其贵重的文物(出于文物保护的考虑,不可能一直放在展厅对公众展示的文物),采用全周全息幻像展示系统就很好地解决了"保护"和"展示"两方面的矛盾。

(7)复合动态全息数字媒体

主要原理是采用复杂的多面全息成像技术来实现不用戴眼镜的立体三维展示效果,特点:一是通过多角度光学全息透视成像原理,参观者无须佩戴立体眼镜即可体验到真实强烈的临场立体感效果。二是与在单一平面或弧面上产生的4D影院立体感效果比较而言,复合动态全息数字媒体展示技术因具备真实的内部立体进深空间舞台,表现出立体效果最具真实震撼的临场体验感。三是可实现多层次表现内容的复合动态展示,产生极其丰富多彩的视觉表现效果。

(8)情景交互数字媒体

情景交互数字媒体系统是近年来国际上新出现的应用在各种展览展示包括博物馆展览中的一种新型互动参与式的数字媒体展示形式。最大的特点是能将展陈主题与观众的互动参与结合起来,参观者通过与系统的互动交流,进一步加深对展示主题内容的认识和了解,从而留下难忘的印象。情景交互数字媒体系统的应用相当广泛,完全可以结合不同的博物馆展示主题进行相应的互动展示内容设计。

(9)动感仿真交互数字媒体

动感仿真交互数字媒体是一种交互参与体验型数字媒体技术。对于博物馆、科技馆、规划馆中某些特定的展陈设计,能够起到有相当吸引度的展示效果,交互参与体验型数字媒体技术能够超越展示现场空间及环境的约束限制来表现出特定设计的展陈主题。

(10)4D动感影院数字媒体

4D影院结合了环幕电影技术、现场声光电特技、动感座椅技术、同步控制技术、电影技术、多声道环绕音响技术等,使影片放映能够达到形象逼真的效果,刺激观众的视觉、听觉、触觉各个感官,营造出使人身临其境的整体效果,完美地表现出影片主题所涉及的环境、环境内的各种细节以及观众在特定环境内的感受。

(11)天象动感穹幕数字媒体

天象动感穹幕数字媒体是一种特殊的大型影院级数字媒体。数字媒体影院的观众厅为圆顶式结构,银幕布满整个半球,观众完全置身于整个球型银幕的包围之中,感觉银幕如同苍穹。影片播放时,整个画面视域范围可达180度,布满整个球体,在观众的视野范围内看不到银幕边缘。由于银幕影像大而清晰,自观众面前延至身后,且伴有立体声环音,使观众如同置身其间。如果再配合影片同步播放控制的动感平台,观众坐在动感平台上。随着影片播放到不同故事及不同场景情节时,感受到上下升降、左右倾斜、前俯后仰,就好似正搭乘着航天器遨游太空,正驾驶潜水器饱览海底世界的奇特景观。逼真的画面和平台载体的活动,让人不由自主地进入角色,造成十分真实和惊险刺激的特殊感觉。

（12）数字媒体网络展示技术

通过运用视频、音频以及强大的三维技术，将博物馆的馆藏以及研究、展示内容进行整合，配合各类学校的相关课程，制作成交互性的数字媒体演示系统等数字化教育资源，通过网络或其他数字化手段传播给各类受众，突破传统的陈列方式，创造最大限度的观众参与和主观能动性。远程教育是数字博物馆的一项主要功能。

3.数字媒体技术在博物馆展示中的功效

今天，数字媒体技术已成为现代博物馆展示中不可缺少的组成部分，合理巧妙地运用数字媒体技术，通常会起到事半功倍、画龙点睛的功效。不仅能梳理博物馆展览中纷杂的信息，而且能生动直观地阐释展品、表现展示内容，更加形象有效地传播展示信息；不仅能增强展示的表现力度，使展示手段突破传统的实物加文字、图片说明的做法，而且能强化信息的传播和交流；不仅能让文物生动起来，让历史的故事再现出来，为展示注入活力，而且能制造悬念，激起观众的参观兴趣；不仅能增强展示的生动性、参与性、交互性和趣味性，塑造一个生动活泼、参与性高的参观学习环境，而且能激发观众主动探索和学习，使观众的参观体验更加丰富多彩，还能让博物馆走出围墙，进行远程传播，将博物馆展览和教育活动延伸到更广阔的空间和更广泛的观众。

具体而言，数字媒体技术在博物馆展示中的功效有以下几个方面。

（1）利用媒体技术，全面展示展品信息

利用全周全息幻像数字媒体，即通过文物激光三维扫描系统对真实文物进行三维数据扫描采集，数据采集后通过专门计算机系统处理，形成与真实文物完全一模一样的三维实体模型，将形成的文物三维实体模型通过全息幻像展示系统，观众会看到的将是与真实文物一模一样的实体展示，并且全息幻像所特有的神秘感效果将会深深吸引参观者的兴趣，能让观众以全方位、多角度的方式观看展示内容。

（2）利用媒体技术，增强展示的细节表现

通过数字媒体技术虚拟解构大型文物，放大文物展品的特写部位，高清晰展示书画作品的笔触、印鉴等细微特征，让观众清楚地看到展品的纹理、描绘、雕刻等细节，较好地弥补实物展出不便近距离观察、展厅照明不足、缺乏足够细节的缺陷。如故宫博物院网站的书画展示，将高清扫描的书画展品通过网络呈现给观众，可以任意放大展品的指定部位，不仅能1∶1地展现书画原貌，还能对画面进行数倍地放大，展示效果远胜于在展厅的实物展示，可以说很好地解决了文物保护与展示之间的矛盾。

（3）利用触摸屏，海量存储和信息传递

传统展示中受展厅面积和空间局限无法或不便于展示的大量信息，可利用触摸屏海量存储和传递。同时，触摸屏提供灵活的方式帮助观众学习、浏览，使观众获得信息的方法更为直观简便。强大优势还在于能对观众的选择做出反应，从而能让观众积极地参与到展览中来。互动项目不仅要能够提供有深度的内容，必须保证观众在浏览屏幕的数秒内，触摸屏幕一两下以后就能清楚了解该项目所要表达的信息。触摸屏互动项目的设计可以满足儿童和成人的体验愿望。

（4）利用数字媒体技术，便于表现动态过程

数字媒体技术用来表现动态过程时具有明显、直观的特点。比如对工艺品工艺流程的展示，依靠文物和图版、模型很难清楚地表达制造过程，而利用数字媒体影像或三维动画则可以更好地实现传播目的，使观众一望可知。又如展示一些事物的变化过程（历史变化、生态变化、城市变迁等）都可以通过数字媒体技术得到更好的过程变化呈现。

（5）利用媒体技术，可帮助观众更加形象生动地获取传播信息

媒体技术可以帮助观众更加形象生动地获取传播信息，是现代博物馆展览设计师采用的最有效的展示方式之一。参观博物馆是一个耗费体力和脑力的体验过程，必须考虑观众在参观过程中的生理和心理状况变化规律。合理运用媒体展示技术可以减少观众的疲劳感，使展览生动有趣，更具节奏、韵律和戏剧效果，从而创造高质量的观众学习体验氛围。

（6）利用媒体解读展览主题

忠实于展览内容的媒体技术应用能使展览主题更明确，信息传播更

有效，展览故事线更丰富，为参观者营造全方位、浸入式体验环境。媒体在应用了影视、互动、动画、声效等动态元素后，通常能够比平面和静态场景表现更多层次的内容，展现更丰富的内涵。媒体技术还可以很好地解决诸如多语言环境、延伸观众参观前后的体验、对观众进行持续教育等问题。

(7)利用媒体创造多种感官的信息传播

与单一视觉传播的传统展示相比，采用数字媒体技术可以将原本较为单调、枯燥的展示信息，通过音频、视频、游戏等表现手法进行表现，通过视觉以外的听觉、触觉、体感等其他感官来传达更丰富的展示信息，使展示不再仅仅局限于“看”，而是一个可看、可听、可触摸、可感受的展示从而创造多种感官的信息传播，达到寓教于乐的目的。

(8)利用音效为展览注入活力

环境音效能对观众的参观体验产生强大的震撼力。声音是重要的信息传递者，如果制作得当、使用合理，让音效主动与观众的行为产生互动，大大增强展览环境的感染力激发观众的历史时空感，使故事再现，给观众如临其境的体验效果。

(9)通过影片讲述故事

博物馆影视节目可以创造意想不到的环境声效和视觉效果，使展览故事线更为生动形象、栩栩如生，观众可置身于活历史的氛围，增强展览的真实感。馆内的影院有封闭式、情景式和安排在游客参观路线上的开放式。成功的博物馆影视节目制作的首要前提是必须对内容进行充分的解读。

(10)利用剧院环境，丰富观众的参观体验

封闭式的剧院环境可以让观众坐下来，边休息边体验2D、3D、4D或者情景式影片的单向信息传播方式，非常方便地提升展览的广度和深度。封闭剧院环境还可以利用其装备完善的舞台、灯光和声效，使观众仿佛置身于另外一个世界，相对于传统媒体展示中的仿真场景，剧院能给观众更加丰富、更加真实的观展体验，从而使参观者留下深刻的印象。

(11)手持式互动装置(PDA),增强观众的体验感受

手持互动装置可以很方便地调用相关媒体出现在合适的互动装置上。这种方式给讲解员提供了一个强有力的工具,帮助他们为参观者提供更加亲切的体验感受。无线PDA也可以结合各种馆内影院环境,使得本来单向的影视播放变成互动的交流节目。用PDA控制现场摄像机镜头;用PDA辅助动物饲养员向游客讲解动物习性和故事;展区巡视时通过PDA调用博物馆运营支撑系统数据;在展区现场通过PDA调控灯光、声像效果。

(12)倾听观众心声

展览应该允许观众提出自己的看法,得出自己的结论。在互动亭设置录像装置,让观众录制自己的观点看法,他们对展览的评价会比纸质的问卷调查更加认真客观。屏幕上可以提供软键盘,游客可以输入邮件地址,将参观过的感兴趣的内容发给好友或者自己。观众更愿意接收来自馆方的公告和展览信息,馆方借此延伸影响力,并达到持续教育的目的。

(13)运用互动游戏增强学习体验

寓教于乐是促进学习行之有效的方法,互动游戏在展览中起着越来越重要的作用。卡通人物和动漫容易引起观众尤其是孩子们的兴趣,激发他们的想象力和参与的热情。让各年龄段观众通过触摸屏同时参与互动游戏,鼓励集体参与和互动,实现观众与观众、观众与展品的对话交流。

(14)利用媒体技术管理展区

媒体技术可以有效地展示博物馆资助者的信息,还便于馆员及时更新内容。博物馆可在捐赠纪念墙上垂直排放一组大型触摸屏,滚动显示包括个人和组织捐赠者的名字、标志、地址、联系方式,甚至统一制作的介绍短片。也可以提供链接,将观众引导到博物馆网站以获得更多相关捐赠者或捐赠机构的详细信息。在网站或展览中显示企业标志和相关信息,可以提升赞助单位的公益形象,激励企业和机构赞助。此外,媒体技术还越来越多地起到导览的作用,比如博物馆内的方向指示、售(领)

票和信息公告等。

(15)利用数字媒体和网络技术,延伸在线服务

网站可以在博物馆推广阶段起到很好的提升知名度的作用。预览博物馆建设规划不但可以提升其在网络社区中的认知度,还有可能筹集到个人和机构赞助。博物馆对外开放后,网站还可以作为它的在线延伸。网站可以为学校提供方便,鼓励他们将博物馆作为课堂或远程教育的一部分,从而更深层次地发掘博物馆的教育功能,同时还能培养一批忠实观众。通过网络还可以实现对参观者信息的收集整理,观众可以注册成为博物馆会员。馆方则可以通过博物馆在线新闻或其他电子形式,保持与观众的联系。

4.数字媒体技术在博物馆展示中的合理应用

博物馆展示中任何一种新技术的引入,都需要进行转化和适应,以符合展示的需要。就数字媒体技术而言,除了展示设计师要了解各种数字媒体技术的功能、表现能力和效果外,关键是要真正谙通数字媒体技术在博物馆展示中应用的基本原则和要求,才能将数字媒体技术恰好地融入展示中,发挥数字媒体技术对展览的辅助作用和阐释作用。任何数字媒体手段在博物馆展示中的应用都需要有充分的理由数字媒体作为展示的一种辅助手段,不能取代文物展品的主导地位。只有在文物展品不能充分有效传达信息的时候,才可以考虑数字媒体手段。

数字媒体技术的应用要恰当,要贯彻“功能第一”的原则数字媒体手段多样,其表现能力和效果也各不相同。要根据特定的内容、对象、场合选择最恰当的数字媒体手段,恰当的才是最好的。所谓恰当,即要以最能表现或传播展示的内容为标准。数字媒体技术并非越先进、越昂贵就越好。数字媒体技术必须服务和服从于展览主题和内容传播的需要数字媒体技术作为展示的一种形式表现手段,必须以内容解读为基础,要起到准确、完整和生动地传播展览主题和内容的作用,脱离展示内容的数字媒体技术应用通常会产生适得其反的效果,不能为技术而技术,不能以技术玩花架子。

“数字媒体技术”不等于“高新科技”。事实上,许多数字媒体硬件设

备和软件制作技巧都已经很成熟。不论是硬件产物(如触摸屏、投影仪或等离子屏)或软件产品(如互动软件、影片或声效),都要采用成熟的产品并进行合理的整合。数字媒体技术在博物馆展示中应用的关键是如何合理转化和应用,即要充分理解各种数字媒体技术的功能、表现能力、效果和运用法则,科学地应用数字媒体的软硬件。数字媒体展项的设计制作必须坚持科学严谨的原则,必须有客观真实的学术研究和形象资料作支撑。展示的内容必须真实和科学,要准确、完整、生动地表达所要传播的知识,而不可臆造。博物馆展览是学术、文化、思想与技术的集合,学术研究资料和展品形象资料是设计、制作数字媒体展项的学术依据。数字媒体展项设计人员须与学术专家进行充分沟通交流,真正将科技手段和展览内容有机融合,而不能凭个人的想象任意演绎和创造。

传播内容是数字媒体展项的核心。数字媒体技术的应用必须以内容解读为基础。博物馆展览传播的是经过筛选和加工过的知识,因此,数字媒体展项内容的取舍、编排和策划,既要满足展览传播的需要,又要适应观众的需求;既要考虑到展项内容必要的知识点和信息点,同时也要照顾到展项内容的系统性、通俗性、生动性和趣味性,以适应普通观众的参观习惯和审美情趣。脱离展示内容的数字媒体会造成截然相反的体验效果并造成“信息骚扰”。

数字媒体展示的软件开发和制作要精细,兼顾展示的生动性、趣味性、参与性、互动性、体验性,充分发挥数字媒体的优势,为观众提供全方位的感官体验。形式表现要新奇,创意构思要新颖独特,软件系统结构设计和安排要巧妙合理。一方面要确保数字媒体展项有效传达展示的信息,方便普通观众操作利用;另一方面要具备趣味性、情节性和生动性,起到启示、吸引和鼓励普通观众参与的作用。

数字媒体展示的规划要与展示环境协调,要符合观众参观习惯,例如对展示中比较突兀的数字媒体设备外观应当做好隐蔽工程,对显示屏和触控屏的设置要合理,显示屏安装位置应当在目标观众的视平线上下,采取垂直或略微倾斜的角度直接面向观众;触控屏应该便于观众用手操作,安装位置应当在目标观众的腰部以上肩部以下便于用手操作的位置,采取水平放置或略向上倾斜的角度。在互动操作方式的设置上,应当采取比较通行的人机交互模式,在进行点击、滑动、拖拽等操作时,能够符合观众所预期的互动效果。

数字媒体展示的技术和设备要稳定、可靠、质优,维护方便经济选择使用新媒体技术时,要确保其安全性、稳定性。新技术很容易吸引眼球,但最新的、未经实践证明的新技术通常存在较大的风险,不宜贸然使用。此外,各种设备、数据库、集成系统的维护、更新要相对便利和经济。选择使用新媒体技术时必须注意与现有平台的兼容性,具备进一步更新、替换的能力。前期的软硬件构架必须考虑到适应未来的展示技术,提供必要的可扩展性,否则,经常会出现由于兼容性和通信协议的问题,在开通了新技术装置后导致其他设备整体“罢工”。此外,数字媒体平台要有一定的内容可扩充性,以满足适时更新与补充的需求。

数字媒体展示技术的使用,必须考虑综合成本以及博物馆方经济投入的承受力,数字媒体展示技术固然吸引观众眼球,但是过高的投入和维护成本会导致其他展项的预算大幅缩水,而且通常会给后期管理造成负担。因此,在数字媒体展示技术的选用上,要综合考虑性价比,应选择经久耐用的数字媒体装置。花费高昂的数字媒体展示技术未必是最佳的选择,何况媒体技术的更新换代非常快。要确保展项使用中的安全性。例如设备使用中的强电、液压装置、动力系统、机械设备、观众防护设施(动感设备的安全带、安全杠等)要做到安全合理的设计与设置,并采取多重保护措施,消除观众人身安全的隐患。

在博物馆展示中,除了遵循上述数字媒体应用原则外,还要注意如下事项:①数字媒体展项设计开发要有充分的时间保证博物馆数字媒体展项设计开发步骤繁杂,包括学术资料的研究、形象资料搜集选择、内容策划、形式设计、软件开发、空间规划、论证、制作、安装、调试,通常需要较长时间。为了保障数字媒体展项的成功,必须要给数字媒体展项的设计开发以充分的时间保障。②数字媒体展项设计开发要有较充分的资金保证作为技术和艺术的结合,数字媒体展项的造价,无论人力成本还是设备成本通常都比较高。要保障数字媒体展项的质量,必须要有较充分的资金保证。③要建立完备的保养维护体系与传统展示不同，数字媒体展示设备需要经常进行维护保养。因此在设计中需要考虑吊装设备、隐蔽设备的日常检修途径。在有条件使用智能化中控系统的展览中，可利用中控系统生成系统工作日志、统计投影机灯泡的使用时间、实现设备远程检测及故障报警等功能。④数字媒体展示技术的使用必须考虑供应商的稳定性持续的技术升级和可靠的后续服务应是选择供应商的主要标准之一。

5. 主要数字媒体技术应用及其功效

(1)显示屏或触控屏技术

应用对象主要是指博物馆展示中那些传统媒体不能达到信息传播的理想效果的文字和影像资料。主要有以下几种情况。第一，传统图版无法容纳的海量信息。当博物馆展示中需要向观众提供大量的深度信息而使用传统图文版会占用较大面积并影响展厅美观时，可利用数字媒体平台进行循环播放或由观众自主点播浏览。既可节约展示空间，又实现了传播目的。第二，需要实时动态展示的内容。有些内容的展示是实时动态的，比如与展厅内的观众进行视频互动，或者实时传送其他画面。如上海科技馆的“动物世界”展示中，为了让观众了解到我国不同地域丰富多彩的动物资源，就通过摄像机实时将南汇和西双版纳等地的画面传送到显示屏上，便于观众了解。第三，动态内容的表达。在展示中经常需要用到视频资料或者是动画内容进行补充说明，而实物和图版一般不能展示动态的内容，因此可以通过各种影像系统进行展示。第四，需要观众参与互动。博物馆展示中，为了便于观众查询信息、获得观众的反馈、增强展示的趣味性，可以适当地设置交互式的查询系统、互动游戏或展项操控装置，让观众与展项进行互动。

触控屏也是一种交互式的显示屏，其输入与输出都在同一块屏幕上完成，不需要额外的输入设备，比较直观易用。触控屏通过感应观众对显示屏的触摸、滑动等手势，来控制显示屏的显示内容。目前常见的触控屏有三种：一是电阻式触控屏，二是红外触控屏，三是电容式触控屏。电阻式触控屏需要给予屏幕表面一定压力，且随使用时间增长而会逐渐产生偏差,一般用于简单的单点点击式交互。红外触控屏依靠屏幕边缘的红外感应设施来侦测输入,但解析度较差,并且因为在四边加装红外感应器使边框必须高于屏幕,影响展示美观。电容式触控屏可以支持精度较高的输入,因为近年苹果公司在其手持设备中的大量使用而得到大规模推广,其优点是支持较高的屏幕解析度和输入精度,触点无须校准,缺点是屏幕大小受到限制很难做到像红外触控屏一样应用于大尺寸的显示器。在具体展示中要根据展厅环境、展示内容、操作方式来选择使用哪一种触控屏,不可一概而论。

显示屏是博物馆展示中最为常用的数字媒介,按其功能可分为交互式与非交互式的,其实现技术有CRT、LCD、LED等。显示屏在展示中的使用可以部分替代展板和说明牌,可以提供深度信息发掘,可以演示动态画面,在特定条件下,还可以实现展示所需要的艺术效果。CRT显示屏使用阴极射线管技术,造价低廉,但体积相对较大,对展示空间有一定要求。LCD显示屏使用液晶技术,体积小,重量轻,目前在博物馆展示中使用较为普遍。LED显示屏使用发光二极管技术,显示清晰度和色彩远逊于前两者,一般用于文字内容的显示或者呈现艺术效果,如电子公告板等。在大面积展示中,LED技术不受显示尺寸的限制理论上可以满足任何大型室内展示的需求,如美国拉斯维加斯FremontSt的天幕展示VivaVision就使用了超过1200万个LED发光二极管,显示区域覆盖了长达460米的街道范围。而CRT和LCD显示屏单屏尺寸目前最大不超过200英寸,也很难通过无缝拼接实现较大面积的展示需求。此外还有等离子显示屏、背投式显示屏等,但由于技术限制、造价等原因,在博物馆展示中很少使用,此不详述。交互式显示屏是指显示屏外附加一个输入装置,如鼠标、按钮、红外侦测器、触摸膜、摄像头等设备,通过观众的操作或动作来控制显示的内容。博物馆展示中比较常见的有"电子翻书",即通过红外侦测器感应观众的翻书手势,控制屏幕上的书页翻动。

(2)数字投影系统

应用对象主要是指博物馆展示中那些需要动态表达的内容、实时动态展示的内容。博物馆展示中那些视频资料或者需要动画展示的内容,可以通过各种影像投影系统进行展示。博物馆展示中那些需要实时传送的视频资料或与展厅内观众进行视频互动的内容,可以通过各种影像投影系统进行展示。投影系统种类繁多,根据反射表面的不同,可分为平面投影、沙盘投影、雾幕投影、纱幕投影、幻影成像(包括金字塔式幻影成像)、弧幕投影、穹幕投影、球幕投影(又分内球幕和外球幕)、折幕投影、地幕投影等,按成像方式的不同,又可分为二维投影、三维投影。沙盘投影可以将动态的影像投射到地形沙盘之上,可以直观地表现地貌变迁、动态地理信息以及与地形有关的历史事件。幻影成像技术可以利用镜面反射和观众的视错觉将影像投射到事先搭建的实景模型之中,静态的实景模型与动态的影像画面相结合,给观众以亦真亦幻的视觉体验。如宁波博物馆的宋元明州港展示中,在搭建的古代港口实景和塑像中,利用幻影成像技术将动态影像和实景相结合,生动地再现了古代明州港的繁华景象。金字塔式幻影成像系统是用多个投影仪或其他显示设备投射到反射介质上所呈现的画面展示出立体效果的影像,观众可以从周围的各个角度进行观赏,一般用于单个物体的三维展示。穹幕投影即以接近半球面的穹顶为投影面进行投影,比较适于展示太空、天空及天象有关的内容,如中国科技馆、上海科技馆、北京天文馆的穹幕影院以及一些场馆中采用的小型穹幕投影。三维投影一般使用两台(组)投影仪分别投影对应人左右眼看到的画面,观众通过偏振眼镜、红蓝眼镜观看,可以产生逼真的三维空间感。近年来随着技术发展,亦可以使用单个投影机的时序播放配合主动式快门眼镜来实现三维效果。

此外如弧幕投影、折幕投影、地幕投影都是通过投影技术的不同表现来实现不同的效果,弧幕和折幕一般可使用投影拼接方式来扩大影像的可视角度,增强沉浸感。地幕投影则直接将影像投射到地面,还可以结合影像侦测与观众的位置和运动发生互动。

(3)全周全息幻像数字媒体

全周全息幻像展示系统是当前国际上广受欢迎的用于展览展示及博物馆展示的新型多媒体展示技术手段之一。对于那些极其贵重的文物展示来说,全周全息幻像展示系统是一种相当理想的展示手段。博物馆中极其贵重的文物，出于文物保护的考虑是不可能一直放在展厅对公众展示的，“文物保护”和“公众展示”两者之间的矛盾通常使博物馆处于两难境地。而全周全息幻像展示系统这种新型多媒体展示手段则可以很好地解决“保护”和“展示”之间的矛盾，通过文物激光三维扫描系统对真实文物进行三维数据扫描采集，数据采集后通过专门计算机系统处理，形成与真实文物完全一模一样的三维实体模型，将形成的文物三维实体模型通过全息幻像展示系统展示，观众会看到的将是与真实文物一模一样的实体展示，并且全息幻像所特有的，神秘感效果将会深深吸引参观者的兴趣。全周全息幻像多媒体展示系统不仅运用于博物馆展示领域，在企业的产品形象宣传展示场合有着更广泛的应用。

(4)复合动态全息数字媒体

复合动态全息多媒体展示技术是当今全球最先进的多媒体展示技术，其主要原理是采用复杂的多面全息成像技术实现不用戴眼镜的立体三维展示效果，并且展示区域大小可根据现场环境做可大可小的灵活设置。它所具有的这些独特优点，使其成为当今全球最受欢迎的高新多媒体展示技术。世界500强企业、全球知名的科研机构、大型博物馆、科技馆、政府组织每年的大型展示活动中都广泛采用到这门技术。通过多角度光学全息透视成像原理，参观者无须佩戴立体眼镜即可体验到真实强烈的临场立体感效果。

与在单一平面或弧面上产生的4D影院立体感效果比较而言，复合动态全息多媒体展示技术因具备真实的内部立体进深空间舞台，其表现出的立体效果最具真实震撼的临场体验感。可实现多层次表现内容的复合动态展示，产生极其丰富多彩的视觉表现效果。例如，可利用复合动态全息多媒体展示技术对郑和下西洋时的不同古船的构造在观众面前进行立体的360度全息动态细节展示，而与此同时相应的复合背景层则展现出郑和下西洋时的庞大船队在波澜壮阔的大海上远航的宏大场面，视觉展示效果使观众产生强烈的身临其境般的真实感受体验。

展示区域大小能够根据特殊空间环境进行相应的灵活设置，展示区域及展示成像大小不受限制。在空间大小满足条件的情况下，可实现更胜于4D影院效果的全息影院。展示内容形式丰富多样,可配合不同的展陈主题做多种不同表现形式的内容展示,包括视频、照片、图纸、动画、效果图、影视特效等。同时展示外在形式可配合现场环境做到灵活巧妙的有机融合。

(5)虚拟现实技术

应用对象主要是指博物馆展示中各种需要重构的历史场景或自然场景。在博物馆展示中通常需要对已经消失的历史或自然场景进行再现性的展示,但通常博物馆的藏品条件不足以再现历史或自然场景。比如自然博物馆中对某一历史时期生态景观的展现,可利用的藏品只是动植物的化石标本,在漫长的历史演化进程中已经被固化到一块块石头的碎片之中。又如对某一历史场景的再现,博物馆的藏品通常只是当时遗留下来的部分物品,或者是反映当时场景的艺术作品,不能全面地反映历史原貌。为了增强展示的直观性、生动性、体验性,需要通过数字媒体技术来进行一定程度的复原与再现,使已经消失的场景能够栩栩如生地呈现在观众面前。

虚拟现实技术(Virtual Reality)英文缩写为VR,融合了数字图像处理、计算机图形学、数字媒体技术、传感器技术等多个信息技术为一体的技术。通过数字三维对展示内容进行建模,制作成数字媒体动画通过视频或立体视频的形式进行播放,让早已消逝或难得一见的历史、自然或科学影像得以显现辅以现代化的投影放映技术,给受众一种身临其境的感觉,VR技术具有强烈的“身临其境”临场感、友好亲切的人机交互性、引人想象的多感知性和虚拟现实世界的自主性。VR技术分虚拟实境(景)技术(如虚拟游览实体博物馆)与虚拟虚境(景)技术(如复原生成阿房宫、圆明园等已经湮灭了的建筑构建尚未发掘的秦始皇陵等)两大类。

(6)情景交互数字媒体

在传统博物馆的展示中,通过独立的工坊提供给观众动手操作和体验如陶瓷作坊、玻璃作坊等。但是这些作坊的工作环境通常与博物馆的展示环境不相协调,与文物和观众安全产生一定冲突。目前,情景交互数字媒体系统应用相当广泛,完全可以结合不同的博物馆展示主题进行相应的互动展示内容设计。

情景交互多媒体系统是近年来国际上新出现的应用在展览展示及博物馆展示中的一种新型互动参与式的数字多媒体展示形式，其最大特点是能将展陈主题与观众的互动参与结合起来，参观者通过与系统的互动交流，强烈吸引参观者的兴趣，进一步加深对展示主题内容的认识和了解，给参与者留下难忘的印象。同时，情景交互多媒体系统其内容本身完全可以配合博物馆及各类型的展览展示活动的不同展示主题而方便地进行相应调整，具有广泛而灵活的适用性。

情景交互多媒体系统应用相当广泛，完全可以结合不同的博物馆展示主题进行相应的互动展示内容设计。比如，结合某个考古文物，我们可以设计如下互动交互展示内容："一片广漠的沙漠，参观者从沙漠上走过，沙尘拂去，出现埋藏于沙漠中的文物宝藏。"再如，对于远古自然环境展示，可以设计如下互动交互展示内容："在一片水中，参观者用手划水或用脚踏入水中，看到不同远古世纪的鱼类绕着游动。"由于情景交互多媒体系统能方便而广泛地适用于多种不同的主题展示，其自出现以来就成为不同类型的展示活动及博物馆最受欢迎的新型多媒体展示形式之一。

(7)动感仿真交互数字媒体

动感仿真交互数字媒体是一种交互参与体验型数字媒体技术，适用于博物馆、科技馆、规划馆中那些特定的展陈设计既有情景又能仿真互动的项目。这种交互参与体验型数字媒体技术能够超越展示现场空间及环境的约束限制来表现出特定设计的展陈主题，能够起到有相当吸引力的展示效果。例如中国科技馆的古代楼车展示，通过实物模型和图版的展示可以让观众了解楼车的外形、结构和使用方式，但是很难展现楼车的作用和实际操作的过程。通过这种技术的应用，可以让观众也亲身体会一下操作楼车的感觉，体验古代农民劳作的情景。博物馆中的"动感轮船""动感矿车"，规划馆中的"未来城市漫游"，科技馆中的"太空遨游""深海探险"列车的操控、探测车的驾驶、机械设备的使用等诸如此类的展陈主题，动感仿真交互数字媒体技术无疑是最为适合的展陈手段，这种展陈手段强烈吸引并调动起观众的参与兴趣,在互动的参与中使观众对展陈主题的内容留下深刻印象。

以“未来城市开车漫游”为例,详细说明动感仿真交互多媒体技术可实现的效果。第一,可实现车行与飞行两种模拟游览效果。第二,可真实模拟驾车游览的感受:①方向盘左右转,相应的游览场景也左右转,感受如同真实驾车游览;②踩油门模拟游览速度加快,感受如同真实驾车踩油门加速的感受;③踩刹车模拟游览停止,感受如同真实驾车踩刹车停止的感受;④可模拟真实驾车时不同挡位的驾车模式,高档高速,低档低速还可实现倒挡倒车行驶;⑤可模拟车行游览时的不同观看角度(抬头仰视等)。

可模拟从空中飞行游览的感受:①可从陆地车行模拟状态改为飞行俯瞰游览状态,反之也可从飞行俯瞰游览状态改为陆地车行模拟状态;②飞行模拟中可随意上升和下降高度;③飞行模拟中可随意改变视角;④飞行模拟中可随意改变游览速度。可预先设置游览参数(速度、档位、视角及背景音乐等)

(8)4D影院

可用于演绎历史故事和自然现象。在传统媒体手段的展示中,博物馆只能用文物、图表、文字、画面、造型向观众传达历史遗留的点滴信息,而不能表现一次重要的历史事件、一个自然现象的动态的历史过程。而多功能影院能做到对一次历史故事和一种自然现象完整、丰富、生动的呈现。

4D影院结合了环幕电影技术、现场声光电特技技术、动感座椅技术、同步控制技术、电影技术、多声道环绕音响技术等多种技术,使影片放映能够达到形象逼真的效果,刺激观众的视觉、听觉、触觉各个感官,营造出使人身临其境的整体效果,完美地表现出影片主题所涉及的环境、环境内的各种细节以及观众在特定环境内的感觉,表现出动感。

4D影院是从传统的立体影院基础上发展而来的,相比较于其他类型影院,具有主题突出、科技含量高、效果逼真、画面冲击性强等特点和优势。随着影视娱乐技术的发展和娱乐市场的需求,人们不仅将震动、坠落、吹风、喷水、挠痒、扫腿等特技引入3D影院;还根据影片的情景精心设计出烟雾、雨、光电、气泡、气味等效果,形成了一种独特的体验,这就是当今十分流行的4D影院。由于观众在观看4D影片时能够获得视觉、听觉、触觉、嗅觉等全方位感受,近年来4D影院的发展非常迅猛。

4D影院中的所谓4D即是指在普通的电影基础上加上环境特效模拟仿真在4D影院的环境特效模拟仿真中,主要分为两大类的环境模拟仿真。一类是对自然环境的模拟仿真,即观众在看电影时,随着影视内容情节的变化,可实时感受到风暴、雷电、下雨、撞击、喷洒水雾等身边所发生的与影像对应的事件,环境模拟仿真是通过影院内安装有下雪、下雨、闪电、烟雾等特效设备配合影片情节的变化而营造一种与影片内容相一致的模拟环境。另一类是动感特效仿真,即对影片中出现的自然界中的风、水等效果及生活中比较常见的震动、坠落等运动进行模拟,这些特技通过特殊控制系统与影片中的情节进行配合,使观众在观看影片时有身临其境的坠落、震动、吹风、淋雨等感受。

4D影院由银幕、影片、偏振光眼镜、4D特技座椅、数字音响系统、计算机控制系统等构成。因此,对建筑空间规划、银幕、影片、4D特技座椅、数字音响系统、计算机控制系统等都有严格要求,必须在建筑设计时提出明确的任务需求,否则难以在既有空间中部署。影院设计的一般标准应该符合我国相关法律法规要求与规定。

(9)天象动感穹幕多媒体影院

穹幕的出现最早是用于天文天象模拟方面。由于地球公转,一年四季天上的星斗不停变化,使得当时的天文学习及研究受到时间的局限。传统穹幕影片制作受其本身所具有的拍摄和制作难度及成本高昂的局限,其展示内容基本上还都仅局限于天文天象的内容展示方面,在其他方面还很难看到广泛的普及应用,这是由于传统穹幕影片制作具有的特殊难度所决定的。而穹幕本身高度沉浸的体验效果又吸引着博物馆、展览展示馆、教育培训、工业设计等机构,希望能将穹幕多媒体引入它们自身的领域中并得到普及应用。

天象动感穹幕多媒体是一种特殊的大型影院级多媒体。多媒体影院的观众厅为圆顶式结构，银幕布满整个半球，观众完全置身于整个球型银幕的包围之中，感觉银幕如同苍穹。影片播放时，整个画面视域范围可达180度，布满整个球体，在观众的视野范围内看不到银幕边缘。由于银幕影像大而清晰，自观众面前延至身后，且伴有立体声环音，使观众如置身其间。按照视觉理论，人的视域范围一旦超过150度，就会产生身临其境的错觉，因此，这种多媒体类型的沉浸效果非常强烈，并且可脱离立体眼镜和头盔，产生立体视觉。

如果再配合影片同步播放控制的动感平台，观众坐在动感平台上，随着影片播放到不同故事及不同场景情节时，感受到上下升降，左右倾斜，前俯后仰，就好似正搭乘着航天器遨游太空，正驾驶潜水器饱览海底世界的奇特景象。逼真的画面和平台载体的活动，让人不由自主地进入角色，造成十分真实和惊险刺激的特殊感受。天象动感穹幕影院对建筑空间规划、银幕、影片、数字音响系统、计算机控制系统等都有严格要求，因其对建筑空间有严格的要求，必须在建筑设计时提出明确的任务需求，否则难以在既有空间中部署。影院设计的一般标准应该符合我国相关规定与要求。

(10)数字导览

展示自助导览技术发展至今已有半个多世纪，随着科技的不断发展，导览技术与方式也推陈出新，经历了多次升级换代，应用于博物馆观众的自主参观导览。但新技术的发明和推广并不一定意味着对原有技术的替代，根据展示特性和观众习惯，可以使用不同的导览技术。根据导览方式的不同，可以粗略地分为三个技术时代。

第一，纯语音导览。从20世纪60年代开始，博物馆就尝试使用录音磁带与调频广播技术为观众提供语音导览服务。进入数字媒体时代后，博物馆普遍采用了数字方式存储(如MP3制式)的语音导览设备，使语音导览机更加轻巧，便于携带。上海博物馆的手持式语音导览器、使用了中、英、日、法等多国语言为观众详细介绍展厅中的展品，是目前博物馆中使用最普遍的一种方式。

第二，多媒体导览。20世纪90年代，多媒体技术得到长足的进展，融合了音频、图像、文字、视频等多媒体内容的导览设备开始在博物馆得到应用。与纯语音导览相比，多媒体导览能够提供更为全面的信息，但是也分散了观众的视觉注意力，加之技术尚不完善，给观众的体验感较差，这种类型的导览并未能够形成规模。

第三，交互式导览。最近几年，欧美一些博物馆已经开发出可以在通用移动计算平台（如智能手机、平板电脑）上使用的导览软件，使观众无须租赁专门的导览设备，即可使用自己的移动设备进行导览。观众还可以利用移动设备的地理定位和摄像头功能与展示进行交互，实现AR（增强现实）的效果，及时对展示进行反馈，或者与其他观众进行互动。如中国国家博物馆的手机导览，通过三星智能手机平台，提供展示的深度解读。交互式导览目前已经成为展示导览的新趋势，具有广阔的发展前景。

（四）博物馆展览策划的依据和条件

1.博物馆展览策划设计的学术依据

展览内容文本是博物馆展览形式设计的蓝本，要保证博物馆展览的水平，首先必须做好展览内容文本的策划和撰写工作。而要做好博物馆展览内容文本策划和撰写工作，固然取决于展览文本策划师的水平和经验，但更重要的是要取决于展览筹建方（以下简称“甲方”）为展览文本的策展人所提供的条件是否充分。如果甲方不能为策展人提供必要的、充分的条件，那么，即便是最高明的策展人，也难以策划出一个理想的展览文本来。因此，对甲方来说，在委托策展人策划展览文本之前，明白自己应该提早为展览文本策划准备什么，并提供完备的展览文本策划条件是一件很重要的工作。

根据博物馆展览文本策划的规律，结合近年来博物馆展览文本策划的实际，笔者认为，甲方应该为策展人提供如下条件（以历史文化类主题性展览为例）：一是有关展览主题和内容的完整的学术研究资料，二是有关展览主题和内容的较完整的实物展品资料，三是展览文本策划的时间保障。

(1)有关展览主题的权威的学术研究资料的梳理与储备

学术研究资料包括与展览主题有关的学说理论、研究成果、历史文献资料、档案资料、口碑和调查资料以及其他故事情节材料等。不仅是博物馆展览的学术基础,也是展览文本策划的重要学术条件。学术研究成果对博物馆展览之所以重要,是因为以下几点:第一,博物馆展览不同于商业展览,是文化知识传播的媒体,旨在向观众传播文化、知识、艺术、观念和思想。因此,所反映的内容都必须建立在客观、真实的学术研究的基础上。第二,博物馆展览中提出或反映的概念、观点、思想以及展览主题的提炼都是建立在学术研究成果基础上的。学术研究资料能起到深化和揭示展览主题的重要作用。如果没有学术研究成果作为支撑,那么展览中的概念、观点、思想就成为无源之水、无本之木,展览的主题就难以提炼和深化。第三;学术研究成果也是展览辅助展品创作的依据。展览固然是以实物为主角的,但仅靠实物是不够的。一方面展览所需的实物展品通常缺少,另一方面实物展品通常有局限性,外在表现力不强,通常不能与观众充分对话。因此,需要依据学术研究成果来制作科学的或艺术的辅助展品。

可见,学术研究资料对博物馆展览及其文本策划是何等的重要,但是,在现实博物馆展览筹建中,经常出现的情况是:甲方并没有充分认识到学术研究资料的重要性,在这方面的准备严重不足,或没有进行学术资料积累,或没有对学术资料进行系统梳理。不少行业博物馆筹建之时,其学术资料的储备几乎是零,例如中国航海博物馆、中国湿地博物馆。为了做好博物馆展览内容文本的策划,在委托策展人策划展览文本之前,甲方应该组织专门的班子,收集、整理好一套完备的与展览主题和内容有关的学术研究资料。

(2)有关展览主题和内容的较完整的实物展品资料

实物展品包括文物标本和史迹及其声像资料和图片资料。不仅是文物标本和史迹资料的简单汇编,还应该整理分类,并研究清楚每件文物标本和每处史迹的时代背景和文化或自然意义等。博物馆展览信息的传播主要依靠实物媒介来进行,靠实物“说话”,通过实物揭示事物的本质,体现展览的主题思想,实物是展览的“主角”。因此,实物展品资料不仅是博物馆展览的物质基础,也是展览文本策划的重要依据。

实物展品的丰富程度和质量高低直接影响到展览传播的效果和质量。实物展品越丰富就越有挑选的空间。例如,某个展览展出的实物展品需100件,那么至少应该有150件以上的展品可供挑选。这样就能从丰富的实物展品中选出更多的最能揭示主题、最具典型性、最有外在表现力的实物做展品,就能更好地实现展览传播的目的。

但是在现实博物馆展览筹备中,甲方通常不重视实物展品的收集、储备、整理和研究工作,甚至认识不到实物展品的重要性。经常出现的情况是:甲方要么实物展品的储备严重不足,甚至一个展览中根本拿不出几件真正可用的实物展品;要么所提供的实物展品的背景和文化意义不清楚。这样的状况严重影响了展览文本的策划,影响了展览的质量。为了不影响展览文本的策划,不影响展览的质量,甲方应该在展览筹备之前投入必要的人力、物力和财力,加强实物展品的收集、储备、整理和研究工作。

除了学术支撑外,展览文本策划的时间保障也是一个突出的问题。即便具备了展览文本策划的全套学术研究资料和完备的实物展品资料,对展览文本策划师来讲,整个展览文本策划的过程也是一个不断推敲、对话、修改和完善的过程。好的展览内容文本(剧本)是磨出来的,而不是写出来的。展览文本策划不同于展览的形式设计。展览的形式设计相对比较单一只要根据展览文本思考展览的表现形式即可。而展览文本策划是一项比较复杂的学术研究活动、一项文化创意作业。策展人不仅要熟悉和研究实物展品资料,要充分掌握学术研究资料,还要结合展览主题和内容思考社会问题、思想问题和教育问题研究展览传播的目的和使命,研究展览传播的对象。此外,还要研究博物馆展览的信息安排和传播问题,研究展览表述的基本方法和手段,撰写出一个类似电影剧本的可供展览形式设计和布展的分镜头脚本。

可见展览文本策划是一项集学术研究、文化创意和展览技术于一体的复杂智力作业需要花费较大的时间和精力,并非一朝一夕能轻易完成。国外比较成功的一个中型展览的文本策划至少要花费几年甚至更长的时间,如日本的琵琶湖博物馆。在我国,就一个中型展览的文本策划来说,比较合理的时间至少应该在一年以上。但是,在我国博物馆展览筹备的现实中,甲方在展览筹备前期通常不抓紧展览文本的策划,直到展览工程要开始了才想起请策展人策划展览文本,因此,留给文本策划师的时间通常严重不足,多则半年,少则几个月。由于没有充裕的时间保障,所以展览文本质量通常得不到保证。为了保证展览文本的质量,甲方在展览筹备之初,就应该委托策展人策划展览文本。

2.展览学术支撑薄弱是地方博物馆的通病

学术研究成果和展品形象资料好比是展览的两个支撑点,缺一不可。如果没有比较成熟的学术研究成果和展品形象资料做支撑,要想做好展览是不可能的。但是,在各地地方博物馆展览筹建实践中,展览学术支撑薄弱是通病。由于提供给展览策划者的学术资料不准确、不完整、不权威,以至于在讨论展览内容设计方案时,专家们讨论或争论最多的不是展览内容设计问题,而是学术研究成果及其资料的问题,甚至将展览内容涉及的学术问题的责任错误地推给了不负主要责任的展览策划者。展览策划者好比是厨师,根据东家提供的材料做菜,不涉及展览内容与学术相关的研究。

大部分地方博物馆没有充分认识到地方历史文化挖掘研究的重要性,不曾对地方历史文献、经济档案、风土民俗资料、口碑资料、名人文化和地方掌故等进行系统的收集和整理,多数仅有几本地方志或简单的文史资料汇编,更谈不上对地方历史文化、经济发展、社会变迁、风土民俗等进行系统、全面、深入的研究,从而给地方博物馆展览建设造成了极大的困难。以江苏省淮安市为例,作为古代经济大动脉大运河的中枢,是运河四大名镇之一,是南漕北运的重要枢纽,有“漕运中枢”之称,也是明清时期全国盐业中心之一,是关系到古代王朝经济命脉的盐榷重关。淮安地处黄、淮、运三河交汇处,一直是治理黄、淮、运的关键之地,淮安的兴衰与水系变化和治水兴利有密切的关联。漕运、盐榷、河务都是淮安地方历史文化中的亮点和重点。但是,淮安在这三个领域的历史资料的收集、整理和研究却非常薄弱，严重影响了相关展览主题和内容的表达。再如安徽省马鞍山市，历史上是六朝之都南京的畿辅之地，史称其“锁钥东南”“控据江山”。在三国两晋南北朝的动乱年代，不仅是群雄觊觎之地，更是畿辅军事驻防重地。随着政治中心的南迁，北方士族大量南下，这里又成为世家大族的安生之邦和魂栖之所，经济文化繁荣，良臣、名将和雅士云集，留下了许多千古风流佳话。但是，马鞍山市在历史资料收集、整理和研究同样十分薄弱。

由于地方博物馆长期以来忽视展品形象资料的收集、储备、整理和研究的重要性以及在收藏对象上存在的认识误区，造成大部分地方博物馆普遍存在如下问题：实物展品的储备严重不足与我国悠久的历史和当地丰富的历史文化极不相称；虽有一定数量藏品收藏，但门类单一或同质，多为青铜、钱币、陶瓷、书画、玉器等，全国地方博物馆收藏的雷同现象十分普遍；忽视地域文化资料收集，本该由地方博物馆重点收集的、反映地域历史文化的收藏很少，甚至没有收藏；忽视反映地方历史文化独特性和多样性的资料收藏；忽视本地风土民俗和非物质文化资料的收藏，忽视近现代物质资料的收集；忽视藏品的整理和研究，藏品的历史信息和文化内涵不清楚等。这种状况严重影响了地方博物馆展览的建设。

例如徽州文化博物馆前身的黄山市博物馆，本该主要收藏反映徽州历史文化的藏品资料，但是在徽州文化博物馆建立之前，黄山市博物馆收藏的有关徽文化的藏品资料却很少，而与徽文化关联不大的瓷器、钱币、玉器倒不少。又如安徽宿州博物馆，宿州不仅是中国历史上第一次农民起义“大泽惊雷”的发生地，是秦末项羽和刘邦“楚汉相争”的主战场，也是隋、唐、宋时期沟通南北的通济渠的关津渡口。隋、唐、宋时期，这里曾经舟楫云集、商贸鼎盛。但是当地对反映这些重大历史事件和重要历史发展阶段的文物资料的收藏却十分匮乏。再如浙江海盐县，其历史文化很有特点。这里曾经是古代中国重要的盐业生产中心之一，是宋以后东南沿海重要的通商港埠，是明清时期抗击外来侵略的海防重镇。此外，历史上海盐县的兴衰与抵抗海潮密切相关，但当地对这些极具地域特点的文物资料却缺乏收集和整理。

综上所述,学术研究不足和展品形象资料收藏基础薄弱是我国地方历史博物馆的通病,在一定程度上影响了地方博物馆展览的建设。不改变此状况,提高我国地方博物馆展览的水平有一定的难度。

3.加强博物馆展览学术支撑体系建设

为了做好博物馆的展览,保证博物馆建设的成功,任何博物馆在新馆及其展览建设之前,必须加强对展览学术支撑体系的建设,为博物馆展览的建设奠定坚实的学术基础。以我国地方历史博物馆来说,学术支撑不足是各个地方历史博物馆的通病。因此,要做好地方历史博物馆展览,必须加强学术支撑体系建设。地方博物馆的收藏和展示与国家级和省级博物馆是不同的。地方博物馆展示一个相对独立的文化地理单元的独特的自然、历史、经济、文化和风土人情的重要平台,是人们了解一方自然、历史、经济、文化和民俗风情的窗口。常设展览主要反映自古以来这片土地上人们的生活环境以及面对生存环境而产生的生存智慧,反映人们的生产、生活及其文化创造。因此,地方博物馆要有别于国家级和省级博物馆,要重点做好地域自然和文化资源的挖掘研究工作,包括:自然方面,如矿产资源、动植物资源、自然遗产、物产、生态资源等;历史方面,如地方历史沿革、政治变革、历史事件、历史人物等;经济方面,如地方农业、水利、手工业、生产活动、商品经济等;文教方面,如宗教、民间文化、民间艺术、民间文学、工艺、戏曲、教育等;风俗方面,如饮食、丧葬、节庆、时令、信仰、服饰、游艺等。不仅对此领域资料进行系统的收集、梳理工作,还要进行全面系统的研究,弄清其发展概况、文化内涵、个性和特点等。

同时,在挖掘地域自然和历史文化资源方面,特别需要把握以下几个原则。

(1)“地域性”原则

地方博物馆展览主题和内容要突出地域性,反映具有浓郁地方特点的自然和历史文化,讲述富有个性的地方自然和历史文化故事。而且越有地域个性和差异性的东西,通常越能吸引观众,越有展示价值。因此,地方博物馆必须紧扣“地域性”挖掘本地的地域自然和历史文化资源。

(2)“优势性”原则

每个地方在长期的社会历史发展过程中,不论是自然环境、历史文化还是社会经济发展都有自己的优势。地方博物馆展览不可能也没必要面面俱到地反映地方自然环境和历史文化,重要的是要把地方自然环境、历史文化和社会经济发展中最有优势,或最有影响的,或观众可能感兴趣的东西传达给观众。

(3)“文化多样性”原则

在全球化趋势不断强化的背景下,应重视保存人类文化的多样性,加强不同文化间的沟通。今天,承认和尊重文化多样性,把它作为社会凝聚力、可持续发展和稳定的因素,已经成为国家和国际政治考虑的核心。因此,保护文化多样性越来越成为全世界关注的重点。保护和弘扬文化多样性,不仅是地方博物馆工作的新领域,更是地方博物馆义不容辞的使命。“重视非物质文化”原则。非物质文化作为传统文化的重要载体,是各地人民智慧的结晶和创造力的体现,具有重要的文化价值、精神价值、教育价值和审美价值。保护和展示非物质文化遗产,有益于弘扬传承优秀文化传统和民族精神,促进中华民族共有精神家园的建设。非物质文化遗产通常具有很强的地域性,我国各地丰富多样的非物质文化遗产无疑应该是地方博物馆重点保护和展示的内容。

地方博物馆是反映地域环境资源、历史文化、经济社会发展和风土人情的窗口。功能定位决定了其收藏和展览不能简单模仿国家级或省级博物馆文物艺术品的收藏和展览模式,而要强调地域自然和历史文化,突出地域自然和历史文化的特点和优势。因此,地方博物馆在藏品科学体系构建上应特别重视以下几个方面。

第一,重视反映地域历史文化的藏品及形象资料的收集。要改变只有陶瓷、铜器、钱币、玉器、字画等才是博物馆藏品的错误认识,要从自己的地域文化出发从多元文化的角度收集反映有关地域文化的藏品及形象资料。我国土地幅员广大,各地地域文化不仅都有自己的个性,而且丰富多样。除了考古文物和传世文物外,其他关于本地的历史事件、历史人物、传统经济、生活方式、科教文化、风土民俗、宗教活动、民间艺术等的藏品形象资料都在地方博物馆收藏的范围,各种反映地域文化的生产工具、生活用具、商品、民间工艺品、宗教物品、方志、宗谱、族谱、碑文、题词、匾额、楹联、诗词、歌赋、书画、民谣、手稿等都应该是地方博物馆收集的对象。

第二,重视非物质文化遗产及形象资料的收集。要改变过去只有“物”才是博物馆藏品的狭隘认识,把非物质文化遗产纳入博物馆收藏的范围中来。因此,要重视收藏具有地方特色和文化多样性的口头记忆、表演艺术、民俗节令、庆典仪礼、传统手艺等,收藏与当地人传统生活形态、方式、技艺、技能等密切相关的非物质性资料。这些非物质文化遗产既有“有形”的物质载体,又有“无形”的传承载体。因此,不仅要收藏其物质载体,如工具、制品、服装、乐器、道具、稿本、剧本、曲谱、插图、文献、祭品、祭文、庆典场所等,也要通过新的技术手段和方式收集其“无形”的内容,例如影音资料、文字记述、创作构思、操作手法、表达方式、记诵方法、传授模式、行业规矩、信仰禁忌等。

第三,重视近现代文物资料的收集。近现代历史是我国历史重要的组成部分,近150多年是我国历史发生巨大变革的时代。在此背景下,我国各地过去曾经几百年、上千年保持相对稳定的地方传统生产方式和生活方式都发生了重大改变,例如生产技术、生活用具、建筑住宅、服饰穿戴、风俗习惯、文化艺术等。记录、保存和展示反映各地生产方式和生活方式变化的历史资料是地方博物馆义不容辞的任务。因此,地方博物馆要改变只有古代文物才是博物馆藏品的错误认识,重视反映近现代地方历史发展和社会变化的文物资料的收集。

第四,重视藏品的背景或环境资料的收集。博物馆收藏的终极目的是满足科学研究特别是展览教育的需要。为了更好地服务于展览教育普及的需要,博物馆的收藏必须完整科学,即不能只收藏实物本身,还应该包括相关的背景和环境资料,科学的博物馆藏品概念应该是“实物+背景资料”。例如蝴蝶标本的收藏,不仅要收集蝴蝶的成虫,还要包括蛹、幼虫和卵三个生命阶段,还要收集蝴蝶的生态环境质量和活动影像资料,这样才能展示蝴蝶生命的全过程,才能向观众展示真实、科学和生动的有关蝴蝶的信息。总之,只有收藏完整科学的藏品资料,博物馆展览才能全面、系统地反映事物发展的客观过程,才能给观众完整、真实的信息和知识。为了做好地方博物馆的展览,地方博物馆收藏要改变只收藏实物本身而忽视相关背景和环境资料的简单做法。

第五,重视藏品的历史信息和文化内涵的揭示研究。我国地方博物馆藏品研究通常侧重于从器物学和考证学的角度对藏品的时代、尺寸、类别等作简单的描述,而对藏品背后的历史信息、使用信息、相关信息等的揭示研究严重不足。此状况严重制约了藏品作为展览信息传播媒介的作用。众所周知,博物馆的收藏主要是为了满足展示传播的需要,作为展示意义上的藏品,是一种信息传播媒介。要使博物馆藏品真正成为展览的信息传播媒介,必须对藏品蕴含的历史信息和文化内涵进行揭示和阐释,才能发挥其作为展览信息传播载体的作用。因此,地方博物馆要改变仅仅从器物学和考证学的角度研究藏品的简单做法,加强对藏品的历史信息和文化内涵的揭示研究。这样方能发挥藏品作为展览媒介和特殊语言的作用,达到藏品形象反映展览的主题和内容的目的。

二、博物馆展览设计理念的发展

展览陈列区域并不是自博物馆诞生时起就受到了重视。早期的博物馆仅仅是把藏品堆放于博物馆内,与其说是博物馆,不如说是一个大仓库,区域的划分无从谈起。19世纪80年代初,兴建的大英博物馆南肯辛顿新馆,在著名的古生物学家查理·欧文爵士的倡导下,公共展区才与研究性藏品分隔开来,开创了陈列展示区域设计的先河。随着博物馆的发展,设计者逐渐将展示区域与储藏、研究等其他区域相隔离,展示空间的设计也越来越成为博物馆设计的重要元素。所以,当今的博物馆陈列展览设计理念的形成,有赖于对博物馆在教育传播方面所具有的功能的理性认知在不断进化。纵观整部现代博物馆发展史不难发现,博物馆教育传播功能无时无刻不在进化,而这些进化又无一例外地折射于作为博物馆教育传播最重要、最直接载体的陈列展览设计中。

19世纪末至20世纪30年代是博物馆教育的滥觞期,当博物馆作为一个开放的教育性机构成为普遍共识时,便产生了世界上最早的有关陈列展览的研究，并且这些研究都是由博物馆专家与心理学家共同完成的，旨在解决陈列展览有效性的相关问题，如博物馆陈列设计诸因素与参观疲劳之间的关系，观众在展厅停留时间和展览对观众吸引程度的关系等。

20世纪50至70年代，博物馆教育成为一门独立的专业，陈列展览设计在博物馆中的地位明显加强。国际博物馆协会（International Council of Museums，ICOM）在1974年确定的博物馆定义更具有里程碑意义，明确博物馆是“把收集、保存、研究有关人类及其环境的见证当作自己的基本职责，以便展出，公之于众，提供学习、教育、欣赏的机会。”

20世纪80年代以来，全世界的博物馆教育进入了前所未有的快速发展期。博物馆历史上第一次把“人”（参观者）与“物”（藏品和展品）置于同等重要的地位，不少博物馆甚至努力实现“从以物为核心向以人为核心”转移。这种变化对博物馆陈列设计的理念和方法产生了极其深刻的影响，一系列涉及陈列展览设计理论和技术的成果相继问世，如交流型陈列、系统化陈列、空间创造式陈列、戏剧化陈列、生态陈列、互动陈列等设计理念。此外，诞生于1986年的《国际博物馆协会职业道德准则》规定，无论受雇于公立或私立博物馆，博物馆工作人员均应认识到自己为取信于公众之人，具有为公众服务的义务，其行为应当正值、具有较高水平的客观性。这为博物馆的陈列展览确定了一个重要的职业伦理坐标。

进入21世纪，博物馆的陈列展览设计更呈现出多样化的繁荣与发展趋势，无论是内容策划还是展示设计都强调广泛的社会覆盖面，除学校学生外，社会各阶层、各类社会组织人群都得到了重视。陈列展览努力尝试介入社会热点问题，如文化多样性、环境可持续发展和文化创新等。相应地，陈列展览设计也更加积极地借鉴丰富多彩的传播技术，如智能科技与数字技术等。

综上所述，博物馆的陈列展览设计趋向于一个共同的目标：让公众（不同年龄、不同背景的人）分享博物馆的藏品和知识，让他们参与到知识的学习和文化的交流中，处理好陈列展览与参观者的关系。近30年来，博物馆界为了实现上述目标，在具体操作层面上将多种不同的方法和技术引进到陈列展览的设计当中。例如,开展参观者对陈列内容理解水平的相关研究,以便帮助陈列展览设计组织展品;提出一些辅助性问题,鼓励参观者阅读说明文字和观看展品等。这些理念的进化、转变,操作的改进、提升,使得博物馆的陈列展览设计不断推陈出新,持续推动着交互设计在博物馆陈列展览中的应用发展。

美国新媒体联盟与巴尔博公园在线合作机构在2016年发布的关于博物馆的《新媒体联盟地平线报告》对博物馆的主要趋势进行判断:“未来博物馆的体验将会更具互动性……并且博物馆设计将更加开放,更为注重舒适的体验,也更加灵活。”报告同时指出智能手机应用、虚拟现实、视觉可视化等技术给博物馆陈列展览设计带来的重要变革。

由于其所具有的互动性、趣味性契合着博物馆陈列展览在当前的转型趋势,其实交互设计早已潜移默化地融入了各类型博物馆的陈列展览当中,并越来越受到博物馆界的重视。

三、博物馆展览的新理念

(一)从“幕后”到“台前”

对于博物馆而言,库房与展厅有着严格的区别。库房是幕后,以收藏藏品为主;而展厅是台前,以展示展品为主。但随着博物馆的发展与变化,两者的界限逐渐模糊。一些博物馆也逐渐开放库房,让库房从幕后到台前。

关于博物馆开放库房的定义,中国台湾学者陈怡萱曾做过界定,开放式典藏,意指将典藏空间/方式开放并展现在世人面前,除了原本的收藏功能外,也包含有展示功能。美国建筑师约翰·希博利(John D.Hilberry)曾针对开放库房的英文visible storage释义,提出visible所隐含两个概念:第一个是展示许多文物并提供其详尽的信息。第二个是这些藏品不仅要可被看见,还要是可理解,而且可引起学习刺激。开放博物馆库房,是指博物馆向公众开放储存文物藏品的空间,提供一种特殊的学习环境,给予公众实地接触博物馆藏品的机会,同时兼具博物馆藏品收藏、研究、教育三大功能。开放库房,英文称之为visible storage或open stornge,一为名词性,颇具“可视型存放”的意味,一为动词性,更强调打开库房的行动。开放库房，主要是指针对研究人员或专题爱好者设置的，藏品以保管状态展示的密集陈列。在这样的库房中，馆方既有合适的场地条件，也有对文物藏品信息开放的主观愿望。一方面可以在不影响文物藏品保管的前提下，为观众提供解读博物馆日常工作的可能，另一方面为需要大量信息的研究人员或爱好者提供比一般展厅陈列密集得多的相关物证信息。

开放库房的做法在博物馆一直都有，但主要针对专业研究人员，藏品以库房保管状态开架展示给研究人员。专业研究人员进入库房也是层层审批，并非易事。而将博物馆藏品库房开放给普通公众有两个原因：一是对于普通公众而言，博物馆的库房好似禁地，共幕后工作充满神秘，令人无限遐想。部分公众对博物馆工作的印象是"一杯茶、一支烟、一张报纸过一天"，单纯认为库房保管员就是看门人，只要管好钥匙便万事大吉。其实，博物馆库房保管员的幕后工作非常烦琐，检查藏品、监测环境，入库上架、调用出库等，具有很强的技术性。二是博物馆的绝大多数文物都是"藏在深闺人未识"。博物馆的展厅面积毕竟有限，在展厅中展出的文物数量占馆藏的比例非常小，绝大多数文物在库房难与观众见面。如何提高库房的藏品利用率成为需要关注的问题。因此，博物馆需要打破束缚，开放库房，让保存藏品的库房变为"仓库展厅"。不仅让更多的藏品与观众见面，还能让观众对博物馆人的工作有更深入的了解。

1.库房的原始状态直接开放展示

顾名思义，就是博物馆敞开库房大门，观众可以直接进入库房参观浩瀚的藏品，这种方式也分为两种情况，一是针对特定人群或举办特定活动的非常态化开放，二是常态化开放库房。

(1)非常态化开放库房

博物馆会针对行业内专业人士或其他特定人群开放库房参观。伦敦科学博物馆推出博物馆库房之旅，根据观众研究结果，确定参观主题，在博物馆专家陪同下，参观库房，选取主题藏品加以诠释，在直接开放库房观众学习的主题效果不明显情况下，另辟蹊径，加深学习体验。将博物馆展览诠释的理论应用到博物馆开放库房中，得到很好的观众反馈。劳顿科学博物馆则在馆内设置大型藏品库,科学有效地安排馆内库房空间,而非一味追求对库房建筑面积的扩展。将大型藏品和小型藏品在保证文物安全的情况下分库安排存放,不仅是对现有存放空间的有效科学利用,在视觉效果上对观众来说也是一种别样的体验。

也有博物馆在特定节日举办主题教育活动,通过开放库房的形式吸引公众,同时揭开库房的神秘面纱,拉近博物馆与公众的距离。2014年的“国际博物馆日”南京博物院的库房“心脏”80年来首次展现在公众面前,百余名网络预约的公众参观金属器库房、书画库房、扫描室、消毒熏蒸室、摄像室等,让公众了解库房中文物保护工作的全貌,知道文物保存在什么样的环境里面,博物馆人是怎么对待文物的,收到了很好的效果。2014年,广西民族博物馆首次开放库房、以家庭为单位,组织15个家庭近距离接触库房藏品,让其了解到了文物在展出之前,修复、储藏等复杂的程序。

(2)常态化开放库房

西方的很多博物馆定期开放库房,取得很好成效。成立藏品中心是国外大型博物馆采用的开放库房方式之一。藏品中心将大量藏品集中到一个较为开阔的公共空间,较一般博物馆库房拥有更大的空间,通常给予观众更好的参观互动体验,在一定程度上拥有更好的公众参与度和更高的藏品利用率。异地藏品中心,与博物馆本部有一定的空间距离,作为博物馆在另一区域内的库房。选取异地设立藏品中心,一般是出于多种考虑。博物馆一般位于人流较多的市区,便于参观,然而市区的土地空间十分有限,有时在一块集中的区域难以承受博物馆展览活动之外大量藏品的收藏,也难以保证藏品所要求严苛的保护环境。将博物馆库房设在异地,能在一定程度上解决上述问题。在不同于本馆文化辐射区域,通过异地库房的开设,又一次扩大了博物馆的文化辐射范围,增强了文化影响,让公众接触到博物馆。英国伯明翰博物馆和美术馆的藏品中心是异地库房,位于伯明翰市郊,每月的第四个周五是公众开放日,观众可以通过电话或网络方式预约参观库房。参观日时,博物馆工作人员带领观众参观大型机器设备、老爷车和小件品库房,动植物标本景观箱排列规整，纺织服装井然有序。结束之后，让观众动手参与使用不同的材料与方法包装一个鸡蛋，然后工作人员站在梯子上将包装好的鸡蛋从高处抛落，让观众看哪种材料与方法包装的鸡蛋是完好无损的，最后库房工作人员会展示伯明翰博物馆和美术馆藏品打包所使用的材料与方法。通过这样的参观流程，观众对伯明翰博物馆和美术馆的藏品保管的硬件设施条件与管理工作流程有了全面的认识，对博物馆也会有更深的印象和好感。

目前，中国的博物馆也开始尝试长期开放库房，拉近公众与库房藏品的距离，如2018年故宫博物院家具馆经3年筹备正式开放，这是故宫博物院继陶瓷馆、书画馆等专馆之后，开设的又一大专题展馆。家具馆一期、二期所在的南大库，曾是紫禁城最大的库房。如今故宫首创“仓储式”陈列，南大库既是仓库也是展厅。

2.库房的半开放状态展示

相对于原始状态的完全开放，半开放状态的库房观众只能看到一部分，而且不是原汁原味，为了开放，经过了一定的改造。曼彻斯特除了足球闻名世界，还是英国的棉纺织业中心，是著名的工业城市。曼彻斯特科学和工业博物馆有4个库房，为了让观众看到库房的状态，博物馆将“库房1”和小件品库房作为藏品中心向公众开放。小件品保管柜中，徽章、硬币等有序地收藏展示在藏品柜中。库房中还开辟了“动手区域”。藏品放置于塑料的盒子内供观众自己动手拿出来观看。

3.库房的微缩版展示

英国考文垂(Coventry)的赫伯特博物馆中有一个展示空间是“库房里有什么?”。该空间可以说是一个微缩版的库房，观众可以在这里看到赫伯特博物馆所有类型的藏品，有油画、钟表、动植物标本、服装等，每类文物根据藏品的特性采用不同的保管柜架和管理方式。博物馆以小见大，通过这个小空间的展示，让观众一窥库房全貌。

(二)库房式展示

1.采用库房式展示的原因

采用库房式展示的原因主要有两点:一是博物馆藏品数量多，而展厅空间有限,通过这种方式能尽可能多地展出藏品。西方的一些博物馆,如大英博物馆,由于英国早期在世界各地进行资本掠夺和殖民统治,大量的人类文化瑰宝聚集于此,希望将尽可能多的珍贵藏品展现在世人眼前,因此出现了密集型陈列。维多利亚与阿尔伯特博物馆的139室瓷器展厅,由于藏品数量太多,只能通过密集型陈列的方式展出,既是陶瓷展厅,也是陶瓷库房,还可以看到博物馆工作人员在整理藏品。二是专业研究者为了科学研究目的参观博物馆,他们希望看到更多的文物标本,获得更丰富的一手资料,因此一些大学博物馆或专题博物馆,在展厅中也经常采用密集陈列的方式,满足专业人员的需要。

西方博物馆采用这样的展示方式较多,如英国巴斯(Bath)时装博物馆,专门举办了"幕后"展览,在展览的入口处写道:你即将进入的是时装博物馆的历史时装库房。这个展厅通过博物馆精选收藏的世界级藏品,讲述了19世纪时装的故事,能让你看到我们博物馆的库房内部。该展厅刻意模糊了传统博物馆中展厅展品和库房藏品之间的概念,将19世纪的时装每10年作为一个阶段,通过一个橱窗的形式展示,观众仿佛通过若干个商店的橱窗浏览了19世纪的时装,该展厅实际上也是博物馆的库房,各类时装以库房保管的形式展出,观众还可以看到有库房工作人员在现场工作。

如今中国很多博物馆为了盘活库房文物,让更多的文物由幕后走到台前,与观众见面,也开始尝试采用库房式展示的方式。南京博物院的"江苏古代文明"展厅在每一个历史时期展览结束后都设置一个"文物标本室",共有5个,每一竖列代表一个出土地点或是一个考古文化遗址,从上到下有近10米高,分为若干层展台,展出数百件文物。文物爱好者参观主展厅的同时,在标本室仔细观察,甚至专业院校的老师可以在这里给学生上一堂生动的文物鉴赏课。再如宁波天一阁博物馆的北书库,既具有藏书库房的功能,又是一个大展柜,观众可以透过玻璃、看到一排排整齐的书籍,感受古籍浩如烟海的同时,了解古籍保护、保管、研究、修复、展示的一系列过程,从而对古代藏书楼的藏书文化有深入的体会。

2.现代化的文物库房建设在国家博物馆建设中的必要性

原革命历史博物馆的文物库房，设在原博物馆的地上一层，门窗密封不好，室内潮湿，条件简陋，初期建设没有空调通风设施，经过数次改造，增设了空调通风等设备，但是受条件所困，没有系统的管理运行，长期不使用，文物保存处于自然空气环境中。这样的收藏环境，对文物的保存、管理、研究是不利的，无法达到最大限度保存文物记录历史的目的。随着我国社会经济与文化事业的快速发展，博物馆的藏品数量大幅增加，文物管理科学化，文物分类细化，藏品性质与特点的多样性和复杂性要求对藏品的保护具有更强的针对性，老博物馆需要更多的储藏空间。同时现代的空调设备设施及自动化控制系统，能够精确控制文物库房的内部空气环境，为更好地保护文物提供有利条件。

作为现代化的中国国家博物馆，其文物库房的建设，不仅是规模上的扩建，同时在库区空气环境控制，自动化系统管理，科学技术运用，安全防护、防火措施、防水措施等各方面进行全方位设计建设。中国国家博物馆文物库为地下藏品库，馆内现有藏品60余万件，针对博物馆长期收藏，藏品不断增加的发展趋势，预留40万件藏品的可发展收藏空间，新文物库区按照100万件藏品的规模与标准进行设计。

（三）对比与融合

1.博物馆展览的对比

近几年，采用对比思维进行策展日益增多。博物馆在一个展示空间中，通过对同一时间的不同地域文明，古代与今天，现在与未来等不同时间、空间的文物的对比，让观众从不同视角参观展览。文物在对比中更加生动有趣、内涵更加丰富，策展理念在对比中更加鲜活起来。例如，澳门博物馆的一个展厅从文字、哲学思想、宗教、科技等方面左右两侧对比中西的差异，让观众通过对比对后续展出的澳门多元文化有所铺垫。

2016年11月28日至12月12日，由中国民族博物馆、北方民族大学共同主办的“传统@现代——民族服饰旧裳新尚”展在北方民族大学美术馆开幕。2018年2月7日至3月4日，该展览在中华世纪坛展出，这是全国巡展的第一站。展览名称中的“@”表示链接与定位，表达展览用“传统”互联“现代”用“现代”点击“传统”的历史穿越,“传统”与“现代”这对看似对立的概念在现代生活中复杂牵连与交错。博物馆不再只是陈列展示空间,也不仅是传播知识的非正式教育机构,更需要重新定位为思辨、对话的平台,甚至去引导、转变大众的思考方式,因此保持与现代社会的相关性成为当下博物馆展览应该涉及的方面。

2016年8月9日至2017年1月9日,南京博物馆举办了“法老王——古埃及文明和中国汉代文明”展览,内容和形式都是以两种文明对比的方式呈现,展出的文物从数量、规格、空间布局到文化内涵,基本都是左右对称放置。通过不朽、生活、权力、生灵四个部分逐一对比,让观众感受到文化间的异同。

2016年9月6日至2016年11月16日,西汉南越王博物馆举办“中山王与南越王——河北汉代文物展”,以满城汉墓、定州三盘山汉墓、定州八角廊汉墓、定州北庄汉菜出土文物为主,囊括其他中山国时期的精美器物,通过“青铜”“玉”“陶”三个部分,在历经两千多年后,将一南一北同属汉代诸侯国的中山国与南越国的文化进行对比,演奏出大汉王朝的盛世绝唱。

2.博物馆展览的融合

融合也是博物馆展览的一个趋向。博物馆展览不再是传统的历史展览或艺术展览,在一个空间,各种文化元素有机融合在一起,博物馆或成为一个万花筒,文化多元性在这里充分呈现。英国格拉斯哥凯文葛罗夫美术博物馆的大厅就是各种元素的融合,自然与艺术相结合、古典艺术与现代艺术相融合,头顶有飞机,地上有大象、狮子、长颈鹿的标本,还有现代艺术装置。

博物馆的展览为社会服务,满足社会文化发展的需求,博物馆是否有社会效益,要看观众的反映。提高文化传播的有效性、实效性,不仅要有传统文化,也要有当代的文化。展览不仅是去讲述、提供信息,应注重观众从中能获得什么,重要的是让人们去探索、发现、体验,带着问题寻找答案。有研究者指出,部分人群到博物馆的观看方式有改变,不一定是从头到尾地看,因此布展时应避免一个展览讲一件事情。展览确定主题后，布展时要放很多吸引人的东西，增加了语音导览和多媒体，给观众指导而不仅是说明。展览不能仅由策展人自己决定，要与其他部门沟通合作完成策展开发新理念要调研社会的反映并作评估，这样有助于新馆建设。

（四）参与式展览

1.参与式博物馆的概念

参与式博物馆是美国博物馆学者妮娜·西蒙（Nina Simon）近年新提出来的一个概念，指博物馆是一个观众能够围绕内容进行创作、分享并与他人沟通交流的场所。从博物馆学学科发展历程来看，参与是博物馆学发展史上继博物馆行业确立、新博物馆学后的第三次革命；从博物馆的外部社会环境来看，参与式博物馆是西方国家社区参与传统、公民社会浪潮与互联网所带动的参与式文化相互作用的趋势之一。

英国科尔切斯特城堡博物馆实行"青少年协同策展"。来自英国埃塞克斯郡（Essex）吉伯德中学（Gilbert）的10位中学生在南京博物院亲手挑选出10件珍贵文物，参加2012年伦敦奥林匹克运动会及奥林匹亚文化节"来自世界各地的故事"文化交流项目，并在科尔切斯特城堡博物馆展出。2015年10月30日，南京博物院的"乔治王时代：1714～1830年的英国社会"开展，本次展览的80多件展品中包括5名江苏学生在埃塞克斯郡挑选的文物。南京市第一中学一个学生挑选了一件文物，并说："在最开始科尔切斯特城堡博物馆给我们的备选清单上精挑细选，我挑选了几件看上去很让我感兴趣的物件。而在我抵达英方博物馆后，之前我选的一面镜子便吸引了我的眼球。近距离的欣赏让我对每一件文物都有了新的认识，为了让我们更好地观察我们心仪的物件，英方博物馆馆长让我在没有玻璃保护的情况下与这些文物'相处'，此时的我快步来到那面有人像在上面的镜子面前，画上的英国女人年轻貌美、满满的贵族气质深深地吸引了我，而当我了解这是一位中国画家在四百多年前为这位英国贵族而画的时候我震惊了。在四百多年前中国与英国便有这些交流，给我的感觉就像是江苏与埃塞克斯郡之间的文化交流已经存在了几百年一样。"英国考陶尔德艺术学院通过制作服装和摄影重新诠释世界名画。学生们在博物馆工作人员的指引下，研究藏品，制作服装，进行摄影，形成作品，最后举办展览。

首都博物馆于2015年10月28日推出了"读城——追寻历史上的北京城池"展，最大亮点在于邀请中小学生参与展览的策划、设计和布展。为了丰富学生们的体验，使其在展前、展中、展后都能够全程参与，首都博物馆特别策划了与该展览在形式和内容上可互为补充、互相呼应的大型系列互动体验活动"寻城记"。"寻城记"时间段上分展前、展中以及展览后期活动，形式上有学习单、户外参观、专家问答讲座等，此次活动预告的内容仅为展前活动。在展览实施过程中，孩子们用硬纸板折出城砖的模型，用彩笔画出城砖题记，写出自己的思考问题，在博物馆里搭建了一段自己的北京城墙。在展览开幕后，首都博物馆举办各种各样的活动辅助诠释展览。

2. 打造参与式博物馆的方法

举办社教活动是打造参与式博物馆的重要手段之一，可以根据观众的思维特点和认知程度举不同的活动。例如，博物馆可以为青年观众举办手工制作、科学实验和游戏互动等活动。成年或者老年观众一般以娱乐休闲为主，可以举办亲子活动、非物质文化遗产展示或者以传统节日为主题的活动。在这些活动中，可以穿插一些文物的故事情节，让观众成为参与者。在参与互动方面，重庆三峡博物馆策划了"狗狗故事征集令，让汪星人的前世与今生相遇在博物馆"的活动。这些穿越千年的"萌狗"，承载的是有趣的生肖故事，征集活动以"狗狗的故事"为主题，参与者可以分享主人与汪星人之间感人、有趣或是令人哭笑不得的各种故事，或是汪星人英姿飒爽、呆萌可爱的美照，或是主人撰写的与"萌宠"之间感人的故事等。博物馆还挑选一些优秀作品参与展览，并参与优秀作品的评选。这次活动取得了圆满成功，许多观众都积极投稿参与，并与家人带着自己狗狗的萌照来到三峡博物馆找相似的内容。活动不仅提高了观众对博物馆的兴趣，还能在参与的过程中了解到文物背后的故事，过去"高高在上"的博物馆变得更加亲民。

打造参与式博物馆的重要一环是充分利用网络信息技术，博物馆可以利用微信、微博、抖音、快手等新媒体，以及电影、电视、纪录片、综艺等方式讲述文物故事。这些网络平台具有用户大、方便快捷及集成性强等优点，打破宣传、展示博物馆藏品的时空和地域界限，可以随时随地在网上浏览信息，让公众足不出户就能及时了解博物馆的信息。前几年大火的《我在故宫修文物》讲述了故宫文物修复历程及工匠的生活故事，引起许多观众对于文物修复生活的向往。大型文博探索节目《国家宝藏》又把"博物馆热"向前推动，节目一播出就迅速走红，提升了观众对博物馆和文物的兴趣。通过纪录片、影视媒介讲述文物故事的手段还有很多，如《国宝档案》《如果国宝会说话》《大卫爱登堡的奇妙博物馆夜》《博物馆的秘密》《民间博物馆：香港故事》《世界美术馆纪行》等，还有新近出圈的河南电视台春晚节目《唐宫夜宴》等。

（五）博物馆展览的泛化

1.博物馆+商业购物中心

随着社会的发展，传统的博物馆与其他社会机构之间的界限越来越模糊。20世纪80年代以来，一些文化机构、商业空间博物馆化的趋势就已出现。跨入21世纪后，越来越多的文化机构、商业空间关注过去只有博物馆才具备的收藏、展示，甚至科学研究功能，自己收藏或租借藏品，展览规模或大或小。而"博物馆+商业购物中心"是这种现象的典型代表，博物馆的陈列展览本来就来源于商业橱窗，现在又将这种趋势应用于商业空间。

（1）上海K11与北京芳草地等案例

上海K11坐落于淮海路的黄金地带，地下3层至地上6层，面积约40000平方米，周围配套设施成熟。秉承品牌"艺术·人文·自然"三大核心元素相融合的核心价值，上海K11全力打造最大的互动艺术乐园，最具舞台感的购物体验，最潮的多元文化社区枢纽，365天不间断的互动活动更将开启K11的创意之旅，令艺术欣赏、人文体验、自然绿化以及购物消费之间产生一体化而微妙的互动作用，为市民及游客带来前所未有的独特五官享受。上海K11购物中心将地下3层设置为专门的艺术空间，还定期举行免费的艺术展览、艺术工作坊、艺术家沙龙等活动，在各个楼层设置艺术家的作品，并配有讲解员。K11将艺术、人文、自然及购物消费相互融合，为大众带来独特购物体验的“博物馆零售”模式。

艺术是北京侨福芳草地最独特的DNA之一，许多独具一格的艺术创作和展示都呈现在这个空间里，重新定义顶级消费与休闲体验，为顾客提供真正充满艺术氛围的理想购物之所。北京侨福现代美术馆建于2013年3月，位于芳草地D座10楼。侨福现代美术馆是集现代艺术展览、研究与公众教育等功能于一体的非营利性艺术机构，致力于积极推动和参与中国现代艺术的发展和研究。秉持以人为先的理念，实现从过去展览馆“以物为中心”的完美蜕变。关注国内现代核心艺术流派和关键艺术家的同时，也致力于对新锐艺术家的挖掘和发现。在全球化的语境中加大国际间的艺术交流和学术研讨，促进国内外艺术家、艺术机构和艺术活动之间的良性互动，从而树立现代化的艺术视野和搭建国际化的交流平台。B座LG2-33的芳草地画廊主要展示并经营国内及国际现代艺术，并依托自身发展平台发掘具有潜力的青年艺术家。而在芳草地的公共区域，随处可见展示的艺术品，展示包括萨尔瓦多达利作品在内的艺术作品，仿佛整个商场空间就是一个美术馆。

这两个购物中心都开辟专门的空间建设博物馆，并且在整体装饰氛围上借鉴博物馆，不仅售卖商品实物，还将“物”背后的故事、文化内涵呈现出来，消费者在购物的过程中感受到文化的氛围，满足消费者物质生活和精神文化生活的双重需求。目前大多数观点认为两者是艺术主题购物中心，但笔者认为这并不能全面准确概括它们的特点，两者应该是“商业购物中心+博物馆”和“博物馆+商业购物中心”的融合。

2011年，上海杨浦区档案局在杨浦区的商业中心五角场用临时展板的形式举办“穿越百年时空的档案记忆——建党时期沪东党组织卓绝斗争史图片专辑”，在人流如织的五角场商圈，吸引了不少观众参观。2017年9月16日，一场“奇妙的进化之旅”展览在北京长楹天街商场拉开了序幕，此次展览是由中国古动物馆和龙湖长楹天街合作举办的一场科普展览，也是中国古动物馆的首次商业科普展览。此次展览有三大巨型恐龙主题展区、从鱼到人九大知识展区、小达尔文试验站、科学大讲堂四大主题展区。对商场而言,举办这样的科普展览可以获得巨大的经济效益和良好的社会效益。通过满额消费送“化石修复”体验活动,商场获得丰厚的商品销售额。众多观众来到商场参观展览、参与活动,也带动了商场餐饮、百货等方面的消费。同时新颖的活动方式也让龙湖长楹天街在众多同行中脱颖而出,消费者对该商场印象良好。对中国古动物馆而言,商场支付的费用弥补了博物馆自身经费的不足,为博物馆的发展,特别是为基础设施建设奠定了良好的经济基础。另外,也有越来越多的公众开始了解并关注中国古动物博物馆,增强了博物馆的品牌价值。

此外,上海环球港、巴黎老佛爷百货奥斯曼旗舰店、东京的三越、西武百货公司等都开始了“博物馆+商业购物中心”的实践。有些商业空间也举办临时性的艺术展览。如香港中环置地广场2014年3月21日至4月4日为观众带来一场别开生面的艺术创意之旅——空中艺术展。展览以悬挂于空中的三重视角方式,展出萨尔瓦多达利的《燃烧的女人》雕像,韩辛的《万丝疏影》《梳扫金黄》《晴湖镜碧》,韩志勋的《宇缘一:冷雨》《宇缘四:速雷》以及Hong Viet Dung的《曙光初现》《宁静致远》。这些顶级艺术作品不但突显置地广场内零售空间的独特个性,更对推动香港艺术发展有着重大的贡献。

(2)“博物馆+商业购物中心”的思考

旧式的19世纪的博物馆看上去有点像商场,可以到那里去看不同的价值观和思想,而逛商店正在成为20世纪后期的一种重要的文化体验,两者正在混合。所以,你可以看到博物馆变得越来越商业化,而商店则变得更具智慧以及更富文化意味。确实如此,以上叙述的博物馆和商业购物中心的转变不谋而合,也促成了它们的跨界融合。目前所见的叫法有“博物馆化的商业空间”“博物馆陈列商业空间”“博物馆型商场”“博物馆式商场或商场式博物馆”等。黄光男将此现象称为“类博物馆”,认为百货公司博物馆化的目的是提升“生意”的文化性,加强美感浓度,感应生活动力,此乃服务品质精确的保证。

“博物馆+”不是简单的算术题,不是说“+博物馆”这三个字,就能升级成“博物馆+”。当然,博物馆与商业购物中心最开始的跨界融合就是

"商业购物中心+博物馆"的方式,也可称作"商业购物中心里的博物馆",即在商业购物中心的某一专门的特定空间开设博物馆。"博物馆+商业购物中心"是更广范围、更深程度,更高层次的跨界融合创新,就是把博物馆的部分功能博物馆的创意创新融入商业购物中心,而且创造出新的商业形态,形成新的消费亮点、热点兴奋点,激发大众的消费欲望和热情。可以说,"博物馆+"为商业购物中心的发展注入博物馆内核、博物馆元素,博物馆细胞和博物馆支撑,为商业购物中心的发展开辟了新空间。这并非简单的博物馆型或博物馆化能够涵盖的。

2.非博物馆空间的展示

随着博物馆内涵与外延的扩展,传统上认为必须要在展厅中进行的展示逐渐开始打破博物馆的束缚,在公共空间举办展览。可以说,将博物馆的展厅搬到了机场、地铁站、餐厅、酒店等,让更多的人群在候车、坐车、吃饭、住宿的时间里观看博物馆的展览,这应该也是扩大博物馆公共文化服务对象的一个途径。

(1)博物馆在公共交通中心举办的展览

机场、高铁站、地铁站这些公共交通中心空间开放、人流密集、参观自由,是展示城市文化精神,彰显城市气质和魅力、提升城市活力和文化品位的重要场域。博物馆尝试走进公共交通中心,与交通中心合作,通过展览的方式传播城市文化。同时,这些社会公共空间以文化为载体,积极开拓,创新服务。

2016年1月11日,中国航海博物馆"浦江故事"展览在虹桥枢纽站开幕,供旅客免费参观。虹桥综合交通枢纽是一个集高速铁路、城市轨道和地面交通与航空港三位一体的国际化大型综合交通汇聚点。"浦江故事"展览主要讲述了上海自开埠以来,黄浦江上往来船只的历史变迁,这些已然是上海100多年港口发展的缩影。展览利用图文生动展示了上海与航海、上海与港口之间的紧密联系。上海自1843年开埠以来,仅用10年时间取代广州成为中国第一大内外贸易港口。自20世纪90年代起,随着港口的扩建和外迁,上海成长为世界级的港口与航运城市。沙船云集的黄浦江,外白渡桥的倒影,十六铺码头的喧闹,往来轮渡的汽笛声,黄浦江与码头烙印在这座城市的记忆中，彻骨入髓，以其丰富的历史与文化内涵给予上海独特的魅力和风情。而现如今的浦江两岸也开始从仓库码头演变成兼具观光、游览、航运功能的黄金水岸，继续传承着上海的文化与历史记忆。后来中国航海博物馆还在虹桥火车站与2号航站楼的通道里举办了“造物寄情一馆藏航海民间艺术展”，通过临时展板的形式让观众对展览有了初步印象，从而吸引有兴趣的观众到中国航海博物馆实地参观。

2016年8月，徐汇区文化局与上海地铁公共文化发展中心共同打造“徐家汇地铁文化艺术长廊”，位于地铁1号线徐家汇站5号口和7号口之间的“徐家汇与海派文化渊源”陈列展线总长约48米。徐汇区历来是开科技传播、文化交流风气之先的地方。前有“衣被天下”的黄道婆，被联合国教科文组织称为“世界级的科学家”；后有明代文渊阁大学士徐光启，致力于会通中西、科技富民，身后归葬此地，后裔聚族而居，缔造“徐汇”之名。紧随徐光启之后，历史上的徐家汇宗教文化建筑群聚集，堪称远东地区最具规模、最全设施，至今仍闪耀中西文化碰撞融合的奇光异彩。徐家汇藏书楼、博物院、观象台，徐汇公学、类思小学、震旦学院启明女校，大小修院、徐家汇天主堂……这些文化教育机构的绵延，成就了徐家汇的文脉传承。图文展板、海报、古籍、银烛台等在玻璃大通柜中进行展示，让朝九晚五必经此地的上班族，还有碰巧路过的乘客感受徐家汇的文化魅力。地上是徐家汇的现实版，地下长廊追溯百年前的旧影。上下合体，互为索引，匠心独具。

2017年“世界读书日”来临前夕的4月22日，“书之爱——巴金与书图片文献展”开幕。展品均由巴金故居提供，展出内容包括巴金先生的手写购书单独家手绘肖像、《随想录》部分手稿以及巴金收藏的《说部丛书》《屠格涅夫作品与书信全集》和1928年购于巴黎塞纳河畔的英文版《往事与随想》等珍贵藏品。利用地铁站人流量大、观赏人群多样的特点，将名人故居中因场地限制无法全部展出的藏品转移至轨交站点，既能使珍贵史料重见天日，又能让无暇专程参观文博场馆的市民有机会接触人文历史，同时消除日常工作、上下班通勤带来的压力。

(2)室外公共空间的展示

英国利兹的街头有wecommunic8创造的“街头美术馆”,让民众在街头走路时也可以欣赏美术作品展示。

第三节 基于科学性的文字创新

首先需要理清几个问题:博物馆陈列展览中为什么要有文字部分?分别都有哪些类型的文字说明?用文字来表达主题展览品意义。必须是用精炼的词句,提示主题思想,阐述陈列内容,介绍展品,从而帮助观众对陈列展览能迅速地、有效全面和正确的认识。文字说明包括陈列展览序言、各种标题、部分、单元,以及陈列展品组的说明,各种陈列展品的说明。举个简单的例子,在墨西哥国立人类学博物馆中,陈列着重达24吨的“第五太阳石”,被誉为是全博物馆的“眼珠”,是阿兹台克文化的唯一象征。即使用最漂亮的背景来衬托、最完美的设计来凸显“第五太阳石”,观众可能也未见得理解这块大石头究竟是做什么的,这时就需要文字说明。

笔者将从三个部分来论证博物馆陈列设计中对文字说明的科学性的要求。第一,文字说明的创作,要求其专业并且可读;第二,文字说明的设计,要求其有趣并且直观;第三,数字化博物馆,要求其具有时代感和连续性。前两点都很好理解,这里需要说明的是第三点——数字化博物馆,是近些年很多博物馆探索的新课题,也是未来博物馆发展的方向。简单来说就是把现实中的博物馆及其陈列展览搬到网络上,让人们足不出户,也可以接受到博物馆的教育。在网页中,文字说明是对文物标本作出解释和描述的最重要手段。因此,单独列出一个部分,来阐述数字化博物馆虚拟的陈列设计中文字说明的科学性。

一、文字说明的创作

(一)专业

文字说明既然是为了表达陈列展览的内容和主题思想,专业的要求无可厚非。关于文字说明的主要内容、前言的要求、标题的特点、文字说明的统一格式等标准问题,在1985年12月由文化部文物局主编,文物出版社出版的《中国博物馆学概论》一书中都有详细的描述,并作出规定。

首先,是准确。陈列展览文字说明的撰写一定要观点明确,不能使用“据说”“可能”“也许”等模棱两可的文字,以免给观众造成混乱及模糊的印象。从专业的角度考虑,不明确的内容,即使没有定论的内容,也不能成为博物馆的陈列展览内容。这是关于准确的标准,而笔者则想重点说说对于观众,准确更倾向于通俗易懂的“名词解释”。

举例来讲,台北“故宫博物院”馆藏资源丰富,光书画一项就让人叹为观止。陈居中的《文姬归汉图》、王羲之的《快雪时晴帖》、吴琚的七言诗行草,等等,论艺术气息和收藏价值,无与伦比。在一定程度上,文字说明才是观众领略书画的历史、艺术、科学价值的关键。李公麟的《免胄图》,以现代人的审美眼光和观众的平均受教育程度,并不是所有人会在看这幅画时有太深的感触或者太浓厚的兴趣。退一步来说,即使有人想要了解这幅画,看到文字说明中写道:“《免胄图》;宋代李公麟所绘;描写唐朝名将郭子仪脱了盔甲英勇作战的情景。”这便是现今博物馆普遍存在的,文字说明不够准确的情况[①]。

为了解决文字说明不够准确的问题,来看看两种形式的文字说明,假设台北“故宫博物院”给《免胄图》做了两个文字说明牌。说明牌一:传北宋李公麟所绘《免胄图》卷,又名《郭子仪单骑见回纥图》,纸本墨笔白描,落款“臣李公麟进”,纵32.3厘米,横223.8厘米,《石渠宝笈续编》著录。此卷描绘唐代名将郭子仪说服回纥大破吐蕃一事。关于这一著名战事,《旧唐书》有详细记载。唐代宗永泰元年(765),唐朝叛将仆固怀恩煽动吐蕃、回纥等三十余万南下,京师长安震恐,人情危迫。郭子仪部仅万余

①马彬燕,向永胜.浅谈“互联网+”时代下博物馆展览服务创新[J].中国经贸导刊(中),2021(06):137-138.

人,为敌围困。子仪与回纥先有旧谊,怀恩为煽动回纥,谎称子仪已死。子仪亲率甲骑出没于阵前,并传话与回纥,晓以道义。回纥不信,日:“谓令公亡矣,不然,何以至此?令公诚存,安得而见之?”子仪谓左右曰:“至诚感神,况虏辈乎!”遂以数十骑徐出,免胄而劳之日:“安乎?久同忠义,何至于是?”回纥皆舍兵下马齐拜。子仪召其首领,各饮之酒,与之罗锦,欢言如初。会怀恩暴死于鸣沙,子仪遣朔方兵马使白元光与回纥会军。吐蕃知其谋,是夜奔退。回纥与元光追之,子仪大军继其后,大破吐蕃十余万于灵武台西原。

说明牌二:传北宋李公麟所绘《免胄图》卷,又名《郭子仪单骑见回纥图》,纸本墨笔白描,落款“臣李公麟进”,纵32.3厘米,横223.8厘米,《石渠宝笈续编》著录。《免胄图》卷所绘即为郭子仪率数十骑免胄(徒手不着盔甲)见回纥首领大酋,大酋舍兵下马拜见的情景。图卷左侧是郭子仪所率部将兵骑,仪容镇定,伫立于侧。右侧是入侵关中的回纥兵骑,阵营庞大而惶惶无措。回纥大酋着戎装,携副将滚鞍落马,正单膝跪地作钦服之状,拜见免胄着燕服的郭子仪。郭神情雍穆诚恳,俯身援手以礼相见,体现出从容大度的一代名将风范。

其实从准确的程度来说,两种说明牌都做得很好。但作为一个普通观众,笔者更愿意看说明牌二,因为它更像是说一个故事,指引观众依照故事的内容在画上找对比、寻求对史实的印证。观众看到的不仅仅是画的神奇美丽,更是对一段历史的了解、回顾。反观说明牌一,十分专业,不论是从历史上溯源还是从文学中考证,都做得很足。只是连篇的古文、生僻的词汇、专业的解说,似乎都和画本身脱离了联系,让观众不能够在画与说明牌之间很好地做出逻辑连接,也就不能引起观众的阅读兴趣。毫不客气地说,不能让观众有阅读欲望的说明牌,或者说让观众读完之后仍然云里雾里的说明牌,做了也是白做。

再举一个例子,东南沿海一带新石器时代文化有一种常见的器物——陶支座,很多博物馆展出书写说明文字时,只是简洁地写上“陶支座”,观众并不知道它是干什么的。这就是失败的说明牌,或者说这根本谈不上是一个说明牌,因为只有一个晦涩难懂的名称,其实并没有像观众说明什么。

如果能简单介绍“陶支座”是新石器时代人们使用的一种炊器支撑工具,并以三件陶支座支起一件陶罐,陶罐下面模拟出燃烧的火。综上,对于说明牌准确的要求,既是科学性上的要求,又是合理性上的要求,因为需要陈列展览设计者时时刻刻记住说明牌服务的对象永远是一观众。

其次,是简洁。从人类信息处理的模式来说的话。如果感觉系统感受的信息太多,如陈列内容及说明性的文字包含的陌生信息太多,信息量过大,感觉就会超负荷,信息在来不及传递和转化之前,就会消失或为别的信息取代,从而使认知系统对信息处理变得困难。这对于文字说明无疑是一个巨大的挑战,因为博物馆陈列的藏品,本身就具有深邃的历史、艺术和科学价值,要想介绍这些藏品,绝非三言两语所能及。但是,站在观众的立场,参观博物馆的时间有限,学习的欲望也是随兴趣来支配的,简洁的文字说明才能给观众最明确而快捷的指向。

本文就以陈列展览的前言来讲讲简洁的要求。陈列展览前言或叫序言是一个陈列展览的引子,是整个陈列展览的概述。通常位于展厅入口处序厅部分。一方面通过前言,观众可以了解陈列展览的基本内容;另一方面它是通向陈列展览的一扇大门。对前言的撰写要求是,语言风格尽量优美、精炼、概括。字数一般在300字左右。简洁也不仅仅是字数上的要求,更是对内容的要求。如果是纯知识层面的文字,300字的前言依然对观众提出了过高的阅读要求,怎样简洁地抓住观众的心,还是举几个例子来分析说明。

经常看到的前言是一个史实、一个人物简历,也可能是一个读不懂也记不住的“科普”,相对应的三个例子,就像表格中的“改装前”三个“常见”前言没有一个超过300字的字数范围,但依然存在阅读的困难,因为文字简洁而专业。

前言“改装”分析如下。

1.史实

“改装”前:秋收起义——1927年9月,中国共产党在湖南、江西边界领导发动的农民武装起义。八七会议后,毛泽东受中共中央的委派,以中共中央特派员的身份前往长沙,领导湘赣边界的秋收起义。8月18日,改组后的湖南省委在长沙市郊的沈家大屋召开会议，讨论制定秋收起义的计划。毛泽东在会，上着重阐述了枪杆子出政权的思想。会议决定要与国民党彻底划清界限，旗帜鲜明地以中国共产党的名义号召群众，并确定集中力量以长沙为中心的武装起义。

“改装”后效果如下。

时间：1927年9月。

地点：湖南、江西边界。

性质：农民武装起义。

领导人：毛泽东。

秋收起义——沈家大屋里酝酿出的武装计划。

秋收起义——八七会议精神的胜利延续。

秋收起义——枪杆子里出政权的伟大实践。

2.人物简介

“改装”前：聂耳（1912—1935），原名聂守信，字子义（亦作紫艺），汉族，云南玉溪人。中国音乐家。他从小家境贫寒，对劳苦大众有深厚的感情，他在有限的生命中创作了数十首革命歌曲，他的一系列作品，正是共产党领导的人民革命的产物。聂耳开辟了中国新音乐的道路，是中国无产阶级革命音乐先驱。聂耳是中华人民共和国国歌《义勇军进行曲》的作曲者。

“改装”后如下。

聂耳（1912—1935），云南玉溪人，中国音乐家。

你知道的聂耳——无产阶级革命的音乐先驱，《义勇军进行曲》的曲作者。

你也许知道的聂耳——超凡的音乐天分，23岁英年早逝的悲剧。

你不知道的聂耳——我们为您展示。

3.科普

河姆渡遗址发现于1973年，遗址总面积，达5万平方米，叠压着四个文化层。经测定，最下层的年代为7000年前。通过1973年和1977年两次科学发掘，出土了骨器、陶器、玉器、木器等各类质料组成的生产工具、生活用品、装饰工艺品以及人工栽培稻遗物、干栏式建筑构件，动植物遗骸等文物近7000件，全面反映了中国原始社会母系氏族时期的繁荣景象。河姆渡遗址的发掘为研究当时的农业、建筑、纺织、艺术等东方文明，提供了极其珍贵的实物佐证，是中华人民共和国成立以来最重要的考古发现之一，河姆渡遗址出土的文物曾多次出国展览，深深地震撼着整个世界。

这里有震惊世界的考古发现；

这里有7000年前历史的声音；

这里有最原始的生产工具；

这里有最生态的建筑工艺；

这里有最初级的农业文明。

这里是专业的考古现场；

这里也是大众的文明起源；

这里是最繁荣的原始社会母系氏族；

这里是——河姆渡。

让我们——同探索东方文明起源——河姆渡遗址。

不难看出，“改装后”的前言包含了“改装前”的关键信息，只是换了一种表达方式，一种较为亲民的表达方式。让文字说明看起来简洁，但又不失信息含量，最关键的是让观众在有限的时间里能够读懂。

当然，并不是每一段前言都需要像笔者“改装后”的规格一样，笔者也只是根据个人文字上的偏好将陈列展览中的重要信息点重新排列组合。再举一个例子，首都博物馆新馆基本陈列《古都北京历史文化篇》的陈列主题为反映北京的都城文化，在陈列前言中写道：“《古都北京历史文化篇》以文思想为视角，展示了北京从原始聚落到城市出现，发展成几代王朝的政治中心，进而上升为统一的多民族国家的首都，乃至建设中的国际化大都市的历史进程”。简洁、明确，没有花样繁多，却一样让观众一开始就明白了陈列展览的主题。因此，对于文字说明简洁的要求，不仅是字数、文体上的限制，更是对其通俗性的要求，必须是科学的，没有繁复冗长。同时，为了观众，也必须是简单的，没有晦涩难懂。

最后是国际化。博物馆是中国文化最直接的窗口，文字说明上也理所应当要做到国际化。最简单、最专业的要求是，在中文说明下面配上合理的英文翻译。同样站在观众的角度来考虑国际化的问题，大家都知道基本上博物馆只会配上英文说明，而其他国家的文字一般很少见。鉴于英文是国际通用的语言，但并不是所有人精通英文，所以需要用简单的词汇、语法和句式来表达清楚文物标本的内涵。

“从上展说明文字的展示效果及版面考虑，英文说明不可能按中文说明全文翻译，需要单独撰写英文说明的中文底稿。”“撰写标准确定为前言和部题说明是在中文说明的基础上，缩减内容，只保留基本框架，修饰性内容全部删掉”。例如《古代玉器艺术精品展》中的一个文物中英文对照。

羊脂玉花卉佛像纹碗

清(1644—1911年)

玉碗外壁琢曲瓣番莲纹及两尊坐佛，佛头戴五佛冠，颈饰瓔珞，右手捻指，左手捧钵……是宫廷玉作中的珍品。

Bowl with Floral Design and Buddha Image Mutton—fat jade

Qing Dynasty(1644—1911)

笔者在参观湖北省博物馆的时候，注意到了关于“玉璧”的中英文对照说明，说明相较上一个例子更为详细。但个人认为也有一些不妥的地方，下面解析一下此说明。

曾侯乙墓出土玉璧共67件。璧在周代是六瑞(即璧、琮、圭、璋、璜、琥)之首，用为礼器，以礼苍天。按周礼，天子、诸侯礼享天子均用一尺二寸大璧。此外，璧也可以用于作装饰或佩戴之用。

Sixty-seven bi (jade in round shape with a hole in the middle) were unearthed. The bi, the most important of the six kinds of auspicious jade ornaments in the Zhou Dynasty, was used at rituals to worship Heaven. In the rules on rites at that time, the big bi measuring one chi two cun in diameter was to be used by the king or presented to the king by a feudal lord. The bi could be used for decoration or be worn as an omament.

笔者认为英文说明中至少有三个细节值得商榷。

其一,第一个“装饰品”的翻译有问题。因为后面又讲璧可以用作装饰品,如果先开始就用这个词来定位璧的功能的话,后面不必多此一举。应该用“物件”这样的词汇比较合适,如thing或者article。

其二,presented词主要是指提供、呈递,这里想表达的主要是“供奉、上供”,因此用consecrate或者enshrine and worship这样的词比较合适。

其三,afeudal lord(文中加粗标出)直接翻译过来是指“封建制度下的主”,其想表达的是地主这个意思,那其实有更好的词汇,比如the feudal princes,如果觉得这个词太过了,与君主分辨不清的话,也可以用dukes(公爵)or princes underan emperor(皇帝)。

当然,在英文说明中比较好的地方在于one chi two cun的说法,一尺二寸没有生硬地翻译,而是就用中国式的表达,不能说不够准确,只是凸显文化的表现,况且也没有外国人一定很愿意知道一尺二寸究竟在自己的文化中是怎样的计量单位,即使有人想知道,也可以依靠讲解员,而不用全翻译出来,就好像kongfu(功夫)和toufu(豆腐)一样。

综上,对于英文翻译国际化的要求,与中文说明的要求同样严格。这既是对博物馆藏品的负责,也是对国际友人的尊重。

(二)可读

文字说明的关键在于“说明”,其存在的价值是让观众看完说明就懂得藏品是什么,有什么作用,历史渊源是什么,有什么特别的文化意义。那么,其可读性就变得格外重要。从这个意义上来说,文字说明的撰写其实是文学作品的创作,那和文学创作一样,勾起读者的阅读欲望,表达自己的精神主题,就是文字说明可读性的两大重点。

先来谈谈表达自己的精神主题,毕竟对藏品内涵最大化的诠释才是文字说明的首要目的。但是,要谈表达自己的精神主题也绝非简单地表达清楚藏品内涵,而是以观众为本,设置观众想要看到的内容和精神主题。

举个例子,北京故宫博物院的一件藏品“掐丝珐琅缠枝莲纹象耳炉”的文字说明就做得非常成功。

名称:掐丝珐琅缠枝莲纹象耳炉

尺寸:通高13.9cm,口径16cm,足径13.5cm。

作者:元代工匠制,明景泰年改造。

时代:元

在藏品下方的说明牌上就简单地写了名称、尺寸、作者和时代四项基本内容。符合上文在专业性要求中提到的准确和简洁。但说明还不止于此,基本内容的下面还有一块较大的文字说明,对于这件藏品进一步解说。

在民间,“景泰蓝”早已成了掐丝珐琅工艺的俗名,一提起这个古色古香的名字,人们就会想到通体金丝彩釉、富贵气十足的金属胎掐丝珐琅器。却很少有人关注这位只做了七年皇位的景泰帝,难道他在位的这短短几年,掐丝珐琅工艺真的发展得炉火纯青、登峰造极了吗?

这件掐丝珐琅缠枝莲纹象耳炉为故宫旧藏器中的珐琅珍品,以前曾被认为是明景泰年间制品。此炉腹部主体纹饰是大朵的红、白、黄三色缠枝莲花,周身一共6朵,其下接近足部以红白莲瓣纹为饰,其上接近口部在浅蓝釉地上饰黄、白、红、紫四色菊花一周12朵。其纹饰典雅大气,色彩纯正富丽。此炉最可贵的是釉质莹润,有些地方甚至犹如玻璃般的明澈。炉的整体造型也端庄敦厚,堪称经典,我们可以将其与著名的宋代炉和明宣德炉的造型加以比照,可见其一脉相承,且更臻圆熟。

但据专家考察,景泰朝的许多掐丝珐琅器并非当时烧造,而是前代器物的改造。这件精彩的掐丝珐琅炉就是景泰年间改造的元代珐琅器,炉的錾花内胆、底足与两只卷鼻象耳才是景泰朝工匠的后配。像这样的改造过的元代珐琅器珍品还有相当一些,景泰朝的工匠借元代珐琅的高品质为自己在中国工艺史上赚得了“景泰御前作坊之珐琅”的美誉,以至金属胎掐丝珐琅也被冠以“景泰蓝”之名。所以,此件景泰朝御制炉其实是元代珐琅工艺的杰作。

这段说明的第一小段提出了问题,让观众把自己熟悉的“景泰蓝”放到历史长河中找对应,与此同时粗略说明景泰帝和明朝的掐丝珐琅工艺。第二小段着重介绍该藏品,从颜色、纹饰、形制、制作工艺等方面详细分析,同时起到承上启下的作用,既能衔接上一段对于“景泰蓝”工艺的进一步探讨,又能引发下一段关于“旧物改造”的阐述。而第三段则是更为深入的专业科普,让观众了解到眼前的藏品来源于两个朝代,历经数年的两次生产和包装。在感受藏品神奇美丽的造型时,也不免感慨我国手工艺制作的发展和古代人民的智慧与巧思。该说明牌清晰地表达了自己的精神主题,向观众体现的不仅仅是一个晦涩的名称掐丝珐琅缠枝莲纹象耳炉,更是与此藏品有关的一系列历史知识与文化知识。同时还有一个贴心的地方在于,简单说明和详细说明给观众提供了选择,看到藏品的样子之后,观众可以根据对藏品的兴趣选择是粗略了解其名称、年代等基本信息,还是进一步了解其制作工艺、历史渊源及文化内涵。对于不同需求的观众都给到了相应照顾,可以算得上可读性很强的文字说明。

那么,在标题创作中,是不是也存在着如何表达自己精神主题的考验呢?一般标题创作的形式,即用文学色彩比较浓厚的文字作为主标题一提纲挈领,风格上比较含蓄,具有浓郁的书卷气;而用写实风格的文字作为副标题一对主题的诠释,帮助观众理解主题的寓意。

例如,被评为首届全国文物系统“十大陈列展览精品”的四川广汉三星堆博物馆。

《古城古国古蜀文化陈列》的单元标题:

第一单元:三星伴月——灿烂的古蜀文明

第二单元:众神之国——神秘的原始宗教

第三单元:千载蜀魏——奇绝的文物精华

第四单元:三星永耀——三星堆的发掘与研究

前面的三星伴月、众神之国、千载蜀魏和三星永耀是主标题,文学气息浓厚,但其实仅仅起到“引”的作用。真正的精神主题,即核心内容是后面的古蜀文化、原始宗教、文物精华以及三星堆的发掘与研究。这样的标题既能够很好地提醒观众该单元所要展览的主题是什么,又能用文学的力量给观众营造一种贴切的历史文化氛围。

接下来,是勾起读者的阅读欲望。其实在上一部分中讲到的例如“三星伴月”“众神之国”“大航海时代的香料之旅”等主标题就是一种勾起读者阅读欲望的方法，但笔者认为它主要还是服务于核心“精神主题”的揭示。而在这一部分，笔者着重想从语言学和心理学的角度来浅谈观众容易被什么样的文字说明抓住眼球，勾起阅读欲望。

首先，从语言学来说，文字说明的风格主要采取记叙文的叙述性语言，有些甚至采用说明文的体裁，说明展品为何物即可。但实际上陈列展览文字说明的风格与它所展示的内容及文物有着很大的关系，例如一件青铜器与儿童玩具的文字说明风格上是不同的。例如，首都博物馆新馆青铜器专题陈列文物说明：

伯簋：西周早期（公元前11世纪中期—前10世纪中期）北京房山琉璃河出土此簋双耳作鸟形，以四个外卷长鼻象首为足，盖与器身装饰四组象纹，造型与纹饰相得益彰，华美又不失庄重，是燕国青铜器精品中的一件代表作。盖内与腹内底有相同的铭文：“伯作乙公铸簋。”

而在首都博物馆新馆基本陈列《京城旧事一老北京民俗展》“玩具”内容的文字说明：

玩具：小孩儿哪有不爱玩的，各种各样的玩具、游戏让人捉摸不尽、爱不释手。玩具不仅启迪了孩子的智力，而且在玩耍中还教给孩子怎样同小伙伴相处，为一个人走入社会奠定基础。

不难看出伯簋相较于玩具的文字说明更让人难以读下去，这个例子说明观众对于自己了解的东西更容易产生阅读的兴趣，以求得共鸣。那么问题就来了，博物馆陈列展览的藏品大部分都是观众所不了解的，这里就存在一个操作性的问题：怎么样把观众不了解的转化为观众了解的？

举个例子，青铜器的名称和用途可以说是观众绝对不了解的东西，就说甑、鬲和甗三种青铜器炊器，很多观众甚至可能连这三个字都不认识。可是，古时的炊器发展到今天，一定是与现代炊器相对应的，也就是说所谓的甑、鬲和甗也许我们做饭的时候都会用，只是我们不知道它们在古代是什么样子、叫什么名字而已。所以，如果笔者来做这三种青铜器的说明牌，会这样做：

甑:蒸食用具,多为圆形,有耳(把手)或无耳。用来放置食物,利用蒸汽将甑中的食物蒸熟,类似于现代的蒸锅、蒸笼、笼屉。

鬲:用于烧煮或烹炒的锅,其形状一般为侈口(口沿外倾),有三个中空的足,便于炊煮加热。类似于现代的酒精炉,只不过酒精炉是在空的地方放入酒精,点燃加热放置于酒精炉上的锅子;而鬲是在中空的地方放入水或实物,放置于火堆上加热底部,直接烧煮鬲里的食物。

甗:先秦时期的蒸食用具,可分为两部分,下半部是鬲,用于煮水,上半部是甑,用来放置食物,可通蒸汽。形状类似于现代的干锅,下面加热,锅内的食物即被煮熟,但通过蒸汽加热,食物味道更类似于今天的蒸菜。

看完说明之后,遥远生僻的甑、鬲和鄜变成了蒸锅、酒精炉和千锅,其实就是阳春白雪和下里巴人的关系,没有哪一个更好,只有哪一个更容易让观众找到共鸣。藏品没有变,变得只是语言和文字。

其次,从心理学来讲,认知心理学中有一条叫作“先置导标”的心理法则,在内容的标题设置中,使用“先置导标”可以唤起观众大量潜在的被动知识,激发观众提出自己有能力提出却未能意识到的问题。方法之一就是使用简洁恰当的疑问句。

以四川省自贡盐业历史博物馆为例,自贡市地下埋藏着丰富的盐卤和天然气资源。从汉代以来有人在这里凿井汲卤制盐,至今有一千多年的历史,自贡也以盐业发达而享有“盐都”之称。那利用“先置导标”,就可以在博物馆中放置一些问题。

标题:

没有海水,盐从哪里来?

什么是盐卤?

有没有一口井,不出水,只出盐?

埋在地下的盐,挖出来就可以直接吃吗?

世界最大的盐井有多大?

这些问题既可以引导观众完成整个参观,又可以激发观众探索和求知的欲望。这就像上小学的时候,老师会布置预习课文,并回答问题。

其实是要大家带着问题去读课文,有了问题,大家才会有读课文的兴趣,也才会有找出答案的动力。博物馆文字说明也是一样,如果没有问题,观众也就失去了探索学习的方向。这一点英国自然历史博物馆做得就很好,许多处的说明词由“讲解式”改成“询问式”,常常可见到“请自己找出答案”的字样。许多正确答案只有通过正确的操作才能发现。

二、文字说明的设计

(一)有趣

按照观众的需求创作出文字说明之后,怎样包装这些文字说明就成为了下一个问题。有趣,顾名思义就是要让文字说明的设计看起来生动、活泼、充满趣味性。在短时间内吸引观众的注意,让观众把目光聚焦于文字说明牌上,进而耐心地阅读文字说明的内容。当然,有趣也是建立在对博物馆类型、主题进行科学的研究和分析的基础上,确定博物馆的类型和主题适合有趣的陈列展览方式,例如唐山大地震纪念馆就不适合有趣的文字说明设计,而适合庄严肃穆的风格。

有趣的文字说明设计是要让观众一眼就能看到,看一眼就能产生兴趣。为了达到有趣的效果,笔者认为有时甚至可以“反其道而行之”。众所周知文字说明的设计不管多么花哨,让观众看得清、看得到、看得懂是首要标准,可在一些特殊情况下也不尽然。比如法国有一个微型家具博物馆,在一间间神秘而又华丽的小型卧室里,放置着仅有书本大小的写字台,半米高的衣柜,钢笔长的沙发,还有五花八门的法国贵族使用的袖珍型家具。在这样一个袖珍的小世界,如果我是设计师,我会把文字说明牌以及字体都缩小,在一进博物馆的时候就给每位观众发一个小型的放大镜,让观众透过放大镜来看文字说明。当然,微型家具博物馆本就不需要太多、太长、太专业的文字说明,所以用放大镜来看篇幅不长的“微型文字说明”不仅不会给观众造成视觉压力,反而可以营造出一种切合“微型”环境的氛围,把阅读文字说明变成了一种对于神秘小世界的探索。

当然,刚才举的三个例子都是一些相对“非主流”的博物馆。那么对于“主流”博物馆的文字说明设计,除了前文提到的切合陈列展览的主题、增加艺术效果,还有什么细节是可以注意的呢?

一个有趣的例子:中国古代盥洗器具——匜和盘——的陈列。这是两件一套的器具。由于这种盥洗传统没有流传下来,现代的观众对它们的功用以及它们之间的关系并不了解。

在文字说明的设计上,一种普通的做法是将每一器具都置放在陈列橱柜里,再配上一片说明卡,由观众阅读文字来了解。这样也许观众看到两件自己完全不认识的东西,再加上满满一纸的复杂文字,就自动将目光移开了。而另一种方法则是将它们按照配合使用时的状态置放,盛放清水的匜斜置在上方,使出水口正与平置在下方的盘相对。这样一种格局向观众解释了其间配合使用的关系。同时在文字说明之前作图解说明,即利用流水状的图示将两者连接起来,这样观众就能明白一为浇水容器,一为盛水容器。在两件器皿间的背景穿插一双作洗手状的手,那就能揭示其盥洗的作用。当观众看到了有趣的图示,粗略明白了这两件物品的功用,自然会将目光转移到旁边的文字说明,对其名称、历史渊源一探究竟。这就是对于单件藏品文字说明设计的"有趣"要求,如果遇到需要很长的文字说明才能讲清楚的藏品,不妨大胆地运用图示吸引观众的注意,毕竟,看一张图比起看一段文字来说,更容易让人接受。

总之,有趣,就是针对陈列展览总体或是某件藏品,具体问题具体分析,运用艺术、科技等手段在第一时间抓住观众的眼球。只有观众的目光看向了极具设计感的说明牌,才有可能进一步阅读博物馆工作者们精心设计的说明文字。

(二)直观

上文中匜和盘的例子,图示吸引人们的眼球,将注意力引向文字说明。那么,这样的设计除了有趣之外,还有别的玄机吗?

图案符号在陈列展览中主要起到艺术装饰或者重点提示等作用,例如提示需要观众引起注意的内容、特殊的展示内容等。这是图示的功能,也是能够引人注意的依据。同时,还是笔者想说的直观。

大家都有经验,参观博物馆的一般顺序是由文字说明提供的,一般都是"前言—各大部分—结束语"这样的逻辑顺序。这就存在两个问题,一是千篇一律、死板僵硬。有了一定的逻辑范本,每个博物馆都依此设计文字说明来引导观众参观。博物馆就像工厂生产出来的产品,给人“换汤不换药”的感觉。二是对于参观的连续性有了很大的限制。观众只能顺序进行参观,一旦要略过几个部分,从中间的某个部分开始参观,或者从后往前参观,就会产生逻辑上的缺失或者混乱,比较不容易看懂、看清、看好陈列展览。当然,笔者并不认为严谨的逻辑线和文字说明顺序是不好的、不必要的,相反,十分必要。不仅为观众提供了最准确、最科学的参观引导,更是博物馆科学性的最佳体现。但是,严谨中加上一些更为直观的东西,也可以为观众提供另一种感受。

三、数字化博物馆

前面说到,数字化博物馆是把现实中的博物馆及其陈列展览搬到网络上,让人们足不出户,也可以接受到博物馆的教育。在网页中,文字说明是对文物标本作出解释和描述的最重要手段。因此,前文阐述的文字说明的创作与文字说明的设计,这两个要求对于数字博物馆来说,也是必须的。但鉴于数字博物馆虚拟的特殊性,以下将从连续性和时代感两方面阐述其在文字说明上应该达到的要求。

(一)连续性

现实中的博物馆都为观众设置了一定的逻辑线,观众以此进行参观学习,比如,“瓷器、玉器、青铜器……”“唐、宋、元、明、清”“原始社会、奴隶社会、封建社会……”等等。这样的逻辑线引导观众完成参观,同时也符合博物馆严谨的学习氛围。同样,数字化博物馆也需要给观众提供一定的逻辑线,否则观众打开网页,看到的是一堆毫无逻辑的杂乱信息堆砌在一起,就完全失去了浏览参观的兴趣和方向。而这种逻辑线,不能通过实物、讲解来完成,只能完全依靠清晰明确的文字说明。这就是笔者所说的数字化博物馆的连续性,“让观众足不出户也能接受博物馆教育”,绝非一句空话。它需要精准、科学的文字说明的创作,来为观众提供一个最为接近真实、最简单易懂而又引人入胜的完整的博物馆形象。

(二)时代感

如果说数字化博物馆的连续性是对文字说明创作的要求,那么时代感就是对文字说明设计的要求。如同上文对于现实博物馆文字设计的论述,数字化博物馆也一样,需要一种能够抓住观众眼球的极具时代感的网页设计,来将观众的视线牢牢锁定在博物馆的网页上。鉴于网络浏览的随意性,观众可以随时点击进入网页或是关闭网页,所以这种时代感不仅仅是炫目的网页设计就能满足的,还要求整个网页条理清晰,不给观众造成额外的视觉障碍和视觉疲劳,更应该能够实际地为观众提供方便的服务,同时能够创立数字化博物馆与现实博物馆之间的联系。以日本京都国立博物馆为例。

它的数字化博物馆首页设计条理清楚。没有太多的图片,但是有明显的功能分区,把每一个临时或固定展览的时间地点和内容标注的十分清楚,同时对于博物馆近期的各种通知也放在了较为醒目的位置。但整个网页由于色彩和排版的巧妙布局,也不显死板僵硬。简单,却不失精致。这其实就达到了炫目与清晰相结合的要求。

综上,笔者所说的时代感,就是在现代快节奏的生活中,观众点击进入数字化博物馆的首页,不费任何力气就能从众多信息中马上提取到自己需要的;看完自己需要的信息之后,数字化博物馆所提供的便利和吸引力能够带着观众走出户外,走进现实中的博物馆。与此同时,还能在极具现代设计感的网页设计中得到美的享受。

第四节 基于艺术性的形式创新

每一个博物馆都是一件艺术品,一个艺术的设计,一种艺术的理念。德国著名建筑师格罗皮乌斯对博物馆的设计提出了崭新的要求:既是艺术的又是科学的,既是设计的又是实用的,同时还能够在工厂的流水线上大批量生产制造。笔者十分认同这种观点,博物馆作为爱国主义教育基地,必须是科学的、实用的,以此让观众接受最准确的教育。但博物馆是艺术的殿堂，必须是美丽的，能给观众带来艺术震撼和美的享受。然而，它的设计者又不能过分地特立独行，不能对设计材料、理念、布局、辅助工具提出过高的要求，这样会使得博物馆的设计工艺过于复杂，而耗费过多的人工和时间。因此，博物馆的设计需要艺术，需要的是简单、通用、为大多数人所接受的艺术。

学者们对于博物馆陈列展览形式的艺术性做了很多研究和探讨，不管是平面构成、立体构成，还是色彩构成，都积累了丰富的材料。而笔者试着重站在观众的角度，站在如何提高博物馆陈列展览水平的角度，站在更好地实现博物馆教育功能的角度来进行论述。以下，笔者将从四个方面阐述博物馆陈列展览形式的艺术性，即舒适感、整体感、特色感和时代感。笔者将结合前辈学者设计或解析过的一些博物馆实例，来对比说明笔者实地参观过的博物馆。

一、舒适感

也许博物馆在大多普通民众的眼中是面目森严的，绝不会和平易近人、舒适这样的词汇联系在一起。的确，现实中很多博物馆都是灯光不够明亮，室内温度过低或过高，到处写着“请勿喧哗”“请勿拍照”“请勿触摸”的标语。这样的环境当然谈不上舒适，反而只能让观众觉得拘谨。博物馆陈列的都是经历千万年的珍稀文物，一点点疏忽就会使文物藏品的自然属性发生变化，产生老化、腐朽甚至损坏的恶果，因此博物馆的温度、湿度、光线强度等都是受到严格控制的。同时，噪声、闪光灯等和人体触摸时所携带的酸性物质，更是对文物的保护十分不利。这些因素都是博物馆设计者们必须考虑的，并不是不想给观众营造舒适的参观氛围。其实，博物馆在很多细节的地方努力地为观众营造着舒适感。比如在展厅的空间布局方面，天津自然博物馆动物陈列室的形式设计中，采取了不规则的空间分隔以及加大展柜开窗，降低视线，力求达到摄影机拉近镜头焦距的效果，使人们感到亲切自然。在展线布置上，选用了曲线构图的方式，利用标本陈列的高低错落，改变四平八稳的格局，获得了轻松活泼的气氛[①]。而在战国曾侯乙墓出土文物陈列中,为达到空间的安排应能够创造出更多地能够留住人们脚步的地方的要求,采用"锯齿形"的折线陈列布局,不仅造成一种多变环境,而且使过渡空间相对减少,展览空间相应扩大。云南省红河彝族哈尼族自治州博物馆利用视觉落差效果进行陈列展览,这就是与天津市自然博物馆一样的手法——利用陈列的高低错落,形成视觉上的落差线条。分为上中下三个层次来展览恐龙化石标本。既产生了有层次的美观效果,又符合观众的视觉需要。观众的目光随着展品上下起伏,不容易产生视觉疲劳,还使得展览变得有节奏、有活力。还有利用"锯齿形"的展现来布局少数民族的银饰,与曾侯乙墓的陈列方式相同。而在书画展中,更是利用这种布局来营造出更大的参观空间。在参观人数较多的时候可以有效地分散人流。大家所看到的每一个层次的书画展示柜都是可以进入参观的,既是总体布局中的一个小层次,又是一个独立的进深入口,观众可以走进去近距离参观书画。以此营造出多变的参观环境,同时拓宽展室空间。

那为什么说这样的设计可以使观众在参观中增加舒适感呢?其实是因为该设计符合了人体工学的要求。人体工学是指研究人与物、人与环境的科学。它涉及声学、光学、色彩学、心理学、视觉环境学、工程测量、人工智能等许多领域,成为一门横向交叉性很强的新兴学科。举例来说,我国唐以来佛教兴盛,佛像、菩萨的塑像自背部以上便开始向前方倾斜,这和前来烧香、朝拜的人正好成仰俯之势,这种处理减少了因佛像高大所造成的和观众之间的视觉偏差。这就是人体工学的应用。

在现实生活中还存在很多这样的例子,比如明式家具圈椅的背部线条就是贴合人体脊椎设计的。同理沙发、床、汽车座椅等的设计也必须符合人体工学,这样可以让人感到舒适。同样,一个家庭的装修也必须符合人体工学,就说墙壁的颜色,卧室墙壁的颜色需要适合睡眠,让人能够安心、平静,适宜选择米黄色、粉蓝色等淡色系;厨房是一个"水火交融"的地方,是家庭中温度较高的房间,因此不适合选用大红、明黄等过于明艳、耀眼的暖色系。再到电视背景墙的灯光、电视机与沙发的高度、

①金研. 新时代博物馆陈列展览工作的创新研究[J]. 中国民族博览,2020(24):229-231.

浴室镜子的大小、浴帘悬挂的高低等等问题都需要切实地考虑到居住的人是否舒适、使用能否顺手。可见，人体工学广泛地应用于生活的方方面面，也许没有发现，却也确实享受着人体工学带给我们的舒适感。这也就是为什么上文提到的高低错落的展柜和“锯齿形”展现布置能让观众看起来比较舒适，就是人体工学的妙用。那么，人体工学除了适用于陈列展览的空间布局，是否还在其他方面起作用呢？答案是肯定的。人体工学在博物馆陈列展览中的运用至少还体现在两个方面。

首先来说说光线。明确几个概念。“暗适应”指的是人们从光线好的地方走进黑暗的地方，眼睛须对自己的感受能力进行行为调节，以适应较低光强范围的过程。“光适应”是指人们从黑暗的地方走进明亮的地方，眼睛又必须调节以适应较高的光强范围的过程。“暗适应”需要大约30分钟；“光适应”通常不到一分钟。通俗点来讲，人们每天都在经历暗适应，就是晚上入睡关灯的时候，原本明亮的房间灯光瞬间熄灭，感觉四周一片黑暗，什么都看不见，但等眼睛习惯黑暗之后，又可以看清楚房间里柜子、床等物件的轮廓甚至颜色。而光适应就是小时候每天早上起床上学，被爸妈叫醒，从睡梦中直接醒来看到房间的大灯点亮，眼睛刺痛、亮得不敢睁开眼睛的那一瞬间。

先举一个光适应的例子：在哥伦比亚黄金博物馆的黄金展览大厅，观众参观黄金时，须先通过一条漆黑的缓冲地带，来到展览大厅时，灯光突然齐明，数不清的金器光彩熠熠，辉煌夺目地展示在观众眼前。同时大厅内奏响悦耳的印第安民族音乐，观众好像回到了印第安文化鼎盛的“黄金时代”。在这里，光适应起到了一个突出陈列展览主题的作用，有种欲扬先抑的感觉，让黄金来瞬间点亮观众的眼睛，也给观众带来“黄金时代”特有的震撼。

再来说暗适应的例子：长沙马王堆汉墓陈列馆女尸和内棺陈列室，使用幽暗的深照型射灯，配以黑红色调为主的壁画，但是由于人们的暗适应视觉特性，从光线明亮的展厅来到幽暗的女尸暗室，无法短时间看清壁画、女尸、内脏等内容的细枝末节。从而在一定程度上减弱了观众对内容的了解和记忆。在这里，笔者有一点和前辈学者不一样的想法，“削弱了观众对内容的了解和记忆"就一定是坏事吗？笔者认为针对这个展览，暗适应让观众看不清楚是一件好事。因为女尸、内脏等展览内容虽然具有很高的历史价值和科学价值，但其艺术性却相对较弱，观众清晰地看到女尸，并不能得到美的享受。同时也不可能通过清晰观看内脏就了解到什么特别的科学道理。所以，还不如使用暗适应来营造一种神秘的历史氛围，让观众既观看了女尸陈列，感受到了大自然的神奇，又没有受到内脏等血腥画面的视觉冲击，特别对于小朋友来说，是有好处的。

可能有人会问，上面讲的光线的例子，并没有体现人体工学带给观众的舒适感。其实不然，光适应和暗适应的关键还是在于"适应"，如果是用极强烈的光线刺激来实现陈列效果，当然是不妥的，但光适应和暗适应需要的缓冲时间并不长，观众完全可以在参观的过程中及时调整、适应。享受到陈列效果的同时，还能调节视疲劳。大家都知道大部分博物馆的光线较暗，这时候，光适应和暗适应的效果就被扩大了，在整个参观的过程中起到了调节与活跃气氛的作用。对于参观博物馆全程来说，确实为观众营造了舒适感。

然后来说说色彩。湖北省博物馆的曾侯乙墓陈列展览中，使用了大量的黑色底板与红色纹饰，两种颜色带来一定的视觉冲击。同时有着较好的艺术效果，吸引观众的目光。并且由于两种色彩的协调搭配，观众不管看多久都不会觉得不舒服，这就是人体工学在色彩应用上的一个方面。另一个方面，是博物馆绘画材料的选择。丙烯画在绘画效果上很接近中国传统壁画，最符合展览内容与展览环境对壁画的要求。而且丙烯颜料不易褪色，又不反光，视觉效果好，颜色饱和度高而不刺眼，很适应室内的光线。没错，采用适合人眼观看的绘画材料在博物馆的装饰上，也是必须的。只有不反光、不刺激、不褪色的丙烯颜料才能最大限度地满足人眼的要求。毕竟在博物馆中一二小时的参观都要通过眼睛来完成，色彩是否具有舒适感是对设计者的一大考验。

当然，使用经典配色来营造舒适感，也是博物馆陈列展览形式设计的一个捷径。经典配色，顾名思义就是存在了很多年且经久不衰，得到了人们广泛认可的配色。

综上,不管是陈列展览的空间布局,还是光线与色彩设计,都需要考虑到观众参观中的舒适感。只有充分利用人体工学,让观众在舒适的环境中参观,眼光望向每一件藏品都没有任何不适,整个参观过程结束之后也没有额外的视觉疲劳或是身体疲劳,才是成功的设计。同时,舒适感也是博物馆陈列展览设计的基础,只有舒适,才能保证观众完成整个参观过程,保证观众有兴趣品味设计者们精心准备的文化艺术大餐。

二、整体感

整体感,顾名思义,就是一个博物馆给观众呈现的统一、完整的陈列展览。观众从进入博物馆开始参观到参观结束,感受到的是统一、完整的历史氛围和艺术风格。在博物馆中有着不同的展馆、不同的陈列,每一个展馆和陈列必须遵循整体感,并延续博物馆贯穿始终的艺术风格。而在单独的陈列展览中,整体感也必须得到体现。

下面,笔者将从两个方面来谈一谈博物馆陈列展览形式的整体感,一是场景复原,主要针对博物馆中单个展览的整体感塑造;二是全景画、半景画,主要针对博物馆艺术风格的整体感塑造。

(一)场景复原

首先来说,为什么要进行场景复原?看一个例子,苏州有个殿春簃,美国大都会博物馆便把殿春簃从房子到庭院全部在中国复制好,大小和材料完全相同,然后拆掉集装箱运到纽约,放在大都会博物馆的二楼,称之为明轩。虽然在室内,但晚上看则似在露天,有月亮、星辰、假山、流水,非常逼真。不难看出,场景复原的目的就是最真实地呈现展品的结构、色彩、文化内涵,让观众能够置身其中,深刻地领略到"当时、当地"的真实性。同时在场景复原所带来的完整的展示环境中,观众更能潜心观看展品,体会文化。

其次,是场景复原的原则——修旧如旧。很容易理解,既然是场景复原,那就一定要像,如果不像,就达不到给观众营造完整参观氛围的效果。所以,不管是材料、结构、色彩等,都需要修旧如旧,才具有最真实的震撼。例如,蒲松龄纪念馆就严格遵守着修旧如旧的原则。蒲松龄一生未做过官,几乎当了一辈子教书先生,拮据的生活决定了他不可能住上富丽堂皇的楼堂馆所。正如他自己所记载:“居惟农场老屋三间,断壁残垣,蓬蒿满地”,足可想见其境况的艰难。因此馆内大小建筑,包括一堵墙、一个小小的厕所,都围绕着上述历史背景进行修缮,严格杜绝任何带有现代化特点的建筑物出现。

除了建筑物的修旧如旧之外,还有整体感的“修旧如旧”也是十分关键的。乌克兰民间建筑和生活习俗博物馆,是一个露天博物馆,有17~19世纪的民间建筑300多个,这些建筑和生活、生产用品,都是真实原物,是从乌克兰各个地方搬迁过来的,而且都标有原主人的姓名和地点、年代。每个建筑的看管人员,大多是中年妇女,穿着那个时代的服装,使用那个时代的用具,接待观众并为观众讲解甲。这个例子十分典型,本身陈列的各种建筑物都是真实原物,当然达到甚至大大超过了修旧如旧的标准。就连建筑的看管员,或者说是讲解员,都保持着与建筑特色和时代特色相同的风格。这才是最真实的场景还原,最严格的修旧如旧。

当然,不可能每一个博物馆都像乌克兰民间建筑和生活习俗博物馆一样,能够找到并搬运各种实物建筑来组成博物馆,对于文物本身和科技、人工等方面都有着太高的要求。但是,把体积比较小的可移动文物标本放置在修旧如旧的环境中,也不失为一种提高场景复原质量的方式。比如在湛江人民抗法斗争纪念馆,内容设计者提供了法国侵略者的电文、官方文件、剪报等翔实的文字史料以及大刀、长矛、盾牌、土炮等无可辩驳的文物,而艺术设计者的思维是根据这些资料和文物的线索,回到1898、1899年的具体社会环境。这样的设计无疑更能体现真实性,营造整体感。

第三,是场景复原的技巧。是不是每一个场景复原都要大动干戈来搜寻实物?是不是场景复原都是建筑、结构复原的大工程?其实不然。举例说明,意大利奥拉诺考古博物馆展出一批陶器瓮罐葬葬具。设计师不是采用一般的陈列柜,而是制作了一座模拟地层,质感逼真。文物按出土时的实况陈列在里面。这种方法所表达的展品内涵,远比孤立的展出几只陶罐要生动得多。这就是一个非常简单,但效果甚佳的场景复原。只是简单地对原有的文物重新布局,用了巧妙的排列组合方式,把文物还原到了刚出土时的场景里，观众便可以在博物馆感受考古工地的科学氛围。这一简单的手法被很多博物馆采用，就说红河州博物馆的建水陶展览，就模拟了堆烧建水陶的场景。中间是民间制陶艺人用轮制法正在制作陶罐的模型，左后方是烧造建水陶的窑，右后方是烧制出来的各种器形的成品模型。以此全面、完整而又直观地展示出建水陶的烧造。

当然，复原也不是盲目地使用，追求每一件展品和辅助展品都必须真实和修旧如旧，而应参照整个展厅的布局和参观的节奏来设计。试想，一个陈列展览的每一个展厅或是每一部分都是完整的场景复原，那绝对不符合上一部分讲到的人体工学的舒适感。观众在短时间之内密集地看了很多整个的场景复原，可能会产生视觉疲劳和其他不适感，容易混淆展览的内容和时代背景，这十分不利于博物馆教育功能的实现。在这里，就有了一些复原的小技巧。以中国革命史陈列为例，几处场景的复原有其独到之处，如大学堂、李大钊办公室、五四运动上海街头一角、农民协会的复原等等。农民协会的复原是用喷涂的网点组成一个祠堂的背景，在这个基础上处理一些旗帜、牌匾。白洋淀船的陈列，前面是文物，后面摆一张白洋淀的照片，照片本身场面并不太大，将照片接长、展宽，把绘画与照片相结合，一方面扩大了照片本身，另一方面其远处效果要好得多。中国有句成语叫作“过犹不及”，场景复原的小技巧就是适可而止，杜绝此现象。适当地削弱复原的真实度和效果，实际上却是扩大了复原的艺术效果，把重心转移到真正的实物上，增强了观众的记忆点。

场景复原不一定要有真实的文物标本，只要能够完整、真实地模拟呈现出当时当地的场景，就达到效果。比如，上海博物馆“古人类史”陈列的“北京猿人”大景观，是一个约5平方米的空间里，整个空间是一个大的山洞，有裸露的山石，有绿叶葱葱的银杏、朴树、松柏等植物，显得颇有生机。山洞内用长4米多，高2米的大屏幕玻璃面，将观众活动的地方和猿人的生态景观分开，隔着玻璃，观众可以看到古猿击石中的砸击法、撞击法等动作，并伴有声音，给整个山洞增加了生气和活力。其中并没有真实的文物标本，只是设计者遵循修旧如旧的原则，利用动静结合、声音演绎等设计技巧呈现出了北京猿人石器制作的过程。这就已经达到了完整呈现场景复原的要求。

最后,谈一谈场景复原中的细节问题。这一部分的大标题叫作“整体感”,当然场景复原也是以呈现最真实完整的场景,来增强博物馆陈列展览整体感的一种手法,并不意味着场景复原不需要注重细节。相反,只有细节上的加分才能真正提高陈列展览的水平,给观众更为直观、真实、完整的参观环境。

以湖北省博物馆曾侯乙墓的陈列展览为例,在古音乐厅搭起了高60公分,占地面积48平方米的舞台。舞台上帷幕呈橘黄色以衬托编钟及钟架的古朴庄重。为充实舞台,将出土的布满蟠螭纹饰的青铜鼓架座放置在曲尺形编钟架右前方。这一设计将宽敞的陈列室变成封闭式的独立音乐厅,并安放了供观众休息的座椅,每隔10分钟播放一次用编钟演奏中外乐曲的录音。这就是在细节上营造出真实感,以此来辅助场景复原的实现。既然是古音乐厅,应该处处注意关键字“古”和“音乐”,配色的使用突出古香古色,安放观众休息座椅并播放编钟音乐是突出音乐效果。所以,场景复原要关注的不仅仅是实物或是搭建出复原区域,而是要从各方面细节下手,详细考量,做到每一个点都没有纰漏地去真正的复原。湖北省博物馆在复原单体景观上也做得非常成功,复原了由巨型方木堆砌而成的墓坑,主棺置于其间,观众踏上两级台阶,进入“墓坑”,围绕主棺参观。“墓坑”中所有的陈列都按照当时出土时排列的顺序、摆放的位置来还原,只是采用的都不是真实的文物标本,而是缩小了几倍的微型复制品。不是一个完整场景的复原,只是局部模拟。对于整个曾侯乙墓陈列而言,无疑从细节入手,增强了陈列展览的完整性,让观众感到历史的氛围和真实感俯拾皆是,处处都弥漫着历史的诱人氛围,处处都散发着科学的严谨态度,处处都充斥着艺术的动人气息。这就是场景复原小细节达到的大功效。

当然,细节还包括很多方面,比如莫桑比克自然历史博物馆,成功地运用声音来创造大自然的环境气氛。观众走过陈列大厅时,映入眼帘的是一组组栩栩如生的各种姿态的动物标本,身边鸣响的是各种飞禽走兽的声音，恍惚间，观众以为来到了大自然的森林之中。这就是利用了科技手段，以声音的效果营造更加真实而贴切的氛围。场景复原是我国大多数、各类型博物馆都会使用的方式，在实践操作中尚有许多方面期待广大文博工作者的共同努力，来为观众提供更加具有整体感的博物馆大环境。

（二）全景画、半景画

全景画是博物馆表现重大历史题材的一种综合性艺术陈列形式，也可以说是多种形式结合的造型艺术。它运用绘画、实物、模型等有机地结合，并配以灯光、音响、录音解说等，构成立体宣传效果。全景画布置于一个圆形陈列厅内，大厅内墙上悬挂着首尾相衔的一整幅画卷，观众从大厅的中心位置环顾四周欣赏画面。在画面与观众之间，布置安放着许多实物和模型，从观众的角度看，它们与画面融为一体。全景画不仅创造出一种如在其中的真实感，而且还有一种超越日常生活时空概念的艺术气氛。因此它属于三度空间的艺术作品，是立体造型比较理想的陈列形式之一。而半景画，简单地说就是全景画的一部分，画面通常为150°～180°。

全景画跟3D电影很相似，观众能够看到完整的画面，画面反映的是一个主题，但又由发生在不同的时间和空间的情节、场景组成，从各个不同的侧面加强和丰富主题。观众能听到相应的声音，只不过电影是台词和对白，而全景画是解说和配音；观众能最大限度地接近实物，全景画是有真实的文物标本陈列在画作中适当的部分，以此加强效果，而3D电影是通过3D效果让原本在荧幕上的东西离观众无限接近，二者追求的都是最真实、最完整的震撼。而半景画，不恰当的类比就是效果不好的3D电影，或者是没戴3D眼镜看3D电影，与全景画相比，实物、解说和画面效果依旧存在，缺乏的只是环绕立体的整体效果。

如果说上一部分讲到的场景复原是针对单个展馆、陈列或是单个景观来体现整体感，那么全景画和半景画就是博物馆整体感的全面塑造。突出的只有一个主题，参与其中的却是所有艺术效果和设计。以《卢沟桥事变》半景画的内容为三个部分举例说明。

1. 卢沟晓月

“卢沟晓月”是古代燕京八景之一，此部分用幻灯片显示。

2. 卢沟桥战斗

画面和塑形表现的是卢沟桥战役的过程，展示柜随解说和音响的节奏，通过灯光引导观众逐步观看画面，然后再全部打开灯光，让观众一览全景。

3. 历史资料影片片段

一个全景画、半景画塑造的工作量，其实就是一个博物馆的设计的工作量。画面、照片、塑形、实物、影片资料、灯光、解说，及其之间相互的协同配合，实属不易。目前我国的全景画与半景画设计正在迅速的完善和发展当中，在此，笔者想针对其未来的发展提出个人的几条小看法。

其一，笔者在资料收集中了解到全景画中的“鲁勃原则”：一是观众与画面的距离以13～15米为最佳；二是观众视平线与画面地平线处于同一水平，在15米高的画面上，一般为5米左右。这正符合本书前文描述博物馆陈列展览形式设计中的舒适感。全景画、半景画的设计也需要严格遵守人体工学的标准，努力为观众营造出全方位的舒适感。

其二，博物馆作为教育基地，贴近人们的现实生活，让观众更加容易找到共鸣就十分必要。由于丰富的设计和颇具变幻的效果，全景画和半景画不失为一种讨喜的方式。前人已经创作了大型壁画和山水人物长卷画，比如宋代《清明上河图》、元代永乐宫的《朝元图》等民族艺术形式，生动地表现当时的生活状况。所以，同样可以用全景画、半景画的形式来再现丝绸之路、修建万里长城等等大型历史题材。以此来扩展博物馆的类型和全景画、半景画的用途。

其三，参照现在新兴的4D电影，观众的座椅可以随电影画面的起伏而全方位拨动，电影中的香气、臭味等也可以通过座椅扶手传送到观众的鼻子中，甚至电影中主角的痛感，也可以轻微地传递到观众身上。全景画、半景画的设计是不是也能更新技术，加入最现代的科技效果，比如把画面效果做成立体的或是会浮动的，再比如用水、蒸汽等来增强效果，等等。

综上，全景画、半景画以其本身就具有的完整性，很好地演绎、塑造出博物馆的整体感。新的发展前景和可能性依旧等待着我们的不断前行。

三、特色感

之前讲过，我国的博物馆大多遵循一定的逻辑线条，好比“唐、宋、元、明、清”“青铜器、瓷器、玉器、书画”等，类似的陈列展览逻辑和模式。有规范的逻辑当然是好事，然而在统一的标准中呼唤多一些的特色感和艺术效果也是十分必要的。

以下，笔者将试着从五个方面来阐述所指的特色感，即突出主题、错觉效果、渲染整体特色、搭配、现代艺术气息。

（一）突出主题

每一个博物馆都有自己的主题，而不管陈列展览的形式多么花哨，多么具有艺术性，也决不能喧宾夺主，忽略了博物馆的主题。只有明确的主题才能让观众受到最准确、最科学的教育。另一方面，也只有在陈列展览中突出主题，观众才能最快捷、最直观地得到相应的知识。

首先，设计者必须明确了解主题，并在创作提纲和搜集展品的时候突出主题。比如建于明代的陕西药王山北洞，大殿中陈列有孙思邈坐像。五座大碑上刻有《千金宝要》《海上方》等药方一千多个。此外，还有历代名医《神名碑》，上刻名医一百九十八人及其他药方碑刻，并在对面大殿内塑有我国唐代以来的十大名医坐像，墙壁上还衬以药王山的水墨画，可称得上是我国古代医史陈列。既然是药王山，主题当然就是“药”。有药王孙思邈、有碑刻药方、有名医碑帖和坐像，有药王山水墨画。走进洞内，“药”这个主题俯拾皆是，观众想记不住都困难。先有了明确的主题，观众在看每一件展品的时候自然心中有数，看完展览才能得到相应的知识和文化体验。

其次，不仅仅是在整体构思时要考虑突出主题的要求，就算是辅助陈列的照片、壁画等也必须与主题息息相关。在“九朝古钟”展当中，壁画的主创人员选取了五个故事情节作为壁画创作的主体内容，即“天落石钟”“魏忠贤与钟”“饭后钟”“盗贼不摸钟”和“天津大钟”的传说。第一幅

“天落石钟”取材于神话传说；第二幅“魏忠贤与钟”取材于明代史实；后三幅都取材于民间故事，这五个故事和史实从不同角度和不同时空构成了壁画的基本框架。辅助展品不像文物展品一样具有极高的历史、艺术和科学价值，本身就能够直接体现陈列展览的主题，但是也起到很重要的作用。没有绿叶相配的红花也只能孤零零在枝头，没有观赏价值。辅助展品就是绿叶，当然绿叶必须时时不忘突出红花，就像例子中的壁画不离古钟，让观众能在这个展览中找到明确的记忆点。

最后，有了文物标本和辅助展品来共同突出主题，就剩下形式设计了。设计一样十分关键，正如上文提到的整体感，展出的东西再丰富多彩，再具有说服力，没有好的设计帮衬，也不能做到最完美地突出主题。当走进摩洛哥海洋博物馆时，首先迎人的是几头翻腾的海狮，然后有各种鱼虾在几十个大玻璃池内自由曼舞，五光十色，宛如仙境，这是用众多活标本及大玻璃水池和灯光来塑造一个水晶宫的景象，使观众似乎走进了神秘的海底世界。这是一个简单的例子，一个最基本的设计，但却完美地突出了主题，相较于大连现代博物馆想要展示一切，最终却什么都没让人记住的窘境。这样最简单的手法，反而更显实用。

需要注意的是，形式设计不能只着眼于宏观，一些微观的地方也必须注意。举个例子来说，古、近代战争馆的装饰，如依据资料为战船、战车、盾牌、拱门绘制夔龙、兽纹、云纹等古代图饰，增添了展厅浓郁的民族艺术氛围。标题，说明，战例图等全部采用中国特有的传统书法艺术，即金文、小篆、汉简、隶书、楷书等字体进行书写，体现了我国悠久的文化历史。在这个例子中，需要突出的时代特色和战争氛围，不管整体形式设计如何，古代的纹饰和传统书法说明都能在细微之处时时提醒观众关注主题，置身于主题氛围当中，自然对于参观很有益处。

突出主题是博物馆陈列展览形式设计中最为基本的一点，下面要讲的一切技巧或是案例探讨，都必须建立在突出主题的基础上。只有明确了主题，让观众清楚博物馆想要传递的是什么，一切形式上的艺术效果才有意义。

（二）错觉效果

大家都知道，错觉就是本身不存在的东西或是不存在的属性，被人们误以为是真实的。比如穿衣服，我们经常说的黑色的衣服显瘦，细条纹的衣服显得人矮胖，穿高跟鞋显得腿长，等等，这些都是错觉的效果。穿衣服的人没有变，变的只是衣服带给旁人的不同视觉效果。时装界就经常利用这种错觉的效果设计让人看起来更漂亮的衣服，通过提高腰线来拉长线条，使用七分裤、九分裤来显得腿长，设计大摆裙来遮挡下半身的赘肉……同样，在博物馆的陈列展览形式设计中，错觉效果也可以用来增强博物馆的自身特色感。先来看一个典型的例子，1980年中国古代青铜器展览在美国芝加哥菲尔德自然历史博物馆展出。一间300平方米的大厅，用两只相互衔接的直径为7.3米的八角落地大玻璃橱来陈列六俑两马。橱柜位于大厅中央，观众从四面八方观看，八角大玻璃橱用一种“透明镜子”。观众在橱外处于暗处，橱内的陶俑、陶马显得格外清晰美丽，并且无数镜面透出来展品的反射像，八角橱玻璃面的夹角各为135°，所以镜面反射像的物象角度各不相同，让人分不出真景虚像，形成千军万马的架势。几面普通的镜子就可以把“六俑两马”变成“千军万马”，这就是错觉效果的神奇之处。同时，有时候博物馆，特别是中小型博物馆也许并没有什么丰富的馆藏资源，完全可以应用错觉效果，把原本单薄、缺乏气势的展品变得栩栩如生、气势磅礴。

不仅是立体的设计可以产生错觉效果，空间的布局一样可以。地质博物馆古生物展厅的顶棚部分设计成为半圆形弧状的“时空隧道”的形象，其中陈列着地球上的古代生物标本。古生物的陈列室以由低级向高级的发展过程为线索，让观众置身于“时空隧道”之中，仿佛来到几十万年以前。在古生物展厅的顶部，还装有三种不同颜色的灯光，这三种不同颜色的灯光，预示着古生物的三个不同的发展阶段，即古生代、中生代、新生代。这是许多国外科学类博物馆常见的错觉效果设计手法，进入时空隧道的空间当中，文物标本环绕式陈列，在感觉上可以把空旷的展厅瞬间缩小，使时间轴、空间效果和文物标本无限接近观众。这种逼近式的震撼感，可以产生集中、紧凑的错觉效果，增强观众的记忆点。

有时候根本不需要太复杂的设计,单是简单的照片都可以产生错觉效果以此来突显陈列展览本身的主题与内涵。《中国古代雕刻陈列》的入口,利用人们视觉错误生理现象,在原为一条仅1.2米、进深不到3米的走廊迎门的墙上布置了高2.7米、宽7.6米的巨幅云冈大佛照片为序幕。它在灯光的照射下,有很强的投入感,宛如身在云冈石窟的现场。当然,错觉效果不止是视觉上的,也可以加入听觉上的元素,来引起观众的共鸣,增强陈列展览的艺术效果和特色感。比如杭州中国茶博物馆在序厅设计中,把室外常见的流水引入室内。观众一进序厅,听见流水自然就把茶一水联系在一起,通过调动观众的听觉来丰富表现茶的文化内涵,让人耳目一新。严格来说,这应该不算错觉效果,而是真正的流水声给观众带来了无限的遐想。可是,"未见流水,先闻水声"也可以在一定程度上引发"未见茶壶,先嗅茶香"的错觉,使观众循着可能产生的错觉效果和些许憧憬,迫不及待地开始参观。那么这也可以算是错觉效果的一种另类的应用。随着科学技术的不断发展,照片、模型、空间设计,甚至动作动画效果等等,都可以成为创造错觉效果的有力工具。博物馆是一个神奇的地方,小小的展厅可能装载着人类千万年的历史和文明。而错觉效果又是一种神奇的手法,让观众在博物馆里穿梭,却能得到多过展品本身数倍的奇妙体验。绝对不失为一种增强博物馆陈列设计特色感的好方法。

(三)渲染整体特色

可以这样类比,每个人穿衣服都会有自己的风格,所以才会有学院风、可爱风这样的说法和分类。博物馆的陈列设计也一样,在明确了主题之后,不管陈列展览的形式如何复杂多变,一定都有一个整体的特色。否则就好像穿一件旗袍,套一件西装,再配一双运动鞋一样,风马牛不相及。如果因为形式艺术的设计而误导了观众,给观众造成杂乱无章的感觉,那就得不偿失了。先来看一个例子,《长江中下游五千年文明》专题陈列分为三个部分:"历史的创造者"部分,辅以展厅中心直立猿人雕塑一座,和一万年前人类的头盖骨,吴越人"文身"图像作主线,引申全厅视觉立体层次的起伏,醒目巨幅《从鱼到人》的示意图,打破了陈列纯文物单调、平铺直叙的一般化格局。“古代文明之光”部分，恰当设计出一台评弹书台，台上陈列清代琵琶弦子作堂会摆设陈列，壁挂中堂对联，下设靠背椅八座、盖碗小碟，芳香馥郁，充分表现出江南吴郡茶文化景观立体艺术形象的再现。“向近代文明过渡”部分，艺术设计上恢复了清代一个代表性典型，一家江南绅士家庭景观，以客厅、书房、卧室作艺术陈设立体全景景观。可以看到，这个展览的主题是文明，因此每部分的设计都应该依照这一主题，确立统一的整体特色和艺术风格。虽然陈列展览形式不同，但基本上都采取了局部场景复原的方式，把不同时期的文明最真实地呈现在观众的面前。同时不论是《从鱼到人》的示意图，还是中堂对联、靠背椅的设计，亦或是江南绅士的家庭景观，仅围绕文明这一主题。在设计的手法上没有现代的艺术气息，都是走古香古色的中国风，艺术手法不张扬、不跳脱，而是清新淡雅的风格。这就是渲染整体特色的成功案例。

在红河州博物馆的“个碧石铁路纪念厅”中，也有着十分明确的整体特色。整个展厅的设计是一个火车月台的造型，左手边是月台，装饰复原，再配上展柜，展柜里展出的都是与当时“米轨”铁路运行相关的文物。右手边是个碧石铁路的路线图，在每一个站点的下方都有一个玻璃橱窗，里面展示着该站、该地的地方特色、街道的样子等老照片，而通道的最前方是一件真实的文物—火车头。再来看一张火车头的照片，火车头的左手边是当时月台上时钟的复制品，而右手边又是大面的玻璃橱窗，里面展示的是个碧石铁路修建时的一些状况和历史故事。包围火车头的白色小栅栏既起到了保护文物标本的作用，同时又符合当时火车站的整体风格。整个展厅呈“7”字形，以火车头为转角，观众从进入展厅开始，左右手两边都有对应的文物藏品和文字说明，转弯之后又可以继续了解铁路修建的艰难历史与铁路运行的辉煌时期。纪念厅就像一个火车站的微缩景观，不管是月台复原还是铁路路线图等都渲染着这一整体特色，给人感觉非常舒服，而又极具艺术气息。

不只是历史性的或者美好的陈列展览主题需要渲染整体特色，一些揭露历史阴暗面的陈列展览同样也需要这样的渲染。伊朗巴列维博物馆的一个陈列厅,整个墙壁设计成黑色大理石,在厅的正中设一个伊朗地图形状的展柜,柜里陈列着枷锁镣铐,展厅左边则分别刻着波斯文,内容是19世纪伊朗伊俄和伊英两个不平等条约。这是以全部黑色背景和枷锁、镣铐塑造环境气氛,以反映当时的社会情况。这是用材料——黑色大理石、造型——枷锁镣铐以及文献资料——不平等条约来渲染19世纪的黑暗。还有一个例子,《伪警察厅罪行展览》中的刑讯室,整个色调是灰暗的,为了调节视觉,笔者在其中设计了一个灯光闪闪,熊熊铁炉。在整体灰暗的冷色调中,红色的火苗调节了室内的气氛,一冷一暖,一动一静,而铁窗外斜射进来的一道光束,更增添了刑讯室的阴森、恐怖的气氛,造成了此时无人胜有人的感觉。同样用色调——灰黑与红色的对比、动态——火苗的跳动以及悬念——空无一人的审讯室来突出伪警察厅的阴森恐怖。这样主题的陈列展览,自然是效果越恐怖、越令人不寒而栗,才显得越真实、震撼。

当然,在细节方面,也有一些技巧和工具是可以帮助渲染整体特色的。比如辅助材料,童话作家安徒生爱好剪纸艺术,生前留有带有童话色彩和形象的图案。丹麦人在举行安徒生纪念展览时,就利用安徒生自己剪的这些图案作展览的装饰。这种装饰就不同于一般的艺术花块,它能够牵引出观众的怀缅之情与审美遐思。辅助材料的真实性要求,也就是不要求辅助材料是具有历史、艺术、科学价值的真实文物标本。但在安徒生纪念展的例子里,当设计者拥有了可以作为辅助材料的真实文物标本,应该充分利用其发挥作用达到最好的陈列展览效果。试想,当解说员指向一片看似普通的剪纸,告诉观众,这是出自童话大师安徒生之手。观众也许就会得到更深的震撼,对安徒生的童话之父形象的渲染也是效果十足的。

声音和文字同样可以渲染整体特色。先来讲声音,苏州戏剧博物馆里陈列着琳琅满目的各种民族乐器,在悠扬的中国民族乐曲的录音声中,风度翩翩的讲解员一面解说一面用古筝信手奏出《春江花月夜》的片段。作为馆址的“全晋会馆”的走廊中,画满了戏剧表演的场面,还有展室里的剧本、戏装……观众仿佛置身于戏剧艺术的海洋之中。最后,观众来到按原状复原的茶厅，听两位讲解员演奏江南评弹，转轴拨弦，声情并茂。民族乐曲、古筝演奏、戏剧表演，都在不同层次，以最贴近观众的方式展示出了戏剧博物馆的精髓，渲染了国粹的特色。

文字的效果在之前的一节里谈了很多，主要是在文字说明的设计中提出设计需要切合陈列展览的主题与风格。还是举个例子来回顾并强调文字渲染整体特色的效果。黑龙江省地方革命史陈列突破了以往的形式，前导说明采用立体落地组合的方式，用新颖的丝网漏字，将文字说明漏在茶色玻璃上，玻璃后面相隔10厘米背板上，衬以人民英雄纪念碑的黑白浮雕照片，在茶色玻璃的衬托下，具有强烈的浮雕质感。鉴于上一节的论述，文字说明设计的特色效果在这里就不多赘言。

综上，无论是整体的特色渲染，还是细节处的特色辅助，对于博物馆确立合理、准确、美观的整体艺术风格和特色都十分必要。只有完整的整体特色才能正确引导观众在参观的过程中，随时紧扣主题，把握住陈列展览的风格，最终获得较好的学习效果。

第五章 交互设计在博物馆展览中的运用

近年来,“博物馆热潮”使得展览形式设计从以“展品为主体”逐渐转变为以“观众体验为导向”。在这种趋势下,交互设计的理念在博物馆展览中越来越适用,相关技术的融入改变了单一“人—物”的观展方式,围绕展品实物利用情景再现的交互方式能够充分调动参观者的感官体验。换个角度来讲,参观者不再是传统意义上的受众,而成为展览组成的一部分。从广义上讲,交互行为的形成或发生必须是由两个或者多个物体之间相互作用,并且彼此之间产生一定的联系。具体表现为人与人、人与物(产品或机器)、人与空间环境、人与系统之间相互影响,使人产生心理或行为的系列反应,从而反作用于交互的对象。随着时代的发展,交互设计的应用领域越来越广泛,交互的形式及体验成为研究的重点。科技的进步催生了各类形式的交互设计,如智能化应用、多媒体互动、虚拟技术等手段逐渐浸入人们生活的方方面面。

第一节 交互设计在博物馆展览中运用的设计原则与方法

一、博物馆陈列展览中交互设计的设计原则

(一)以参观者为中心

以参观者为中心原则是笔者根据交互设计领域中所提的“以用户为中心”原则而引申到博物馆交互设计中。交互设计的根本目的在于弥合心智模型和技术模型的巨大鸿沟,帮助用户理解和使用产品。

为便于理解,首先对“机器实现模型”与“用户心智模型”两个概念进行阐述。“机器实现模型”与“用户心智模型”由交互设计之父,美国程序

设计师和理论先驱Alan Cooper所提出。任何一种机器都有实现其目标的机制,机器或程序如何实际工作的这种机制被称为“机器实现模型”。例如人们能够用单反拍下一张清晰的照片是由于相机拥有镜头、反光板、五棱镜、目镜、快门、感光元件这些基本组件,当按下快门时,反光板弹起,光线直接照射到感光元件上,感光元件将感光时间内所接受的所有进光量转化为电信号,进而能被处理器转化为电子照片。基于软件的产品其实际工作的机制是使用算法和相互通信的代码模块,实现模型描述的就是程序在代码中实现的细节。

从用户的角度来说,在操作一部机器或使用某个数字化产品时,很容易忘记甚至根本不知道其内部是如何运转,例如很多人看电影时根本不知道放映机如何工作,在观众的想象里,放映机只不过是映射在大屏幕上移动的图片而已,这就是所谓“用户心智模型”。用户自己对于他们所需要完成的工作的理解。事实上,对于非数字产品,人们并不需要知道产品的实际工作细节,为了便于使用,仅需在认知上创建一种对他们来说与产品的交互已经足够用的简捷的解释方式,但这种方式并不一定能反映出产品实际的内部工作机制。而数字世界里的软件产品,实现模型和用户心智模型之间的差别或者说鸿沟是非常大的。因为数字产品由专业的IT人员或工程师所开发,他们受到过逻辑思维的专业训练,同时会认为其他所有人也都应该这么思考,所以就按照他们的思维设计开发数字产品[①]。

这样的产品要求用户精细准确的按照计算机的规则和逻辑进行操作,而这恰恰是用户所不擅长的。如果不了解用户及其使用机器的方式,所设计的数字产品就会与用户产生鸿沟,降低其学习和使用程序的能力,给用户带来糟糕的体验。人在与技术交互的过程中,通常希望按照自己理解的方式而不是技术所要求的方式来进行操作。如在Adobe Photoshop里,用来调整图形色彩平衡和亮度的功能界面中,不是提供输入颜色色值(在实现模型中所需要的)的数值框,而是显示一系列代表不同色彩平衡的微型图像,用户可以直观地通过观察不同图像的色彩变化

①张旭芳.博物馆展示设计中的数字交互体验研究[J].西部皮革,2021,43:83-84.

选择自己需要的色彩平衡度。这种界面就更好地符合了用户的心智模型,因为用户可能是一位图形艺术家,会以他们的图像看起来像什么而不是抽象的数字来思考。所以数字产品越是接近用户心智模型,用户就越觉得程序容易使用和理解。也就是产品做到了易用性,可与用户高效交流;在保证此原则的基础上,交互设计才可以更进一步致力于创建更具情感或文化内涵的交互方式。由此诞生出交互设计中独特的"以用户为中心"的用户研究方法。

博物馆陈列展览中的交互设计不会像纯粹的软件产品那样复杂,也就是同样是基于时间维度发生的对话,博物馆中的交互设计由于功能设置等原因不会有日常接触的软件产品那样长的交互持续性,基于传统实物的博物馆交互设计方式则更为简单,之所以将软件领域中交互设计的两个模型进行介绍,一是为了廓清"以用户为中心"的研究方法的源起,进而将这种方法应用到对博物馆参观者的研究当中,真正实现"以参观者为中心"的设计理念。二是因为笔者在实际调研过程中发现有参观者面对具有交互设计的展项时从该展项呈现出的元素当中完全未发觉此处可以与其交互,本来可以通过更有意思的方式进一步了解展览内容却只是观看了几分钟就离开了。所以博物馆陈列展览中的交互设计同样存在"实现模型"与"用户心智模型"之间不匹配的问题,也就是呈现给参观者的部分无法正确地引导、指示参观者进行操作,导致交互设计形同虚设,无法对展览发挥任何作用。另有一个原因,在传统的展陈方式中,尤其在历史类博物馆当中,对于那些没有考古学、历史学等背景知识的参观者来说,仅将展品分类摆放和进行简单的说明介绍是无法了解展品真正价值的,他们不像博物馆工作人员那样明白文物的来龙去脉、制作工艺、承载的历史故事等等信息,从这个角度来看,也可以将"用户心智模型"和"机器实现模型"引申为"参观者心智模型"和"博物馆实现模型",从而通过博物馆陈列展览中的交互设计来弥补两者之间的鸿沟。

"以参观者为中心"原则要求陈列展览中的交互设计首先要考虑参观者的需求,而不是追求技术的高超。笔者根据调查采访,将参观者在博物馆中的观展需求概括为三个层次:舒适、有用、愉悦。陈列展览中的交互设计需要按照参观者的需求层次进行设计。在舒适层面要考虑参观者面对交互设计时会不会感受身体上的不适,例如虚拟现实所创造的情境毕竟不是真实的环境,通过影像的不同叠加显示出来的虚拟情况会不会给参观者造成眩晕或恶心的感觉?二维屏显式的交互会不会收到周围环境中光线的影响而对其内容造成观看困难?有用层面则要关注交互设计的引入是否真的有助于参观者获取到更有价值的知识、信息,深入理解展览内容?愉悦层面则要考虑让参观者通过交互设计的互动喜欢上展览和博物馆,会想要下次再来并且愿意将展览分享给更多的人。

参观者对博物馆的体验是一种身体上、智力上和情感上的综合体验,这种体验从个人考虑参观博物馆的时候开始,一直延伸到几天、几周或几年后的参观记忆中。所以参观者的观展体验是在参观之前就已经开始。从决定去博物馆时的心情,到前往博物馆途中的交通状况,再到到达博物馆以后的停车状况,参观过程中对展览的满意度以及是否有同伴陪同等因素构成了完整的参观者体验。博物馆陈列展览中的交互设计是这一系列体验中的一个环节,也是极为重要的一个环节,参观者与博物馆在这一环节发生的关系最频繁,也最能影响参观者的观展体验。所以博物馆陈列展览的交互设计要做到以参观者为中心,需要借鉴交互设计领域中的设计方法,从参观前、参观过程中、参观后对参观者进行研究,笔者将在下文中探讨具体的设计方法。

(二)以博物馆文化特色为基础

各类型博物馆的整体定位、风格和文化特色均不尽相同,陈列展览的设计是以博物馆自身的氛围和个性为基础的。陈列展览中的交互设计同样是作为整体展陈的一部分而存在的,需融入展览的整体面貌当中,为突出展览的特色而服务。近年来,有些博物馆不考虑自身定位和特色,不切实际的跟风,生硬地植入数字化技术、交互式呈展等展示方式,导致一种病态的博物馆陈列,如过度装修、过度使用高档材料、广泛使用电子翻书、垂直投影、半景画、全景画或大型景观等,从而造成两种后果:一是过度奢华和浮躁的风气对展示物品造成了“喧宾夺主”的影响;二是与博物馆的宗旨、功能背道而驰,破坏了博物馆的风格特色。

所以陈列展览中的交互设计原则除了以参观者为中心之外，还要以博物馆为基础。目前就有部分观点根据以博物馆为基础的原则，认为交互设计适用于科技类、自然类、主要参观者群体为儿童类的博物馆，而艺术类、历史类等以实物展品为主，具有严肃、庄重感的博物馆，不宜使用交互设计进行展示。笔者认为，交互设计是否应在陈列展览中出现，主要看发生在博物馆时空里的参观者体验是否需要交互设计来进行提升，而博物馆的类型或定位所影响的是交互设计的投入量以及交互的形式。如以表现传统文化，强调人与历史沟通的观复博物馆，其创办人马未都先生就曾表示："我们的观复博物馆只进行了少量的新媒体投入，最终目的是让人能够通过展品去感受其背后的文化。"以博物馆为基础的原则是为了表明博物馆在任何时候都是特色化的学习空间和欣赏空间，沉浸不等于游戏，互动不等于娱乐。

二、博物馆陈列展览中交互设计的设计方法

（一）用户定性研究

交互设计领域中一般将人成为"用户"，对于本研究来说，"用户"指博物馆中的参观者，为便于理解交互设计中的用户研究内容和实质，本小节一律使用"用户"一词进行论述。

理解用户心智模型最直接有效的方法是参观者定性研究。与市场调查中的依靠统计手法进行归纳的量化研究方法相比，定性研究所关注的主要是实际的人类行为，可以真正理解用户是如何工作、娱乐和生活的，会展现出用户使用产品时的很多细枝末节，而将人类行为简化为统计恰恰会忽略一些重要的细微差别。用户定性研究一般需要借鉴人类学等社会科学的知识和研究方法，目前在实践中已经证明较有效的方法有如下几种：①人种学（也称"民族志"）现场研究（现场观察用户）；②用户访谈③产品所在的使用领域的专家访谈④研究已有的同类产品和竞争产品。

定性研究的最终目的在于发现人在特定情境中如何解决问题以及为什么这样解决，通过定性研究所收集的研究结果可以转化为更有价值的设计准则。对博物馆的参观者进行定性研究主要是通过在观展现场观

察以及访问具体参观对象的方式，了解其在参观前、参观过程中和参观后的行为，研究参观过程中陈列展览或陈列展览中的交互设计为参观者带来的怎样的体验。对于采访、访谈、访问这些方式来说，问题需要事先经过精心设计，并且问题越是详细越是能反映出更多有关博物馆陈列展览与参观者体验之间的关系的相关细节，也就越能够发现陈列展览中存在的问题或参观痛点，从而寻找可以通过设计来解决的问题。现场观察是通过观察参观者在观展中的表现来发现问题，过程中需要通过照片、录像等方式进行记录。笔者在实践部分的参观者定性研究是将访谈和观察相结合，了解参观者在参观前、参观过程中和参观后的整体体验过程。

（二）用户建模

用户建模也就是为用户创建的人物模型，也称为“人物角色”，是在人种学调查中收集到的实际用户的各类数据的基础上形成的综合原型，用于理解和可视化用户之间，用户、社会和物理环境之间，以及用户和产品或服务之间的一些显著特征。用户模型并不是真正的人群，但却基于人们真实的行为和动机而创建，在整个设计的过程中代表着真实的人群。就像物理学家在原始的观察数据及在这些数据中发现的综合模式的基础上创建原子模型一样，设计师也是在原始行为、在数据中观察到的行为及直觉的综合模式的基础上创建用户模型。所以人物角色的产生最有效的方法是在一定环境中直接与用户接触、互动以及观察他们的行为。用户模型作为交互设计的一种强大的工具被引入，是基于一种错误的逻辑——产品的功能越是广泛就越可以容纳多的用户群。事实上任意扩展产品的功能会增加用户的认知负担，能够愉悦某些用户的功能可能会降低其他用户的满意程度。所以需要选择合适的个体，这些个体的需求代表着很大一部分关键成员的需求，以便了解如何对设计元素进行优先级排序，从而解决最重要用户的需求，同时不为其他用户带来不便利。

在研究阶段发现人物角色，然后在建模阶段定型。一个精确的人物模型可以描述出用户期望达到什么目的以及为什么要达到目的，以此进一步帮助确定产品或服务应该以怎样的方式顺利地匹配用户的行为、心智模型和目标。可以说用户模型是将用户数据变换为设计框架的关键工具,提供了设计的基础。博物馆参观者中的人物角色是根据第一步中的定性研究而确定。根据采访者的年龄、性别,兴趣爱好等等数据,综合形成一个具体的参观者模型,从对模型的分析当中发现参观者与博物馆之间的关系,如观展动机、参观频率等等。

(三)脚本提纲

脚本提纲是指使用一个具体的故事来构造和讲述设计方案,必须基于一定的人物角色,在用户体验领域中也可成为“用户体验地图”“故事板”。具体来说,是指使用产品来实现具体目标的一个或多个人物角色的简明叙述性描述,捕获时间轴上的人工制品和用户之间的“非口语对话”,以及交互功能在“对话”中的结构和行为。脚本提纲的内容和场景是从研究阶段收集并在建模阶段进一步分析得到的信息中推导出来的。在设计的不同阶段,对应三种不同类型的脚本提纲:场景脚本提纲,关键路径脚本提纲以及确认脚本提纲。

场景脚本提纲是三种类型中最像故事的那种,主要关注人物角色及其心智模型、目标和活动,可以建立起人物角色与产品或服务的一系列主要接触点。例如要对关于超市自助结账系统的使用用户建立一个场景脚本提纲,以便研究自助结账系统的交互设计是否满足用户需求研究阶段收集到的是白领在下班后逛超市前后的信息,包括下班前工作时间的长短,逛超市前的心情,来到超市的目的,工作地点和超市的距离等等。通过建模阶段的分析得出该白领日常工作量较大,时间较为紧迫,下班后需要加班,来到超市为了购买一些生活必需品,然后尽快回家加班,交通工具为汽车。使用自助结账的目的是因为排队人少,操作快速,可以节省时间。可能的场景脚本如下:①下班时工作未做完,怀着着急和焦虑的心情开车到了超市门口;②找到停车的地方,下车,进超市门;③快速找到需要的物品,走到自助结账机面前开始将商品扫码,按流程点击按钮结账;④结账完毕快速离开超市。笔者所举例子仅为概括性的场景脚本提纲,一个完整的场景脚本应包括一些更为详细的部分,例如面对不同商品在选择时是否有过思考选择的标准,整个购物过程中有没有被电话打断等。但场景脚本提纲仍然是属于高层次的,还不涉及太具体的有关界面操作和技术的信息。

关键路径脚本提纲从在场景脚本提纲中暗示而没有解决的细节中得到,通常来自用户最频繁使用的界面。如在上述例子中,自助结账的过程中扫码和付款是关键路径活动,而打印小票以及取走小票则不是。关键路径脚本提纲通常需要最大的交互支持,用户必须能够快速地掌握关键路径交互和功能。如果说场景脚本提纲关注的是用户目标,那么关键路径脚本提纲则关注的是用户的任务。所以关键脚本提纲必须以确切的细节描述每一个主要交互的精确行为,并且用于对每一个主要的路径进行检查。关键路径脚本提纲是完整地绘制频繁地被用户进行的任务,而确认脚本提纲是指那些较少被使用的边角部分也应该被考虑在内。也即确认脚本提纲相当于是对整个设计过程的检查,起到查漏补缺的作用。博物馆参观者的脚本提纲是以参观前、参观过程中、参观后为时间轴,将这一过程中参观者的系列行为进行梳理,重点捕获那些引起其情绪变化的节点,形成一幅具有场景的参观故事。

第二节 交互设计在博物馆展览中运用的实践

中国国家博物馆,英文National Museum of China,简称国博,坐落在北京市的中央位置一天安门广场的东端,东长安街南侧,与人民大会堂东西呈相称状,是兼具文明与艺术,并有着典藏、展示、教育等功能的集锦性博物馆。

2020年9月28日,习近平总书记在中央政治局第二十三次集体学习时强调:“我们要加强考古工作和历史研究,让收藏在博物馆里的文物、陈列在广阔大地上的遗产、书写在古籍里的文字都活起来,丰富全社会历史文化滋养。”基于习近平总书记指导理念下,中国国家博物馆在展示形式上进行了自我改良优化,整个博物馆展示设计呈现出严谨优雅、观念鲜明的特征，展现了精致的态度与静谧的品质，使得人们能够在这浮躁的生活里有一处净土可供自己放松，并得到文化内蕴的熏陶。设计师在建筑环境、室内空间、展品陈列与公共艺术品等多个方面，采取艺术和技术的结合、设计和情感的融合等方式，共同为主题的呈现而服务。运用艺术或设计语言把历史文化更好地阐发出来，将系统、有机、多元的现代设计文化表达得淋漓尽致，在设计中全方位地把博物馆的主题展示得淋漓尽致，形式与功能恰到好处地融合在了一起，共同为整体而服务。不论是架构的形态还是环境的渲染，都向人们传达着博物馆展示的主旨。艺术语言或设计语言的介入，拨动着受众的心弦；艺术美与智慧美的注入，给人们带来别具一格的体味语境。整座建筑从历史和文明的角度，反映着时代的印象。象征的意味和空间组合在一起，形成了中国国家博物馆展示系统。

接下来，笔者将从人与人的交互、人与环境的交互、人与技术的交互三个方向针对国家博物馆展示中的交互性设计语言呈现做进一步阐述，探索交互性设计在博物馆展示中的价值。

一、人与人的交互呈现

在人们的参观过程中，通过合理的互动手段引导其与同伴甚至与不认识的人产生交流，在满足参观者个人情绪诉求的同时还能完成社会沟通期望，深化受众对展览对象的认知，完成讯息传达的效用性。概而论之，互动作用具有多向性，受众于观展过程中会被其他受众所影响，这是不必多言的事实。而博物馆在进行展示设计时完全能以该特征为出发点，使其发展成交互方法之一。举例来说，在“中国古代钱币展”的展区内设置了“称重小游戏”，来访者用手去感受眼前钱币重量区别，虽然文字重量相同，但实际感知却不同。通过此游戏的设置，使得人们和同伴之间产生交流，充分满足受众的个人情感需求，同时人们互相沟通交流的过程也是信息共享的过程，这对展示内容的认知理解无异于锦上添花般的存在①。

①朱海．数字时代博物馆陈列布展的交互设计[J]．文物鉴定与鉴赏，2020(03)：128-130.

而在“中国古代服饰文化展”中，受众可以在和其他受众的沟通交流中完成个人的学习需求，从而在展示活动和受众彼此之间构建起联系，形成多元化的情感性表达。这对展示主题的有效性表达起到了关键性作用，可以潜移默化地完成传达展览主题的目标，不仅深化了文物展示的意义，还强化了人们对展览内容的认识。

二、人与环境的交互呈现

在现代体验式的大环境下，受众的参观需求逐渐展现出丰富多样化的特征，单纯静态的展陈形式早已无法满足人们，参观者更想在参展过程中和展览内容形成有效的交流。为了顺应时代的发展，以及参观者的需求变化，博物馆的展示系统也在进行不断的自我优化，比如服务对象由展品变成受众，讯息流向也从单向变成双向。这也使得馆方和设计师在进行展示设计表达时，不能只是注重展示对象自身的审美呈现，更要把体验性理念融入其中，让来访者和展陈环境产生互动交流，刺激人们产生更多的反馈，比如身体或心理上的审美认知反应等。以求完美地达到博物馆服务、研究与教育的使命，更好地实现传达信息、弘扬文化的功能。

（一）情景式呈现有助于信息的解读

中国国家博物馆的“妙合神形中国国家博物馆藏明清肖像画展”通过四个单元部分全方位地呈现了明清肖像画的面貌。参观者不仅能够感受其美学意义，还能借由图像、文字等资料信息认识其发展历程。部分单元在空间环境的营造方面，采取了情景式呈现与投影技术相结合的方式，带给受众非常震撼的体验感受。只要人们来到此空间，就会情不自禁地将自身与整个空间结合在一起，成为整个展览活动的一部分。而且此种展示方式非常有利于受众加深对展览主题的理解。

为了帮助受众对于展览信息进行快速且有效的解读，“金玉满堂沈阳故宫典藏清代宫廷珍品展”展厅中借助了情景式呈现与视听设计语言相结合的方式，展现出动人的情境营造效果。当来访者到达此处，必将感觉到色彩视觉语言的指引作用，对于信息的获取极为有利。此种展示手段不仅能够加深人们对信息的解读，而且提升了空间语境中想要传达出的审美体验，完美地使参观者不论从身体层面还是心理层面都能与展示活动达成共识，继而让人们在参展过程中完成其和展示对象之间的有效交流。在“中国古代基本陈列展”的展示设计中，巧妙地采用情景重现的方式呈现了山顶洞人的完整形象及其生活状态。和单纯以文字或者图像表达的形式相比较来说，应用该方法可以给受众带来更为直接的参观体验。通过情景式方式的呈现，很好地连接了过去与现在，生动地诠释了博物馆展示设计中，人和环境的交互。在“镜里千秋·中国古代铜镜文化展”展厅中，同样借助情景再现的表达手法，通过将情景式展现手法与虚拟技术配合起来形成动态性展示的效果，以此来加深展览活动的体验性，激发受众了解历史文明的欲望，同时对展示主题信息的解读更加明确。

（二）韵律性变化有利于情感的调动

譬如“天地同和中国古代乐器展”展厅中，空间环境中的划分承接以及参观流线的设计非常有可取之处。展示语境的形态随受众视点的不同而转换，时而管中窥豹，时而豁然开朗；忽而犹抱琵琶半遮面，忽而柳暗花明又一村。充满韵律节奏感的空间变换，向受众提供了既能品鉴文物，又能体味情境的独特意趣，给人们带来意味深远的参观体验。展示对象的“静”和展览环境的“动”二者相映生辉、妙趣横生，充分表达出设计师对受众和空间之间的关系的理解，展现出其卓尔不群的设计创作方法。通过采取动静结合、大小相宜的空间环境构造形式，以及精巧的参观动线的设计，给受众带来非常美妙的参观体验，无论是从身体山还是心理上都受到充分的感染，使得人们心中生出一些不可言说的感觉，此情感经验值得参观者铭记一生。展墙、展柜等展具所运用的造型元素或文化符号都有迹可循，均提取于展览对象、展览主题，搭配展览环境而存在，渲染出极佳的体验感，也让令受众可以直接经由视觉感知强化观展体验感。

又如“中国古代钱币展”的环境营造手段，设计者从展示内容中提取了几何元素用于空间的构造，从入口、天花，到整个空间造型的构建无不充分展现出设计师的用心。尤其是圆形的设计表达，圆形作为饱满又富有张力的几何式样，一般都是视觉重心，它既能以排列、重叠等方式营造出丰富多样的展览环境，同时因该形状具有对周边空间占有性较强的特征，也更能吸引受众的注意力。空间架构以圆形元素为主的前提下，结合应用多样化的图形元素，比如方形、弧形等的使用，方圆结合、大小相宜等造型艺术的表达，共同构成极具现代感的展示空间。人们行走在这样的环境里，自然而然地就能感觉到自己的情绪被调动着。除了空间造型的设计表达，设计师对展具的设计呈现也进行了充分的考量，所有展墙中应用的元素均源于展览内容，蕴含着别样趣味的展具与展示环境相辅相成，烘托出非凡的节奏韵律感，也令参观者能够更为直观地进行体味感受。

而在“妙合神形·中国国家博物馆藏明清肖像画展”展厅中，参考了古代传统园林的环境构建方式，设计师将其中的成景、借景、玄关等设计方式合理应用于展示环境的渲染方面，这是该展区的点睛之笔，也是不同于其他展厅的地方。从空间形态到展览内容，设计师把古代传统园林的艺术表现手法融会贯通于整个展示系统中，表达出设计师对于传统建筑文化的独到见解。人们漫步其中，宛若在私家宅院般轻松惬意，别致的观展体验更带给其诗意般的感知记忆。

（三）交融式互动有益于身体的感知

为了强化参观者在展示空间中的感知体验，“中国古代钱币展”展区中充分采用视觉与听觉艺术相配合的表达手段，渲染出交融式的氛围感。即便观者只是经过此处，也会被深深地吸引住，从某种程度上来说，对其认知记忆的深化是极具效用性的。该呈现形式在深化受众感知体验的同时，也促进了受众对展示内容的理解，使得参观者拥有一段美妙的观展之旅，成功满足其与展览内容之间的沟通需求。

“舟楫千里·大运河文化展”的整个展览环境展现给人们艺术美与体验美结合般的交融感。通过将不同程度、不同角度的与主题相关的符号融入历史空间氛围中，使得传统与现代呈现出一派祥和的景象。采用历史文明和艺术语言相融合的方法，给来访者讲述一个又一个动人的运河故事。向受众提供了一个极具趣味性的展示环境，除此以外，也对参观者身体感知层面发挥了强烈的引导作用。在“中国古代服饰展”当中，充分展现出受众和环境的交融式沟通互，通过将视觉、听觉以及触觉多种感官刺激手段相结合的方法，达到最大化、最优化传播信息的功能。空间环境中目之所及的一切元素符号，均与展示主题密切关联，没有一丝一毫的无用之物，所有部分相互配合、相互协作，营造出综合性、统一性的审美体验，共同服务于来访者。设计师合理地采取此种展示手段让人们在观展过程中充分感受到参与性，使得受众能够更好地理解博物馆展示的中心思想。设计语言和展示主题的完美融合，功能与形式的完美表达，增强受众的身体感知体验，从而形成难忘的审美记忆。

三、人与技术的交互呈现

随着社会的进步，运用智能设施获取信息的方式已经普遍化，若博物馆不能紧跟时代发展的步伐，只会落得被淘汰的结局。常规的展示形态因其存在的局限性无法引起受众对博物馆的关注，因此使得人们不能及时获取有效讯息，久而久之，令受众对参展的欲望降低，严重阻碍了博物馆实现其职能的道路。所以对于现代博物馆展示来说，借助技术语言来增强信息传播的有效性是必不可少的。针对怎样升级展示手段，促使参观者与展览活动产生共鸣，以完成博物馆的信息有效传播这个问题，中国国家博物馆引进了一些交互性设计方式，比如触感系统技术、多媒体放映技术、动作感应技术等技术语言的融入，使得博物馆的展陈语境表达出生气蓬勃的景象。

（一）触觉感知的交互式表达

数字技术在博物馆展示中的交互式呈现能给人们带来很多惊喜，譬如触感反馈技术让参观者不论是从身体层面，还是心理层面，亦或是精神层面均可形成绝佳的体验感。在中国国家博物馆的多数展厅中都有借助该项技术实现展示主题的多维度呈现。

举例来说，“镜里千秋·中国古代铜镜文化展”的展厅中，借助触屏技术设备进行与展品相关的拼图小游戏，带给人们极大的愉悦性、参与性，与此同时，也增进了人与人之间的互动交流。此种突破空间范畴的互动性表达手法极大地引起参观者对展示内容的理解以及对历史文化的深思。又如“国色初光·甘肃彩陶艺术展”中，同样是采用该技术设置与展品相关的小游戏，不同之处在于该展厅的小游戏是“彩陶纹饰演变”，即人们借助触屏媒介的操作，可以自由地变化彩陶形象的纹饰。通过此方式，不仅能让受众形成良好的参观体验感，而且能够增加其对展品的认知，自己亲自动手操作过的记忆会更为深刻。这两个展厅均借助该项技术进行游戏设置，强化观者的参与性、互动性，从而获得更加愉悦的体验感。互动小游戏的合理运用，引导受众进行互动交流的同时强化其在文化信息方面的记忆。

而“玉出红山·红山文化考古成就展”与“中国古代钱币展”这两个展厅中则通过利用该技术对展示内容及其背后的故事做仔细的阐明，以此强化受众对于展示内容的认知与理解。比如参观者经过屏幕界面上的文字或语音指导，跟随其步骤进行操作，就能呈现出三维立体式的展品全貌或者细节部分，与此同时，屏幕上还会呈现出与展示对象相关的图文资料，方便来访者能顺利接收展示空间想要传达给他们的信息。

（二）视听感知的互动性呈现

1.视频播放方式

在现代博物馆的展示设计中，视频播放式技术已是较为普及的技术之一，相对于其他技术而言，此技术可以说是基础技术。在中国国家博物的展厅中，视频播放多是为了辅助呈现展示内容背后的文化底蕴而存在，通过此技术的应用，加强对展览对象的全方位解读，便于受众进行学习。例如“金玉满堂·沈阳故宫典藏清代宫廷珍品展”和“玉出红山·红山文化考古成就展”的展区中，都运用了该项技术来强化来访者关于展示对象的认知。基本陈列和视频播放相结合的方式正好形成了一静一动的展陈特点，使得展览氛围变得活跃动人，激发受众的观展兴趣，调动其主观能动性，从而更好地获取展示活动所传达的信息。

2.投影放映式

中国国家博物馆的多数展厅中以投影放映的形式进行展示呈现，这种形式的运用与视频播放式的作用基本相同，都是为了辅助呈现展示内容背后的文化底蕴而存在。在“中国大运河史诗图卷”和“希望的田野脱贫攻坚，共享小康全国摄影展”这两个展区中投影放映式技术的应用主要借助于投影仪，利用该技术使得参观者对于展示信息的获得更为清晰明确。不仅如此，此处还设置了休息区，游客能够一边休息一边观看放映内容，此为两全其美之法。

3.巨幕呈现式

为了阐明展示主题的内蕴，将数字技术语言和基础呈现方式融汇在一起，使得参观者能够更加清楚明了地认识了解展示对象背后的文化积淀。比如在“舟楫千里：大运河文化展”的展厅中，运用巨幕呈现的方式把大运河的繁荣景象展现得淋漓尽致，带给人们美妙的参展经历。同时辅以听觉语境的表达，清晰地向来访者介绍大运河的历史追溯，呈现给受众深刻的视听记忆的同时，也激发其心理上的反应，强化人们对展览对象的学习。充分表达了博物馆展示“以人为本”的主旨，实现了其传达信息与弘扬文化的目的。

（三）动作感应的沉浸式体验

在“中国古代服饰文化展”的展厅中，通过动作感应技术的交互性设计表达，展览主题清晰展现出来的同时，还向人们传播了有效的文化信息。博物馆展示设计中的剧情式呈现方式并非因线性方法而决定，而是提供了一个更为暧昧的体验空间，由一种非线性的逻辑决定。通过多维度阐述展览主题的方式，构建出宏大的文化语境，方便参观者从不同层面对信息进行解读。极具互动性与欢娱性的呈现手段将展览内容很好地传达给了受众，并在多种感官功能方面发挥其影响作用，激发人们的学习欲望，从而自发地获取新知识。

（四）虚拟展厅的趣味性展现

除了通过交互性设备的形式与参观者进行互动以外，国家博物馆的线上非真实交互性展厅的运用让人们产生美妙的互动交流体验，更人性化地向来访者呈现了深厚的历史文化。从2014年至2019年，所有已闭幕的展览，在虚拟展厅里都能见到，受众只需轻触海报，就能遨游在展览活动中，而且多数虚拟展厅中还配有语音导览。此种充满趣味性、人性化的展现手段，让参观者认识理解历史文化的心情不再痛苦，反而感觉到快乐,带给人们身心上的愉悦感以及亲切感。线下互动性设备与线上交融性平台的有力结合,都是为了给参观者提供更愉快的参观体验感,不仅如此,对于受众的身体感知方面,也起到了明显的积极性影响。交互性设计形式的表达,更能引起参观者学习的欲望,激发其自主参与性。现实空间与虚拟空间珠联璧合,一起编织博物馆展示设计的新画卷。

第六章 博物馆中展览文物的保护与管理

博物馆的珍贵馆藏文物应当完整呈现给受众,通过文物展览的形式来吸引博物馆受众,促进博物馆重要传播职能的实现。在转变与发展博物馆展览模式的具体过程中,博物馆必须要明确当前馆藏文物展览布局的结构要点,结合博物馆的受众基本需求来创新馆藏文物展览的外在表现形式。博物馆的各类文物展览必须要达到空间造型新颖、视觉美感突出以及主题鲜明的效果,如此才能确保展览的博物馆珍贵文化遗产能够吸引更大范围受众,凸显展览主题的深厚人文情感内涵。博物馆的相关负责人员应当善于整合利用博物馆的珍贵文化历史资源,合理规划馆内的展览区域与空间,提供更加多样化的展览受众观赏体验。

在博物馆文物展览和文物保护工作上应当秉承科学的态度。一般来说,文物保护工作不仅是对文物本身进行保护和研究,还要充分挖掘文物对现代社会的文化价值。文物本身经历了历史的积淀,具有非常特殊的特性,在进行文物保护与展览的过程中要非常注意各种环境因素的影响,确保文物出土后能够在一个适宜的环境中保存。同时,博物馆展览是将不同历史时期的文化积淀体现出来。因此,在展览的过程中应当注重历史性以及文物类型,针对不同时期的文物和不同类型的文物做好系统规律的排列。此外,文物的保护意识并不是单单针对博物馆工作人员,还应做好全社会的文化保护意识宣传,提升人民群众的文物保护意识,在参观文物时能够有序、小心地进行观看、了解文物背后的故事。

第一节 博物馆中展览文物的保护

一、博物馆中展览文物被破坏的因素

温度的影响。温度是环境因素中对文物保护造成阻碍的最主要因素之一，它也是直接引起文物损坏的最基本因素。空气中温度的不断升高能够加快物理反应，因此，在温度较高的环境中，透水能力就会相应提高。我们知道，温度能够直接影响文物的品质，如果温度过低，器物就会受潮；如果温度过高，器物就会风干。如不及时调节温度，文物就会受到损坏。同时，温度的上升也会促进有害性气体的扩散，从而不利于文物的保存。长期而言，也会造成文物的老化或出现热膨胀、冷收缩等不良现象。博物馆的文物，质地各不相同，膨胀系数也不同。有些文物会因为周围环境温度的不同而发生变化。当超出承受温度时，会直接对文物造成损坏。另外，温度的上升可以促进微生物的繁殖，很容易导致文物上面的有机材料被腐蚀。特别是在四季交替期间，气候变化非常明显。在气温频繁发生变化的情况下，文物收藏管理人员应高度重视这一变化，采取科学严谨的手段，始终保证展览现场能够保持合适的温度。因此，经过相关研究人员反复测试，文物的保存温度通常可以设定在18℃~23℃之间。

自然因素。书画文物受外部自然因素如长期存在于空气中的有害气体，如硫化氢、二氧化硫、甲酸等化学物质影响较大，随着时间的推移对字画文物产生严重的影响。例如，硫化氢会与书法和绘画颜料发生反应，导致书画类文物变色。具体看这些污染物的来源，主要有三个方面：一是环境空气污染，这是客观存在的；二是展馆建筑中的空气污染，主要是建筑材料、装修材料、展览设施挥发的有害物质；三是文物柜、展览柜使用了化学织物、胶合板材或装潢涂料，也会挥发有害气体。太阳光会对书法和绘画作品造成紫外线辐射，导致纸张和丝绸等材质内的有机成分发生变化。相当数量的灯光会产生热量、甚至产生烫伤，必须注意与文物保持一定距离，以减少其磨损。字画和书法作品经常褪色或变暗，一些害虫吃纸和淀粉会直接导致相应的字画文物出现难以修复的损坏。在文物展览期间，大量的游客在参观时不可避免地会对文物造成一定的破坏，因此在展览文物时，工作人员必须做好防尘、防火、防雷等工作，确保所有参展人员都能清晰地看到文物。

二、博物馆中展览文物的保护策略

（一）增强策展前的文物保护意识

为体现文物展览的教育性、真实性，不仅需要扎实的学术知识支撑，还需要文物标本实物支撑，可能存在多个展品出现在一个展柜的情况。对此，在展览策划阶段，就要增强文物保护意识。第一，熟悉现场环境，了解文物展品的不同种类，明确每一个展品对外界环境的要求，包括温度、湿度、光照、气体敏感度等。第二，按照大环境、小环境、微环境的顺序，分别对博物馆建筑、展厅、展柜的生物、化学、物理条件进行严格控制，以达到文物保护工作要求。第三，采用必要的监测、管理、评估方法手段，动态监测环境因素变化，提供一个安全、稳定、洁净的展览环境。

（二）完善文物展览保护基础设施

在文物展览保护工作中，要建立一套完善的保护设施，并对各个部分进行监测调控，提高管理工作的协调性。第一，运用计算机、大数据、传感器、物联网等技术，将每一个环境监控点位串联起来，实现全方位监控保护。例如，利用“计算机+大数据”技术，建立一个监控中枢；利用传感器技术，在关键部位区域（如库房、展厅、运输车辆）设置传感设备，实现数据采集、整理、分析的自动化。第二，传感器和监控中枢连接，可对温度、湿度、光线辐射、空气质量等进行监督调控，既能保护文物免受影响，又能降低人力成本。例如，紫外线辐射过强，传感器将数据传输至监控中枢，形成指令传达至控制器，对博物馆窗帘进行自动控制，从而减少紫外线辐射。

（三）加快博物馆的现代化建设

博物馆的现代化建设，一方面能优化展览方式，另一方面能创新宣传工作。第一,引入网络技术,对部分文物进行虚拟展示,减少实物展览时造成的损害。例如,对珍贵的文物进行拍照、录像、3D扫描,数据存储在网络数据库上,人们可以在网上进行浏览参观。第二,建立虚拟互动展览室,充分利用3D、4D、VR等技术,让参观者和文物进行零距离接触,从不同角度观看文物,结合音频解读信息,了解文物的历史背景、古人的生活习俗。第三,针对文物保护工作,开展问卷调查活动,根据有用的意见和建议进行人性化调整,促使展览设计更加符合大众的品位和习惯。

(四)文物藏品信息化识别管理

博物馆文物的信息化管理,首先要实现自动识别文物信息,例如,条形码技术、二维码技术、无线射频识别技术(RFID)等。以RFID为例,利用射频信号自动识别对象,具有物品追踪、数据交换等功能,主要由应答器、读卡器、应用软件组成。将RFID用在文物识别管理中,优势如下。①标签进入磁场后,解读器能及时读取信息,实现批量识别。②RFID标签的存储容量大,能全面记录文物的信息。③读取数据时,对外界光源条件要求低,有效识别距离大,如果是自带电池的标签,有效识别距离超过30米。④标签可附着或嵌入文物表面,也可以设置密码保护,确保文物信息的安全性。⑤利用编程器,可在标签上写入数据,实现数据文件的简单交互,满足实际管理工作需求。

(五)提高工作人员的综合素质

对博物馆工作者进行培训,提高综合素质水平,主要从以下三点入手。第一,综合素质培训,针对博物馆的管理人员、文物摆放人员。培训内容以文物展览的规范和标准为主,结合实际工作需求,确保文物摆放的美观性、安全性、合理性。第二,文物保护素质的培训,针对博物馆管理人员、清洁人员、运输人员。培训内容以《中华人民共和国文物保护法》(2017年修正本)为主,重点突出注意事项,提高人员的责任心和认同感。第三,完善培训机制,将线上教学、线下讲授有机结合,制定相应的培训管理制度和考核机制,激发工作人员的积极性。

三、博物馆中展览文物的保护实例

(一)金属文物的展示与保护

馆藏金属文物(包括出土文物)数量最多的是铜质和铁质文物,两者在恶劣的环境中容易生锈和氧化。金属文物如果不进行维修和保护,它们将会被慢慢分解、氧化。首先,修复金属文物。第一,建立信息材料。利用拍照、测定尺寸、称重,以及调查文物的史料和考古资源等手段尽力恢复历史档案。第二,选择修复材料。器物的锈蚀程度不同,采用的修补材料也有所不同。因此,铜和铁件文物通常按照锈蚀和损伤的程度,进行黏合(AAA胶)、低温焊缝(铅锡合金熔点一百八十摄氏度)、矿物颜料(着色)、金属焊缝等。其三,选用的化工药剂。目前,用来保护青铜器和文物的缓蚀药剂主要有以下几种,但其中一些药剂经过处理后会变色。在选择焊接方法后,对金属需要修补的地方进行焊接,矿化处要先行固定,然后胶合,避免对文物产生二次伤害。1964年10月,在丽水金桥头潘梦光墓内发现的一种南宋青铜剪切机,材料主要是青铜,已锈蚀、破损。经过清洗处理和溶液缓蚀后,仍可使用焊接工艺翻新和旧焊接工艺。文物修补抛光后,还可采用矿物色素等化学手段对修复后的文物进行染色处理。

修复过的金属文物宜保存于恒温恒湿的库房内,环境温度调节约在20摄氏度,日温差不大于5摄氏度。相对湿度调节宜为30%~40%,日较差调节不宜大于5%。展区防护:对照射到展示物品的光源应该进行抗紫外光处理,以避免紫外线的照射对展品造成伤害。为了提高修复文物的安全性,金属博物馆展览柜的温湿度管理必须达到仓库的规定标准。不管在库房还是在展览间,空气条件、化学物质含量、气温、相对湿度和光照条件等均应控制在规定的限值以内。整理与归档管理:资料查阅、清理存放、防潮防虫。对藏品档案中需要修复的档案,应将藏品做成保护胶囊并高温储藏。搬运藏品时要注意避免振动,以防止意外损伤。对库房也要进行妥善保护和控制。在维修金属文物时,要实行干预最少方针,既要尽量保留金属文物的史料、艺术和科研价值,从而通过维修最大限度地延续金属文物的寿命。尤其是由于自然环境下留存的铁遗物量相对较小,所以铁器的保存与修复工作至关重要。文化博物馆部门要强化对金属器物的保管与维护,发挥对馆藏器物的保存与使用功能,切实让“文物说话”,以推动文化博物馆工作的全面开展。

(二)书画文物的展示与保护

展览室是保护书画藏品的重要环节,其环境直接影响到书画的保存寿命。首先,展览室内的温度和湿度对书法和绘画作品的收藏有很大的影响。较高的环境温度会使具有纤维质地的宣纸和蚕丝由于水分蒸发而变得干燥和脆弱。如果温度过高或过低,会产生热膨胀、冷收缩和相互摩擦,降低宣纸和丝绸的强度和柔韧性;如果湿度过高,昆虫会发霉,油漆会被污染。如果湿度偏高或偏低,书画的纤维组织也会受损。书画中心有丝绸和纸张,纸张和丝绸对温度和湿度的要求既有相同之处,也有不同之处,因此应取两者的中间值。纸张保存的最佳温度应在15.5℃左右,湿度应控制在60%左右,绢丝的最佳温度为15℃～25℃,湿度应在45%～60%之间。由于展览室内的温度和湿度很容易受到室外气候的影响,可以将展览室打开进行通风和防潮,在不合适的季节应关闭门窗,以减少空气对流和太阳辐射。隔离室内外气候的有效方法是使用相对封闭的建筑。如果是开放式建筑,放置书画收藏品的展览柜应尽可能保持密封状态,以使柜内空气流动缓慢且相对密封。如果可能,在湿度较高的季节,可以添加除湿设备,如自动空调系统,来控制室内温度与湿度。其次,悬挂书画收藏的展览室应始终保持通风,但也应注意书画收藏怕湿、怕光、怕热、怕风的特点,避免将书画放在窗户或门附近。展览室应保持清洁,防止灰尘对书法和绘画造成影响。一些粉尘呈酸性和碱性,与微生物的传播、寄生和繁殖密切相关。特别是弱酸性粉尘是霉菌的良好培养基地,在条件允许或有特殊需要的情况下,可以对展厅进行消毒,例如对展厅内的橱柜、盒子或其他设备进行熏蒸,并在展厅和展柜内放置特殊防霉和防虫剂。再次,展厅内的灯光应为“冷光源”。紫外线是书画收藏褪色的最大危害,红外线和可见光也有一定的破坏作用。红外线是一种热辐射,当集热器暴露在红外光下时,集热器表面和内部的温度会急剧升高,从而产生内应力。因此,书法和绘画的收藏会卷曲和破裂。

如果是在潮湿的环境中，它会加剧质变过程。展馆内要尽量使用低功率光源，纸丝光照度的允许值应低于50LUX，并限制照明时间。如果经济条件允许，可以使用感应灯作为展厅的光源。最后，防止空气污染物对书画收藏产生影响。我们应该设法消除展览室周围的空气污染源，可采用安装空气过滤设备的方法。总之，书画藏品是各类藏品中最难保护的藏品之一。为了使珍贵的文化和艺术遗产尽可能多地传给后代，我们在使用它们时必须把保护作为首要目标。针对书画收藏易硬化、脆化、霉变、蛀蚀的特点，我们需要在展览前根据实际情况制定科学实用的保护方案，尽量减少对书画收藏的破坏。

（三）纺织品文物的展示与保护

古代纺织主体是由天然高分子物质所构成的，一般为棉、毛、丝、麻等有机大分子化合物。由于历史悠久，大分子容易被降解，而时间跨度过久这些纤维也容易被氧化。所以，纺织文物出土前或发掘后更易受到外部条件的干扰。由于以上各种因素，织物的外表将越来越模糊以至腐朽，而织物也会遭到很大破坏。因此如若不进行妥善保存，将会降低出土文物的科研价值和观赏价值，也不利于出土文物的长期保护。所以，为了保护古代纺织品的原有功能，妥善保存古代纺织品尤为重要。纺织品保护的研究范围主要为出土纺织品，但同时也包括了古代传承至今的古代纺织品，以及近代的现代纺织品。保护过程也是一项相当复杂的过程，需要学者加以充分探讨。因此中外学者对纺织品保护的研究也有着不同的观点。在欧美，纺织品保护通常有两种方法：预防性的保护措施与损害处理。预防性保护措施的主要目的是通过研究影响和抑制对纺织品的影响，为纺织品文物创造一种可控的生存环境。损伤处理分为加固处理与恢复处理。加固处理主要是针对腐朽易碎(包含易氧化)器物的加固技术和材料的研究。复原处理重点是文物的外观与损伤部分的复原技术。

纺织类文物包括刺绣、锦缎、缎子、真丝、穿孔织物等各种织物，这些文物主要用于展示和研究。目前，纺织品的保护呈现出展示与储存一体化的趋势，可以实现文物收藏与展示的统一，避免操作对文物造成不必要的损坏,也可以为操作人员减少很多不必要的麻烦。目前,文物的储存主要有三种方式:玻璃储存、橱柜储存和框架储存。对于尚未缝合和修复的织物,玻璃存储是保护干净织物的最好方法。它主要用于永久展示的文物,如博物馆的展品,特别是用于存放易碎织物,因为这种方法涉及的加工方法最少,并且具有随时可回收的特点。柜式存储是目前纺织品存储的常用方法。使用橱柜存放文物时,要考虑火灾和空调两个因素,所有橱柜应为木制,不应使用金属材料。橱柜存储主要用于收集不常展示的文物,它可以为文物提供独立的空间,主要有三种形式:平面存储、卷筒存储和悬挂存储。框架式仓库主要用于存放重量轻、面积小的纺织品文物,特别是存放丝绸碎片。在操作过程中,将纺织品像印花一样安装在衬板上,然后将衬板放入标准形状的盒子中储存和展示,这是一种集成存储和显示的保护方法。

第二节 博物馆中展览文物的管理

一、博物馆中展厅的科学管理

(一)进入展厅前采取具体辅助措施

展厅是博物馆活动的主要基地,展览文物的保护与管理又是利用的先决条件,针对观众量的剧增,参观者进入展厅前,及时采取应对措施,为进入展厅做好充分准备。

第一,利用各种媒体资源宣传免费开放制度。积极主动地与电视、报纸、网站等各种新闻媒体联系,加强舆论引导,广泛宣传,博物馆是长期免费开放,劝导公众不要一拥而上,合理安排参观时间。

第二,实施日总人数控制测算。针对免费开放后的变化,博物馆定时播放参观须知,讲解咨询人员加强组织疏导,引导文明参观。在馆门口发票处增设了观众排队领票围栏,每天8:00开馆发票,直到售完当天控制的数量为止。为调节观众流量,博物馆对团队、外宾团体参观实行提前预约，对于旅游等团队预约参观增开新的进出口通道。同时适当错开高峰时期，这样既保证了团队的参观质量，又保证了正常的参观秩序。

第三，完善服务设施，改善服务条件。改造完善相关服务设施，根据观众的需求，对馆区内的无障碍通道及无障碍标识进行了优化。为适应免费开放的需要，增加观众休息区的座椅、存包柜、广场上和展馆内的垃圾箱。更换调整馆区内不清晰、不明确的指示、引导标志牌，努力做到美观大方、清晰易懂，同时全部进行英文标注，以满足外宾的需求。对所有一线工作人员如前台咨询人员、保安人员、保洁员等集中组织了强化培训，推行标准的文明用语、规范用语，强化安全意识、文明礼貌服务意识。

（二）展厅内的必备措施

第一，强化馆藏文物的保护和管理。根据各馆藏文物的状况，建设完善、达到国家安全技术防范标准的库房，提高馆藏文物保管的条件，建立县级博物馆文物信息数据库。文物布展应严格履行文物移动操作规程，专业人员及时清点核对移交展厅文物保管人员，实行账物分管，单据由专人保管，注明文物名称、时代级别及文物数量，每页注明页码，并标明每件文物柜号及柜内位置。清扫时也要挪动文物，都要用双手轻拿慢放。清扫灰尘最好不用湿布擦抹，用吸尘器和干布轻轻擦去灰尘。提取珍贵文物和画卷时一定要戴手套，防止手汗和脏物沾污藏品。展厅文物保管员应每日对文物检查，做到账、物、卡相符，每半年到一年库房保管员会同展厅文物保管员按原始单据清点展出文物。同时藏品从库房移到展厅，就不同于库房管理。展厅的所有设施应采取无毒、无污染的建筑和装饰材料，展厅内的温度、湿度、光度要适合文物环境标准，对陶瓷等易碎文物要注意防震和防滑，对易发霉、生锈等文物应及时报告，采取补救措施。

第二，落实文物安全责任制。展厅每天要容纳很多观众，难免有时出现拥挤现象，工作人员要做好展厅的导向工作，告诉观众注意展柜、展架的安全，不要用手指点或抚摸文物，以免玻璃破碎而损坏文物，在展厅内禁止吸烟、嬉闹追逐、大声喧哗、使用闪光灯拍照，乱扔垃圾、破坏博物馆设施等现象。同时利用现代技术防范设施对金银玉器展厅和一级文物柜等重点部位进行严密监控,并及时劝阻不利于展柜和文物安全的行为。对观众集中的个别展室实施必要的人数控制,当人数太多时,及时通知安保人员组织观众在展厅门口排队进入,或劝导观众先看其他展厅,以控制和减少展厅的人流量。

第三,加大对展览文物科学技术保护措施。优美、清洁的环境是保护好藏品的先决条件,空气是一种复杂的多种气体的混合物,是硫、氧化物、氮氧化物,碳氧化物、硫氢化物、碳氧化物和尘埃、微生物、虫卵等,这类物质称为空气污染物。有害气体对文物的不利影响也就日趋突出:室内有害气体或粉尘颗粒会与彩绘颜料反应造成文物的风化:破坏有机物的纤维素,使金属锈蚀,纸张、纺织物变色变酥:皮革的纤维断裂。因此,建立一支专门从事文物环境研究的队伍,注重优秀人才的培养,同时采取切实可行的措施,有计划、有步骤地培养综合素质人才。

二、博物馆中展览文物的设计创新

文物博物馆是代表一个国家民族文化以及精神文明的标志性建筑,最能体现民族乃至国家的发展特征。随着时代的发展,文物博物馆的形式越来越多,随之产生了一系列问题。由于文物博物馆内展出的文物数量较多,管理起来比较困难,改变传统的展览方式成为当务之急。在新时代,采用新型的管理方法,探索适合博物馆文物展览的设计方式是一条可行路径。

(一)博物馆中展览文物设计创新的必要性

当前,社会经济迅猛发展,促使人类的审美观念出现很多变化。人们在文物博物馆的展览中大量使用了先进的科学技术,这对于文物博物馆的可持续健康发展具有很大的促进作用。文物博物馆由于新科技的应用而得到进一步的完善和发展,不管是在管理方面还是在空间布置方面,都有了较大程度的革新。如经常调换馆中文化遗存的位置,不但可以全面展现出土文物本身独特的审美气质,还可以适应人类日渐变化的审美理念。

以山东东平博物馆为例,东平博物馆是国家三级博物馆,总投资2亿元,建筑面积2万余平方米,馆藏文物10万余件,是全国县级博物馆中藏品比较丰富、规模较大的现代化博物馆之一,已成为展示东平县历史文化风貌的标志性建筑。东平博物馆内布展面积9000余平方米,二楼展区设文明起源、陶瓷、青铜玉器、石刻4个展厅和1个多媒体厅,三楼展区设书画方志、历史名人、民俗、东原文化、交流5个展厅,地下室有汉画像石墓展厅、一层有学术报告厅。尽管东平博物馆藏品数量众多,展示面积充足,其社会影响力却没有得到充分发挥。仅就山东范围而言,其社会知名度并不高。这一方面和东平县本身的地理区位、经济发展等外部因素有关;另一方面,与东平博物馆在藏品宣传、展览布陈方面缺乏创新性手段,缺少吸引观众的独特之处更是有着密切的关联。

要想在激烈的竞争中占据优势地位,文物博物馆必须改变传统展览的设计方式,摒弃过时的传统展览理念,有效融入顺应当今社会蓬勃发展风潮的新元素。唯有如此,才能让文物博物馆变得更为多样化,进而提升文物博物馆的文化功能,并优化客户服务。总而言之,对文物博物馆展览方式加以革新是非常有必要的。

(二)博物馆中展览文物设计创新的意义

创新文物博物馆展览设计方式。目前,现行的博物馆文物展览设计方式已无法适应当前经济社会的发展需求。如果相关工作人员在展览的过程中,仍然使用以往的设计方式,是无法为人们普遍接受并获得好评的。以泰安市为例,泰安市历史文化悠久,文物资源丰富,具有多家公共、私人博物馆。但是在全国文化资源展示、文博资源利用方面,泰安市各博物馆知名度却不高,这与其展陈设计方式传统、单一有很大关系。在泰安地区的一众博物馆中,目前仍沿用传统文物展示设计方式者不在少数,观众只能被动接收信息,无法有效参与馆内传统文明的探索和学习。由此可见,创新文物博物馆展览设计方式是非常关键的,其意义主要表现在如下三个方面:第一,适应人们的欣赏需要;第二,确保展览重心与各种因素相互协调;第三,确保展览符合当前时代的发展潮流。

满足人们的观赏需要。在不断创新的过程中,相关人员还需要根据当前社会的实际发展情况,完善以往的展览设计,以克服传统展览设计理念的缺点与缺陷。与此同时,相关人员还需要在展览设计的整个流程中积极应用前沿科学技术，并引入富有创新性和针对性的展览设计方式。这对于提升文物博物馆的效率来说是非常有帮助的。此外，文物博物馆对展览设施手段的革新，不但推动了中国文物博物馆的可持续发展，而且还在一定程度上拓展了人们认识中国历史人文等方面信息的渠道。就目前情况来说，我国的文物鉴赏能力和人文品位正随着科技的迅猛发展而在不断提高，传统的展览设计方式已不适应人们对文物博物馆展览所提出的新需求。基于此，文物博物馆需要将出土文物进行整体展览，使文物博物馆的展览设施更为先进化、多元化。对文物博物馆的展览设计方式加以革新是非常关键的，能极好地适应人们的欣赏需要。

（三）博物馆中展览文物的创新设计方式

创新展览设计理念。博物馆要想有较好的效益，就需要革新设计理念，利用理念革新，建设出既能够表现博物馆特色，又能够吸纳大批参观者，缩短观众和文物之间距离的新展馆。在合理安排文物时，不仅要考虑如何实现展览的最佳效益，还应重视扩大博物馆人流量的方法。例如，东平博物馆为进一步促进博物馆免费开放、提档升级，要求各展厅定期对展厅文物进行盘点核对和统计分析，以便更好地调整、充实、丰富展览内容，不断提高服务质量。与此同时，该馆还提出更新文物展览内容、提升文物展览档次的思路，对博物馆展出内容定期进行全面调整，进一步理顺了文物展览秩序，为观众带来全新感受。

革新展览设计内容。一方面，由于博物馆所面对的是文化水准、社会经验层次不同的社会大众，相关管理人员在开展陈设方式的革新工作时要从全局入手，并充分考虑到每个参与者的现实需要，把文物在展览设计中所要表现的相关社会信息内容及时、准确地传达给参观者，而不仅是为了得到专业人士的高度评价。唯有准确掌握好文物展览的内涵与主题，才能更有效地实现博物馆的社区文明服务功能。除功能完善、藏品丰富的高规格省级博物馆以外，对社会更有吸引力的“网红打卡地”多为独具地方特色、互动性强的专门博物馆，如丝绸博物馆。泰安市是龙山文化的源头，此外，该地区内茶叶、玉石等产品开发制作流程极具地方特色，这些都可作为博物馆革新展览设计的内容。另一方面，在展览文物时，也可按照一定的题材、一定的时段来举办展览活动，如开展纪念中国抗日战争胜利题材活动、端午节主题活动、唐代诗词文化展、元代散曲文化展等；在展览理念和方式上，要采取灵活多样、拓宽用途的展览形式，并适时改变某一特殊专题的展览内容、减少展览的更新时间等，使文物展览以崭新的面貌迎接参观者。博物馆文物的展览设计不仅是对文物的随便摆放，还必须凸出其文化内涵，此外，也应注重其历史与人文特征，把不同艺术、科学和人文元素有机地融合在一起，让参观者在限定的时间和空间里透过展览的器物，充分体会到历史、文明与生命的厚重。

创新展览形态。馆内的文物藏品大多为历史久远的艺术品，展陈人员可以通过设置特殊的情景，使参观者对文物历史有切身体验。比如在陶瓷博物馆设置专门的陶瓷制造区域，让参观者自己动手制作瓷器，体验陶瓷文化的精妙绝伦。这些动态的展览设计方式充分调动了参观者的观展积极性，不仅丰富了文物的展览形态，也给参观者带来了新奇的观展体验。突出文物的结构材料、历史背景、艺术特点等主题，也是文物展览的主要方法之一。因此，可根据绘制的时间先后顺序来展览以书画为题材的文物，让参观者在欣赏文物的同时获取系统的书画常识。另外，还可结合文物自身历史人文特点展览文物，并发掘文物的历史人文内容，揭示某些文物的主题思想，用升华主题的方法引导参观者积极参与文物欣赏，增加一些吸引参观者互动的内容，进而深化其对文物的了解。例如在文物展示设计中，通过设计现场展示区来缩短观众与文物之间的距离，或者通过开辟版画和印刷展区，加深观众对文物的了解。观众还可以通过复制传统文物进行操作，不仅为观众提供了实践的机会，也提高了他们参与文物展览的兴趣。博物馆展出的文物主要是历史手工艺品。陶瓷博物馆可设立专门的陶瓷生产场地，让观众感受到中国博大精深的陶瓷文化。在石头博物馆里，可以将考古方法引入展示设计，观众可以通过尝试建造石器来体验古人的生活方式。这种生动活泼的展示方法能有效地吸引各行各业、各个年龄段的观众，同时也受到博物馆工作人员的高度赞扬。动态展示是通过向观众展示自然现象或文物的某些功能，使观众能够自觉参与动态展示的过程，通过触摸和体验丰富观众的观看形式。这种新颖的文物展示设计,有效地提高了观众参观文物的积极性,增强了文物的观赏性,充分体现了博物馆的社会功能。

参考文献

\ REFERENCES \

一、著作

[1]赤银忠，韩凯英．馆藏文物保护修复[M]. 石家庄：花山文艺出版社，2013.

[2]黄洋，陈红京．博物馆陈列展览设计十讲[M]. 上海：上海交通大学出版社，2019.

[3]刘新阳．展览的艺术博物馆陈列操作与思考[M]. 武汉：武汉出版社，2016.

[4]陆建松．博物馆展览策划理念与实务博物馆研究书系[M]. 上海：复旦大学出版社，2016.

[5]山东省文物局．文物保护法律法规汇编[M]. 济南：山东大学出版社，2015.

[6]唐琳．现代博物馆讲解艺术[M]. 上海：中西书局，2014.

[7]王思渝，杭侃．观看之外13场博物馆展览的反思与对话[M]. 北京：文物出版社，2020.

[8]张子康，罗怡．艺术博物馆理论与实务[M]. 北京：文化艺术出版社，2017.

二、期刊

[1]程春艳．分析完善文物档案管理制度的对策[J]. 智库时代，2017(16)：65+67.

[2]程春艳．浅谈如何做好文物档案管理工作[J]. 中国管理信息化，2017，20(24)：179–180.

[3]单霁翔．博物馆的社会责任与城市文化[J]. 中原文物，2011(01)：91–106.

[4]顾文婷.壁画加固材料的研究进展[J].草原文物,2021(01):120-124.

[5]金研.新时代博物馆陈列展览工作的创新研究[J].中国民族博览,2020(24):229-231.

[6]李琦.试分析博物馆展览设计中的陈列展示方式[J].文物鉴定与鉴赏,2021(12):127-129.

[7]梁岩妍.我国文物法律保护公众参与制度构建路径的思考[J].石家庄铁道大学学报(社会科学版),2015,9(02):81-85.

[8]刘美君,余逍.感知与交互:博物馆互动体验的提升[J].家具与室内装饰,2022,29(03):61-65.

[9]刘文庆.考古发掘现场文物保护中的整体提取技术[J].东方收藏,2020(23):98-99.

[10]马彬燕,向永胜.浅谈“互联网+”时代下博物馆展览服务创新[J].中国经贸导刊(中),2021(06):137-138.

[11]荣志向.关于博物馆文物管理中的文物保护措施探讨[J].智库时代,2019(04):257+259.

[12]孙红燕.油画保护与修复专业技术人才培养模式与方案探析[J].管理观察,2019(19):114-115.

[13]孙晓艳.智慧博物馆背景下藏品管理工作的研究[J].科技传播,2020,12(10):74-75.

[14]王琳.传统文化在博物馆文创中的应用[J].大观(论坛),2022(12):101-103.

[15]张海燕.博物馆金属文物保护与修复探究[J].文物鉴定与鉴赏,2021(05):77-79.

[16]张旭芳.博物馆展示设计中的数字交互体验研究[J].西部皮革,2021,43(10):83-84.

[17]郑园平.博物馆文物管理现状和改进措施[J].文化产业,2022(16):122-124.

[18]朱海.数字时代博物馆陈列布展的交互设计[J].文物鉴定与鉴赏,2020(03):128-130.

三、学位论文

[1]卞尚.陶质文物彩绘加固工艺试验研究[D].西安:西北大学,2018.

[2]华佳晨.考古出土饱水木质文物的加固脱水比较研究[D].南京:南京大学,2018.

[3]孔祥萍.博物馆展览伦理问题研究[D].济南:山东大学,2021.

[4]刘诗婷.X射线无损检测技术在金属文物研究中的应用[D].南京:南京艺术学院,2020.

[5]秦靖尧.基于观众需求的博物馆书画展览的展示内容与形式研究[D].杭州:浙江大学,2017.

[6]权莎.宋辽金元时期压胜钱文物价值探究[D].重庆:重庆师范大学,2018.

[7]沈安安.文物保护检察公益诉讼制度研究[D].芜湖:安徽师范大学,2020.

[8]王盛亚.拉萨市古建筑保护的法律研究[D].拉萨:西藏大学,2017.

[9]闫广宇.博物馆历史类陈列展览的阐释[D].郑州:郑州大学,2015.

[10]闫永艳.灰岩类石质文物抗侵蚀保护试验研究[D].焦作:河南理工大学,2017.

[11]姚娜.基于热裂解气相色谱质谱法的明清时期纸质文物科学研究[D].北京:北京科技大学,2022.

[12]张春.新媒介环境下的博物馆文创研究——以台北"故宫博物院"为例[D].兰州:兰州大学,2016.

四、论文集

[1]唐军富.博物馆藏品在跨文化交流的作用[C]//.中国博物馆协会博物馆学专业委员会2020年"博物馆与中国特色话语体系构建"学术研讨会论文集.